徐滔进行时

徐滔·著

文化艺术出版社
Culture and Art Publishing House

图书在版编目(CIP)数据

徐滔进行时/徐滔著.—北京:文化艺术出版社,2009.8

ISBN 978-7-5039-3847-4

Ⅰ.徐… Ⅱ.徐… Ⅲ.案例-汇编-中国 Ⅳ.D920.5

中国版本图书馆 CIP 数据核字(2009)第 134038 号

徐滔进行时

著　　者	徐　滔
责任编辑	胡　晋
装帧设计	致臻书妆
出版发行	文化艺术出版社
地　　址	北京市朝阳区惠新北里甲 1 号　100029
网　　址	www.whyscbs.com
电子邮箱	whysbooks@263.net
电　　话	(010)64813345　64813346(总编室)
	(010)64813384　64813385(发行部)
经　　销	新华书店
印　　刷	北京温林源印刷有限公司
版　　次	2009 年 9 月第 1 版
	2009 年 9 月第 1 次印刷
开　　本	787×1092 毫米　1/16
印　　张	17.5
字　　数	200 千字
书　　号	ISBN 978-7-5039-3847-4
定　　价	28.00元

目录

推荐序 Ⅰ

↓

爱在进行时

白岩松

徐滔是我的师妹,在校园不多的相逢中,我们并没有太多沟通,然而,在之后的岁月里,我们却注定彼此扶持,共同成长。

第一次因工作或缘分的初次相遇,她可能都已从记忆中淡去。那是1994年春节刚过,在北京与天津之间的某地,一个因为表现良好获得短暂假释的服刑人员,正和母亲在阳光下遛弯,没想到,一个在河边玩耍的警察的孩子掉进水中,挣扎在生死的边缘。服刑人员跳入水中,救出了警察的孩子,可惜他自己却从此告别人世。当时我在现场采访之后,又去服刑人员母亲家里采访。刚入家门,便见到徐滔泪光盈盈地走出来,彼此打过招呼,便因处于特殊的工作状态中就此别过。只是后来总是想起那一次相逢,原因是,在那个时代,这份相遇是一种难得的认可——在或对或错的简单黑白里,在利益或情感的判决中,总有一种人性的牵挂让我们彼此认可并付出，所以，我们才会在那个家庭里相遇。

然后就在一次又一次相遇、一次又一次分开的节奏里，在朋友与同事尊敬的讲述中，我感受着徐滔由故事到传奇的成长。《法治进行时》用一个又一个漂亮的收视率来证明自身，而徐滔用一次又一次获得的全国性奖项来让你无法回避。成长，不仅有白发的增多，还有所有付出的收获和坚持的价值。十年不变，让《法治进行时》与徐滔一起，成为中国电视历史中的一部分，更成为北京这座城市历史中的一部分。

于是，人们开始探寻，徐滔与《法治进行时》为什么成功？

答案太多，作为一个师哥，回答起这个问题更难，但变成黑白文字，简化下来，只有两个关键词：人与热情。

法制二字，让你冰冷并理性，但是徐滔的成功，恰恰在于让法制温暖并感性。《法治进行时》在十年的时间里，被徐滔"人性进行时"，每一个故事，每一次铁血追捕，在背后都是一个人或一家人的破碎或泪水与笑容的交替，让你解恨的同时又百感交集。这是生活，这是现实，而这，又是法律的无情与有情。在一个又一个吸引人的讲述中，徐滔用刚性的讲述泄露出自己内心的柔情，而这份柔情，却最好地在收视率与普法的角度上，让太多的人跟进并悄悄改变。法律意识的精进，有时并不是知识的增长，而是那感同身受的一声叹息或看后的长夜难眠。这是徐滔与《法治进行时》的本事，也是十年来未变的追求！

最后要说的是徐滔的热情。

没有过去时，也没有未来时，每一次与徐滔的相遇，都是在无法回避的现在时。在彼此人过四十的岁月里，似乎从没有什么不快，也没有什么不能释然，在与徐滔的握手中，一切都会过去。她的快人快语，她的笑容，用快乐遮盖了过去，也感染了现实，更让你相信未来。她，就是用这种方式激励着你，激励着这座城市，或许，也激励着她自己。

但是，当这激情与传奇被更多人讲述的时候，作为她的老哥，我只悄悄地希望她能快乐并幸福着。

因为她和她的栏目的存在，让我们面对这个城市的时候，感觉到平安。

推荐序 Ⅱ

十九年的朋友

于丹

在我看来，好女人分为两种类型：珍珠和钻石。珍珠的美好在于她以不变应万变，无论世界温柔或者残酷，她含蓄晶莹的光泽穿越沧桑、永不改变，直至研磨成了珍珠粉依然如故。而钻石的美好恰恰在于以万变的光彩守着不变的自我，世界有多少种可能，她就有多少个棱面对应，璀璨熠耀，每一面都光芒四射，美丽坚强，谁也不要试图把钻石磨碎。

珍珠很传统，钻石很现代。我一直觉得，徐滔就是这么一颗钻石。

我和徐滔认识十九年了，她叫我姐姐。很多人都说我跟徐滔像，其实正是因为特别像，我们才成为特别好的朋友。这么多年来，我觉得我跟徐滔有一种骨子里的默契，就是在做人、做事的态度上都非常相像。在《法治进行时》最初策划的时候，我们一直在讨论，应该做一档什么样的栏目，给北京一个什么样的面貌，当时就确定了"进行时"这三个字，也就是说，它并不是一个封闭的完成时态的报道，而是永远的现场、永远的过程、永远开放的视角、永远的前沿。

一、记者徐滔

现在，我们都把徐滔看作一个知名主持人，但是在我的心里，徐滔永远只有一个身份，就是记者。我多次参与评选优秀主持人的节目，总有人问我："徐滔到底有什么优势？她在女主持人里不算是最温柔的，不算是最漂亮的，也不是那种主持文艺、时尚类节目的主持人，生命力为什么那么长？"我会告诉他们，答案在于她在做主持人之前就是个优秀的记者。当下，主持人这个职业通常有一种危机，很多主持人一旦不再主持节目了，想做一个好编辑都很难。但徐滔不同，她是摸爬滚打过来的，身上有一种狂热的职业热情，对各种角色都能胜任。我曾开玩笑说徐滔是天生的新闻动物，只要有了新闻，她哪怕冒着种种危险、受处分或者挨批评，都一定要去做。

她的天职让她觉得：我是记者，我必须在现场。所以，我所认识的徐滔首先不是主持人徐滔，而是记者徐滔。不管从前还是现在，哪怕现在她身上带着知名主持人的光环，我仍然认为她是记者徐滔。

十多年以来，从西站绑架案，到吴若甫被绑架案，有危险的地方就有徐滔。每次评奖的时候，总有人会说："徐滔得奖太多了，怎么总是她得奖呢？"别人不清楚，但我清楚，徐滔得的奖其实都是她出生入死堆积起来的。大家都羡慕徐滔频频拿奖，可是有几个女记者愿意冒着生命危险、深更半夜冲在案件第一线，在警察破门而入的那一刻就冲进去，甚至直接跟绑匪说"我跟他交换吧"？

徐滔得的奖是很多，但是她在做事的时候并没有得奖的想法，其实这就像是球员临门一脚的时候，他不可能会想踢进去以后我就是冠军，我身后可以有多少荣誉和奖杯。在那一刻，球员脑子里很单纯，只有比赛，对徐滔来说，就只有前沿，只有现场。

其实，我一直挺心疼徐滔。因为我看得见在那个风光屏幕的背后，她所付出的那些辛苦。她一天到晚都待在电视台，废寝忘食，随时待命。我经常看见她外边穿着大衣，底下穿着睡裤，就从楼上跑下来接我们。她经常跟我说，她三天没回家了，一个星期没回家了，一直在这儿。徐滔能有今天的成绩，她背后的付出是不为人知的。她不仅是一个主持人，也是整个团队的核心，而这个背后的灵魂就是她一直在尽着一个记者的责任。我觉得，这是在职业状态下我能看得到的徐滔。

二、朋友徐滔

作为一个朋友，我非常喜欢徐滔。徐滔这个人嫉恶如仇、爱憎分明，她要对谁好就掏心掏肺地好。我跟徐滔之间从来没有那些很虚的礼节，逢年过节别人发祝福短信的时候，她不给我发，我也不给她发，我只要发短信找她，就是有扶危济困的事儿。在朋友圈里，谁有了特别急的事儿都会找徐滔。徐滔虽然很忙，但她从来都是在最短的时间内给我回信息。她总是跟我说，姐你别着急，你现在等着我，我去帮你。永远都是这样。我周围很多朋友说，徐滔的侠肝义胆就在这里。她待人没有任何虚的东西，都是实实在在、尽心尽力。

别人说我和徐滔很像，还有一个原因就是，我们都是特别多面的人，有公众看到的非常硬朗、理性的一面，但内心里都有柔情似水的一面。她是一个特别立体的女人，在职业岗位上表现出强烈的社会责任感、勇敢，捍卫良知，尊重弱势群体。她的道义感是让我们每个人都非常钦佩的，但是徐滔也会有她另外的一面。

徐滔一直叫我姐姐，我能够看见徐滔身上柔情似水的另一面。我怀孕的那段时间，徐滔絮絮叨叨近乎婆婆妈妈，一天到晚关注保健、育儿之类的东西，比我还上心，天天发短信嘱咐我。我刚生完孩子，徐滔就跑去看我，那段时间她忙得不可开交，下班特别晚。医院的人不让进，徐滔就跟人家说"她是我姐"，然后医院的人一看，就说："哟，你们俩长得真挺像。"就居然认为她是我亲妹妹，把她放进去了。

在病房里，徐滔跟孩子说话将近两小时。徐滔的这一面很少有人能看得见，都以为她就是风风火火、铁肩担道义的徐滔。其实，她一温柔起来，是一个特别絮絮叨叨的人。我没带过孩子，徐滔也没带过，但她总会提醒我很多注意事项。

我和徐滔都特别心疼对方，但很少互相劝说——你别这么累了，因为我们俩都知道这种关心虽然很好，但基本属于废话，说了没用——我们俩谁都不可能不累。她不会跟我说"你别太累了，悠着点儿"，而是会用更直接的方式，能做什么就做什么，有什么能补的、能吃的就给你带着，有什么好东西都会想着你。

我经常想，人这一辈子应该有几个这样的朋友：他永远都是默默地站在你背后，永远也不来为你锦上添花，但是你要愿意的话，他会为你雪中送炭，温暖、恒久，终其一生就这么走下来。徐滔就是这样的人。

三、徐滔和《法治进行时》

我现在还记得在北京电视台办公室里，大家一起探讨《法治进行时》的工作场景，回想起来觉得很温暖，因为可以那么投入地去做一件事儿，而且是做一个起点就是日播的栏目。

在定位《法治进行时》的时候，我们曾经提出一个设想：设置每天的主题，有报道事实的新闻，有深度报道，有法律援助，有律师访谈，还有像法治天气预报之类的东西。其实，这就意味着一个栏目组下面要分出很多板块来，每一个板块都有它固定的职能和固定的形态。我所说的"品牌制度"，就是从一开始就做这种有烙印的栏目，因为品牌(Brand)这个词在英文里的原意就是烙印。《法治进行时》在今天已经成为老百姓认知程度特别高的大品牌，这跟栏目组的规范、管理、策划都有关系，但是更大的原因是徐滔的形象一直都在。她传递出来的是一种良性、健康、正义的态度，她会站在司法的立场上仗义执言。更难能可贵的是，在《法治进行时》报道一些大众感兴趣的案件时，徐滔总能保持一种非常职业化的冷静，她不去扩大，也不去渲染低级趣味，她能给你一种特别健康、磊落的态度，告诉你这些事件的原本状况，以一种职业、冷静的态度去面对它。所以，我觉得徐滔站在屏幕前的时候是一个非常职业化的人，她的职业素质完全出于自觉，这是《法治进行时》能成为一个大品牌非常重要的因素。

我一直认为，一个优秀的栏目，它应该有屏幕外行为的延伸，比如说援助、咨询等等。也就是说，一个好的媒体不应该仅仅是社会文明的记录者，更应该是文明的催化剂。首都也就是首善之都，是一个最前沿的、各种元素杂糅的、有着最丰富的机遇、但是也会有众多潜在危险的地方，那么，谁来做社会安全的守望者？《法治进行时》做到了。它不仅仅是一个媒体，还是一个能提供帮助和咨询的实体。

徐滔在民警中威望很高，警察们都把徐滔当作他们中的一员，所以徐滔的身份很有意思，她是一个新闻工作者，是一个知名主持人，更是一个优秀记者；从另一个角度来看，徐滔是民警队伍里的一员，她是民警队伍里面的一个媒介工作者，她理解这个队伍的使命、艰辛，了解他们的默契、行动规则。正是因为有这些"身份"在，所以她才能做好一个主持人。如果仅仅是一个主持人，徐滔就没有这么大的后劲。

一颗钻石，没有人知道她到底有多少个棱面，除非你给她更丰富的生活，用更多角度的悲喜去检验她。

好在徐滔正在进行时中。

盛情推荐

世事滔滔，徐徐道来，

为求太平，坚守十载，

文明和谐，法治进行，

无怨无悔，竭力倾情，

徐滔小妹，有你辛劳，

法治栏目，收视很高，

你的成绩，使我自豪。

——赵忠祥

我最大的愿望是永远有事干。徐滔也是这样一个人。她好像一直都是忙忙碌碌的，而且很享受工作过程中的快乐。

——张国立

我想每个人最大的愿望就是能平安、幸福地生活。而这正是徐滔和《法治进行时》一直努力的目标，也是大家喜欢徐滔的原因。

——赵本山

《法治进行时》里有引人入胜的故事，有扑朔迷离的案情，有精彩纷呈的推理，但更能引发人们对人生、对亲情、对爱情、对社会的反省和思索。

——郎昆

节目不大，影响不小。

守法宣传，手法独到。

京城观众，盛赞徐滔。

学生优秀，老师骄傲。

———崔永元

徐滔是知名的主持人，她主持的《法治进行时》有着很高的收视率，但她为人低调，同时非常靠谱、非常仗义。还有，朋友们都知道徐滔是个很浪漫、很唯美的人。

———毛阿敏

选择了主持人，其实是选择了一条异常艰难的事业之路。一个真正的主持人一生都在跑新闻的路上。徐滔就是一个永远处于进行时的主持人。

———水均益

每个主持人都渴望找到一个值得用生命热爱的舞台。而对于徐滔来说，《法治进行时》就是她的舞台。

———朱军

十年，对法治而言不长。十年，对《法治进行时》而言不短。作为同行，向你们表示深深的敬意，感谢你们用观众无法了解的付出，让我们看到中国法制长远的未来。

———王志

徐滔"姐姐"最希望帮助的就是青少年。我看过一个报道,通过《法治进行时》向警方自首的青少年有6人之多,可见它的影响。祝贺十年! 还有更长的时间,徐滔"姐姐"和我,会用不同的方式帮助更多的孩子。

——鞠萍

《法治进行时》栏目一直是我非常尊重的一个栏目! 从主持人、编导到各位工作人员、采编人员,都是值得敬佩的! 因为他们是在用生命来抒写电视事业的真实与辉煌!《法治进行时》是普通百姓维权的一个途径,是普通百姓对法律认知的一个态度,是对法制社会拥护的一个表现……更是老百姓一生中不能够离开的一个陪伴!

——韩红

古罗马人说:为了正义,哪怕天崩地裂。中国古人说:大道之行,天下为公。《法治进行时》用了十年的时间以无私无畏的精神将公平和正义给予大家,不仅成为一个品牌栏目,也成为了人们平安生活的守护者。

——董卿

《法治进行时》的魅力在于它的真实、速度、动态和自始至终的亲和力,这样的元素组合让《法治进行时》在法治的概念和媒体的传播之间建立起了一种令人满意的和谐关系! 徐滔是一个让法治媒体从业人员羡慕的名字,有时候,我真希望在那些现场出现的人是我自己……她能以从容而不经意的举动化解千钧一发的紧急瞬间!

——撒贝宁

十年，《法治进行时》超越电视节目本身而成为媒体与社会互动的现象与范本。节目的灵魂——徐滔，不仅是难以超越的主持艺术高度，更是超凡的个人魅力、强烈的社会责任感以及高度的敬业精神三位一体幻化而成的中国偶像。这种无可替代的偶像力量在我们的注视下，一次又一次地挽救生命、净化灵魂，代言着正义与美好。

——芮成钢

　　我觉得吧，能给大家带去快乐和思考的，就是文化！二人转是快乐文化，《法治进行时》是法制文化。今年是《法治进行时》十周年，老霸道了。在这里呢，衷心祝愿《法治进行时》继续"霸道"。必须的！

——小沈阳

自 序

⬇

法治进行时

徐滔

经常有朋友问我十年前创办《法治进行时》的原因，这是源于我做的一个报道，这个报道改变了我的一生。

在1998年前后，北京的街头一直有假金表骗局——骗子们拦住路人后，会神秘地掏出一块金表，说这块金表价值连城，是外地某银行的金库着大火时遗失的，现在银行正在以每块金表30万元现金加上两套三居室往回收购。骗子们还会事先准备好一张伪造的《人民日报》，上面印着国家各银行高价回收金表的假新闻。为了进一步迷惑事主，有的骗子还会扮成银行的工作人员，从银行里走出来说的确有这么回事儿，让事主抓住机会。而实际上，骗子手上的金表是花20块钱在早市买的。可是因为贪心，加上疏于防范，很多人都上当了。

据北京警方统计，这种假金表骗局在一年的时间里保守地说，能从北京街头骗走上千万元钱。一位大学教授用毕生的积蓄60万元钱买了两块假金表。有些人眼看毕生积蓄毁于一旦，甚至想要寻短见。

一天，我们北京电视台的一位老记者冲进了我的办公室，说两天前他的岳父花十万块钱买了一块假金表，发现上当后，老人卧床不起，这两天身体刚好点儿就拿着菜刀把菜板剁得山响，一会喊剁骗子一会说剁自己，家里的五个孩子太担心了，于是商量着每人拿出两万块钱来交给刑警队，就让刑警队跟老人说，案子破了，钱追回来了。我马上联系了老人报案时的刑警队，民警答应一定帮忙。

接过这十万块钱时老人哭了，他说这笔钱也不是留给自己的，是留给孙子孙女们的，钱被骗了之后，他真不想活了，觉得对不起老伴，对不起孩子们，而现在好了，钱找回来了。说着说着，老人拿出了一斤用油纸包着的蛋糕，非往民警和我的嘴里塞。

对于这类案件的久侦不破，民警非常自责，而我也在自问：为什么我总是报道已经侦破的案件？为什么不能在这类案件刚刚出现的时候就提醒大家不要上当受骗呢？作为一个法制记者，最成功的境界到底是绘声绘色地描述案件侦破过程，还是强化公众预防犯罪的意识，在人们头脑中筑起一道无形的防火墙？

突然我想，如果有一档每天播出的法制栏目，能够及时告诉大家社会治安的动态，提醒大家如何防范，那该有多好！

这就是我和同事们一起创办《法治进行时》栏目的起因。

我想每个记者内心深处最渴望的，绝不仅仅是把新闻播出去，而是新闻产生的影响力能够为大家服务。通过一档电视节目，能够为社会提供预警，为老百姓出谋划策，为社会安定和公共安全出把力，这种念头让我和同事们无比兴奋，充满干劲。

1999年12月27日，《法治进行时》栏目终于开播了。从开播的第一天起，我们就把栏目定位在服务京城百姓上。也就是说，无论报道什么案件，都要找出对老百姓的服务点。正是这种放下媒体架子、真正与老百姓心贴心的姿态，使《法治进行时》获得了成功。

《法治进行时》在非上星频道播出，却第一个进入全国所有电视频道新闻专题大排行的前十名；与诸多大牌栏目同台竞技，却成了目前全国唯一一档午间广告创收上亿的栏目；更重要的是，《法治进行时》积累起价值连城的受众口碑，成为了京城百姓中午必看的栏目。《法治进行时》，首都生活的文化新元素。

现在，业内外都在探求《法治进行时》成功的原因。

专家结论是：《法治进行时》的栏目定位清晰，操作定位准确，而且在当时独一无二，全国首创的节目形态为中国电视增加了新的物种。

媒体同行的结论是：《法治进行时》经常能够得到独家报道的机会，所以栏目和节目主持人才会脱颖而出。

观众的结论是：《法治进行时》实用、好看、贴心。

这些分析都很对，但我个人认为《法治进行时》成功原因中最根本的一点，是我和同事们对观众的责任心，我们是捧着自己的心给大家做每一期节目的。正是有了这颗心，我们年轻的编导才会迅速成长，我们才会在一个又一个危急现场从不退缩，从容应对。

　　2009年12月27日是《法治进行时》开播十周年的日子。最先提醒我们的是一位叫邓斌的观众。从《法治进行时》开播第一年开始，邓斌老人已经连续九年在12月27日左右登门祝贺我们。第一年，老人送来一块匾：祝愿法治进行时越办越好！第二年，老人又带着孩子来到电视台，送给我们一幅他自己画的水墨画——清丽的荷花尖上飞舞着一只蜻蜓，旁边一行隽秀小字：小荷才露尖尖角。等第三年老人再来时，我们组里去接的记者越来越多了，因为老人说眼睛花了，所以写的字越来越大，画的画也是越来越大。去年的时候，邓斌老人说2009年12月27日是《法治进行时》开播十周年的日子，到时候要写一幅更大的字，画一幅更大的画。

　　同样提醒我们开播十周年的还有北京市委政法委、北京市委宣传部、北京电视台的领导。2008年12月18日，《法治进行时》所在的北京电视台科教频道第一家迁入北京电视台新台址。九天之后，很多领导来到《法治进行时》的办公室，祝贺我们的乔迁之喜。当时，领导们送给了我们一支史上最牛的话筒。为什么说是史上最牛的话筒？因为这支话筒体积巨大，仰天矗立，从远处看就像一座喷火的炮台。领导们说：徐滔，2009年《法治进行时》开播十周年，我们要送一支更大的话筒！现在这支话筒摆放在我们《法治进行时》办公室最明显的位置。

　　每次从这个巨大的话筒边走过时，我都会放慢脚步，想起《法治进行时》开播时我们经费紧张，前半年的工资是政法委发的；会想起市委宣传部领导特批给

《法治进行时》更好的播出时间；会想起亲爱的北京电视台领导给予《法治进行时》和我本人的那么多荣誉，特别是当时我的主管领导张松华对我的支持。可以说，没有十年来这么多春风化雨般的政策扶持，就不会有我们的今天。

我们同样忘不了北京市公、检、法、司各部门的鼎力相助，他们不但用敬业、忘我的工作激励了我们，更用无私的忠诚告诉所有人：捍卫京城、守卫京城的平安是一件多么光荣的事情！

正是太多的关心、祝福让我们从忙碌的工作中抬起头来，计划给《法治进行时》庆祝十岁的生日。照例应该是出一本书，书中要纪录《法治进行时》十年的坚实足迹，纪录《法治进行时》十年的经典瞬间，同样要纪录我们《法治进行时》七十余位年轻记者的成长故事。从栏目开播到现在，我已经为组里的18位记者主婚，有一段时间因为婚礼太集中，我经常把新娘的名字记错。而每次耳边响起《婚礼进行曲》的圣洁旋律，看到我们组的年轻记者和爱人甜蜜走来时，全场肯定有三个人在找纸巾，有两位是他们双方的妈妈，另一位就是我。这本书肯定还要写从开播到现在《法治进行时》大家庭中出生的8个小宝宝，还有两个很快就要出生。哈，这些小宝宝们在妈妈的肚子里时，我就认识他们，他们可真是看着我长大的。而我想，我对所有年轻记者最大的帮助还不只是让他们有了一份安稳的工作，可以娶妻生子，更是帮助他们懂得了敬业就是快乐！

就在我积极筹划这本书的时候，有一天，我们栏目组最年轻的一位记者找到了我，她说："徐老师，我觉得您还是应该写写咱们采访的典型案例，这对大家的帮助可比写咱们的成长故事帮助大，你想啊，成长故事可不是每个人都能理解的,而咱们采访的那些经典案件却能够实实在在地帮助、启迪每个人。"的确,电视报道篇幅有限,许多案例我们仅仅报道了过程和结果,可是最能触动大家的并不是案件发生的过程和结果,而是涉案人物的命运。这些人有着怎样的成长经历?有着怎样的痛苦与彷徨?他们如何看待自己所做的一切?还有,如何能让更多的人远离犯罪的侵害?我想,这样一本书才会让观众和读者有所收获、有所启迪,这是开播十年的《法治进行时》最想得到的礼物。

于是,我很快选定了我们栏目报道过的十二个案例,但真正动起笔来,才理解文字记者的艰难,比如有的案例年代久远,案发时间侦查员也说不清楚,在做电视报道的时候,我们可以虚着说,而落实到文字,不能通篇都是"那时候"吧,所以只能重新了解情况。在一年多的写作过程中,我们组的很多编辑、记者都成了我的资料员,有的时候他们真的被我问烦了,但考虑到这是我的处女作,可爱的同事们只能再去认真地核实。

还有一位我非常尊敬的老师为我的这本书付出了很多心血,她就是杨菊芳老师。记得我在《北京您早》工作的时候,就跟着在报社工作的杨老师一起采访,她严谨的工作作风对我产生了很深的影响。2008年,我找到杨老师,恳请她做这本书的策划人,她没有说话,只是用力地点头,后来我才明白杨老师是一位用行动代替表态的人。在这本书创作的过程中,杨老师勒令我去核实一个又一个的细节,帮我梳理清楚一篇又一篇的写作思路,并且建议我还是要用大家熟悉的《法治进行时》风格进行写作。有一次,刚刚做了小手术的杨老师冒着大雨又去了其中一个案发现场,为的就是告诉我她在现场的感受。所以,杨老师并不仅仅是帮助我出了这本书,而是言传身教地告诉我:一定以诚待人,一定以诚从艺。

我同样感谢每一位为这本书作序推荐的朋友,华文天下图书有限公司的杨文轩总编、马志明编辑告诉我,他们从来没有遇到过这样的事情——在一天内向17位大腕发出作序推荐的邀请,一天后17篇文字如约传回。这是怎样的支持和厚爱,我会把这份爱深深地珍藏起来。

潜伏
——公司 "无间道"

2009年,电视剧《潜伏》热播,风靡全国,但你有没有想过,也许你身边就有这样的"潜伏者"。他们努力伪装自己,等待时机,一旦机会来临就开始作恶……

2004年1月29日,北京,晴。

这天是农历正月初八,7天春节长假后的第一个工作日。

早晨8点多,在北京市崇文区一家私营食品厂上班的赵兴手里拎着几只南京特产咸水鸭,走进了财务室。此时离上班还有一段时间,会计和出纳都还没有来,赵兴把鸭子放在桌子上,坐在座位上发起了呆。

赵兴1米75左右的个头,瘦削的身材让人觉得有些单薄。他有着一张南方人特有的长脸,棕黑的肤色,五官长得还算端正。或许是因为瘦的原因,脸上的线条分明,总给人一种木讷的感觉。

从赵兴投给这家食品厂的简历上看,他是北京户口,家在北京市朝阳区。他的简历上还写着:33岁,大学本科毕业,专业是财务管理。

2003年5月，这家食品厂在报纸上登广告招聘财务人员，赵兴来应聘了。但是经过面试，主管财务的主考官钱总觉得赵兴不够精明，对于需要在账目上进行变通的私人企业来说，不是很适合做财务工作，所以赵兴被安排到生产车间当了统计员。众所周知，统计员和会计相比，无论是工作环境还是待遇都相差甚远。尽管如此，赵兴还是答应了下来。赵兴有的是时间，他可以等。他相信凭着自己的实力，会等到机会出现。

人不可貌相，这话在赵兴身上似乎又一次得到了验证。很快，赵兴的实力就显现了出来，并得到了公司上下的认可。试用期满后，赵兴被钱总提拔了上来，调到财务室任记账员。钱总对赵兴相当看重，春节前员工聚餐时，还悄悄对赵兴说："好好干，厂子发展好了，你还有大用！"赵兴并不稀罕在这个厂子有什么大用，他的内心有一个计划，这个计划就像一个拼图游戏一样，随着一块块拼版被他陆续找到并放在了各自的位置上，美丽的画面正在展开。但是赵兴明白，无论是哪一步，都离不开主抓财务工作的钱总的支持。

这天，赵兴看了看桌子上摆放的那几只盐水鸭，琢磨着钱总应该已经到办公室了。

时间将近9点了，赵兴来到钱总的办公室门前。果然，钱总已经来了，正在电话里和一个销售商说着货款的事情。钱总40多岁，身着笔挺的深色西服，透出一股子成功商人的劲儿。钱总毕业于名牌大学，原本在一个机关主抓食品工作，2000年下海和朋友合股开了这家食品厂。经过3年的打理，食品厂的产品已经成功地打入了北京各大超市，月销售额超过百万。21世纪什么最重要？人才。食品厂要继续壮大，钱总最需要的是各界精英。他把赵兴看作了可培养的潜在之才。

看赵兴推开门进来，钱总放下了电话，张罗着赵兴坐到对面的沙发上。赵兴端出早就准备好的话来："钱总，春节期间回了一趟南京老家，回来的时候也没什么带的，这咸水鸭是南京特产，不值两个钱，算是一点儿心意。"看着赵兴把咸水鸭拎了上来,钱总不由得想起了面试时的情景。

招聘赵兴的时候,钱总曾经怀疑过赵兴的来历。根据简历,赵兴的家在北京,但却是一口南方话。对于钱总的疑问,赵兴解释说,他的父母都是南京人,几十年前当兵来到北京。因为父母忙,赵兴是在南京爷爷的身边长大的,十多岁时才到北京,可这么多年,乡音怎么也改不了。赵兴的解释似乎合情入理,钱总也就没有深究,但这个疑问却被埋在了钱总的心里。这回看着赵兴带来的咸水鸭,钱总不免为自己的多虑感到可笑。

钱总对赵兴的好感是随着时间的推移而递增的。赵兴一进厂就搬到了厂里的宿舍住。按照赵兴的说法,家虽不远,但是加班不方便。厂里生产任务重,搬到厂里加起班来就不用来回跑了。

在3个月的试用期里,赵兴以厂为家。他不光完成了分内的统计工作,还帮助财务室的女士们打水、搬东西,干各种各样的杂活,深受女士们的欢迎。赵兴平时出手也很大方,虽然每个月工资只有1000多块钱,同事们吃饭他常抢着买单。大家都觉得赵兴实在,人不错。

这一切,钱总看在眼里记在心头。

钱总有一个爱好,那就是下围棋。厂里很少有人有这个爱好,即使有也是臭棋篓子,这常让钱总觉得没有知音。想不到这个赵兴倒下得一手好棋,常在休息时间陪钱总下。有一次赵兴下棋赢了钱总,事后他说:"钱总您知道您输在哪儿了吗?其实下棋和做人一样,您得站远了看才能看清楚,近了您看不清楚。"听了赵兴的话,钱总觉得这个人颇有哲人的气质,是有内秀的。这正符合财务工作的需要,越是不张扬,越是懂得收敛,就越合适。

于是,在赵兴试用期满以后,钱总把赵兴调到财务室当记账员。钱总想,再磨练磨练,等到将来公司壮大了,他能成为一个靠得住的帮手。这才有了春节聚餐时的那番话。

钱总的苦心赵兴不是不知道,也装作接受而且感恩戴德的样子。

和钱总聊了几句闲话，赵兴就告辞了。推开钱总办公室的门，呼吸到清冷的空气时，赵兴脸上浮现出来一丝不易察觉的轻笑。赵兴有些得意，但是又觉得自己非常卑鄙无耻。

送给钱总的盐水鸭并不是赵兴从南京带来的，而是他通过网络在南京订购的。赵兴并不是真叫赵兴，他的老家也不在南京城。

1."髀里肉生"的启示

岳阳市位于湖南省的东北部，京广铁路线从这里穿过。岳阳市东近江西省的铜鼓、修水和湖北省的通城，西临洞庭湖，北接万里长江，南连三湘四水，是湘北水陆联运要地。它又紧邻湖南省会长沙，正处在湖湘文化的发源地中心地带。因为人文荟萃，在近现代历史上，曾国藩、左宗棠、谭嗣同、毛泽东、刘少奇等赫赫有名的人物，都在这里留下过足迹。

2002年8月9日，37岁的曲无间踏上了从岳阳开往北京的列车。在他的行李箱中，除了随身的衣物外，还有一本《曾国藩传》和一本《三国演义》。

曲无间1965年出生在岳阳市的一个普通工人家庭。似乎沾染了家乡的灵气，他打小就喜欢阅读名人传记，并有了一定要有所作为的志向。1983年，曲无间考上了当地的一所中专，学习财务管理。1986年，21岁的曲无间毕业后，进入了当地一家著名的食品厂担任会计。照他的话说，那是一个人人羡慕的单位。

可是，自命不凡的曲无间并不满足于得到的一切。他一边上班，一边上夜校攻读本科学历。1988年，经过两年的学习，23岁的曲无间终于拿到了财务管理的本科学历。第二年，他不顾家人的反对，辞职离开了岳阳，到了改革开放的核心地带深圳市，在一家电子厂担任会计。

从岳阳来到"时间就是金钱"的深圳，曲无间才真正感到了前所未有的文化和价值理念的冲突。就在这个时候，厂里的一位岳阳籍女工给了他精神上的安慰。身处异乡，两颗孤独的心很快融在了一起，1990年春节，两个人结了婚，并在1991年有了爱情的结晶———一个男孩。曲无间又把父母从湖南接到深圳，和他们住在了一起。

尽管生活稳定了，曲无间在事业上却颇为不顺。在工作单位，无论曲无间怎么努力，都得不到提升的机会。他发现，被提升的人不是老板的亲戚就是老板的亲信。这让曲无间觉得打工的日子没有头，干得再好也是在为别人挣钱，他有了自己创业的念头。

工作上不顺利的同时，曲无间在生活上也有了麻烦。因为文化水平的差异，曲无间和妻子的共同语言渐渐少了。妻子来自农村，喜欢斤斤计较，也让曲无间打心眼儿里不高兴。让曲无间更加不满的是，他发现妻子对自己的父母并不尊重，常常背着自己给他们气受。渐渐地，两个人争吵多了起来，最终发展成三天一小吵，五天一大吵。曲无间也想过离婚，但是看到孩子一天天大了起来，他只能忍耐。

就在这种忍耐中，时间又过去了八九个年头。2000年5月7日，是曲无间35岁的生日。当吹熄生日蜡烛的时候，曲无间突然想起了《三国演义》里那则"髀里肉生"的故事。当时刘备在与曹操作战失败后，丧失了地盘，只得投奔皇族刘表。一天，刘表请刘备喝酒聊天，刘备看到自己大腿上长出的肥肉落下泪来，说："吾常身不离鞍，髀肉皆消；今不复骑，髀里肉生。日月若驰，老将至矣，而功业不建，是以悲耳。"意思是，原来他东征西讨，不离开马鞍，现在不常骑马，大腿上的肉都长出来了。时间过得很快，我要老了，可是却一事无成，所以才悲伤啊。

想到这则故事，曲无间更不甘心为人打工了。2000年年底，曲无间辞了职，带着十多万的积蓄回到了湖南老家，打算干一番自己的事业。可是，故乡缓慢的生活节奏已经让曲无间不能适应了。在岳阳待了一年多以后，曲无间发现自己实在找不到发展的机会。怎么办？他想起了自己有一个表弟在北京的一家医院当医生，还没有结婚，于是他收拾行囊，踏上了前往北京的路。

在岳阳火车站的检票口，当检票员手中的剪子咔嚓一声，在曲无间的车票上留下一个裂口的时候，曲无间和以往的生活告别了。

2. 逐渐形成的圈套

赵兴离开了钱总的办公室，回到了财务室。出纳徐冉已经在屋里坐着了。赵兴把一只盐水鸭放在了她的桌子上，徐冉赶忙说了声谢谢。

徐冉21岁，她的家在北京市密云县的农村。2003年9月，徐冉刚刚从一所中专财会专业毕业，经舅舅介绍，来到了这家食品厂当出纳员。从学校走入社会，徐冉有些不知所措。工作中难免有些拿不准的事情，她就常常请教赵兴。赵兴也不嫌麻烦，常常指点徐冉如何理账，也常陪着她去银行办理业务，几个月下来，徐冉把工作处理得有模有样，小姑娘自然也对赵兴产生了些许的好感。但从2003年11月开始，赵兴似乎和车间里一个叫刘伶的女工谈起了恋爱，看到他们在一起，徐冉心里总有一些酸溜溜的味道。接过赵兴手里的鸭子，徐冉突然说："这鸭子也有刘伶一份吧？"这一问，让赵兴愣在了那里。

赵兴的确在和刘伶谈恋爱。

刘伶20多岁，来自东北农村。俗话说，穷人家的孩子早当家，高中毕业后，刘伶就离开了家乡外出打工。一个人在外面闯荡久了，刘伶坚强了很多，也更懂得父母的不易。2003年8月，刘伶的父亲得了一场重病，急需要用钱。刘伶就拼命加班，好赚一些加班费寄回家里。这一份孝心，打动了赵兴。赵兴想，如果自己的妻子像刘伶一样，他现在的生活或许是另外一副样子。因为有了好感，赵兴就和刘伶接近了起来，渐渐发展成了男女朋友关系。

徐冉的醋意赵兴听出来了，她吃醋只会对赵兴的计划更有利。赵兴计划中包含的公章和支票，其中公章一项赵兴已经揽到了手里，而支票就在徐冉的手里。从徐冉到单位的第一天起，赵兴就觉得那是上天对他的酬劳。因为徐冉少不更事，正需要一个像自己这样的老大哥来指点，这不正是自己的机会吗？而现在4个月过去了，徐冉已经对自己深信不疑。赵兴相信，徐冉已经在自己的掌握之中了。

想到自己的计划，赵兴对徐冉说："钱总需要一些现金支票，你看什么时候买一本，给钱总准备一下。钱总还说，这件事不能告诉别人。"

徐冉早就知道赵兴在钱总心里的地位，再加上为了表示对赵兴的好感，她痛快地答应几天后准备一本支票给赵兴。

徐冉不知道，在答应之后，她就落入了一个可怕的圈套，成了一个阴谋的"帮凶"。

3. 假赵兴，真赵兴

2004年2月14日，北京，阴，沙尘。

这天一大早，时任北京市崇文公安分局刑侦支队现案队队长的王文军，开着他的小云雀来到了刑警队。王文军这一年44岁，1米77的个头。在刚过去的春节长假里，因为刑事案件下降，王文军总算在一年中歇了一回。可是还没等他歇好，一过正月十五，刑事案件又多了起来。

上午10点多一点儿，王文军就接到了刑警队值班室的电话。"什么？人不见了？钱也没了？从银行提的钱？怎么连个活人都看不住，他们干什么吃的？"面对王文军的质问，值班室的侦查员明显不知道如何回答，只是期期艾艾地说了报警人提供的地址。撂下电话，王文军就招呼刑警赵晓涛找警车出现场，可是又突然意识到，队里的警车已经被他一大早发出去了，他只能开着自己的云雀出发了。

20多分钟后，王文军推开了食品厂钱总办公室的门。王文军和钱总是认识的，不久前一伙人翻墙进入食品厂实施盗窃，就是王文军出的现场。正是那一回，他认识了钱总，也了解到了食品厂的经营状况。他知道，厂子正处在壮大期，建设厂房需要钱，购买设备需要钱，扩大销售点也需要钱。在这节骨眼上，正需要大量的现金作为流动资金，一个小闪失就可能造成流动资金链断裂，就有破产的危险。这不，钱总和财务室主任以及出纳员都在办公室里你对着我，我对着你，沉默不语。看着他们的样子，王文军也不用寒暄，找个椅子坐下就直奔主题。

原来就在2月12日，也就是食品厂报警的头两天，厂里的记账员赵兴没有按时来上班。财务室主任想给他打手机，这才想起赵兴就住在宿舍，压根儿也没有手机。于是，她到宿舍找人，发现赵兴并不在宿舍。同宿舍住的是厂里的工人，因为是夜班，他们也不知道赵兴什么时候走的，去了哪里。财务主任以为赵兴家可能出了急事，没有来得及请假，就准备等等看。可是没想到，到了14日早晨，赵兴还是没有出现。财务主任这才意识到可能出了大事，她赶忙去银行查账，发现在2月6日、8日、9日、11日这4天时间里，赵兴用现金支票从银行分别提取了几万元到十几万元不等的现金，加在一起总共47万元。这可是食品厂春节过后刚刚收到的货款，这些钱够发工人小半年的工资了。听了财务主任的汇报，钱总怀疑赵兴已经逃走了，赶紧报了案。

听说赵兴仅仅是个记账员，王文军产生了疑问：赵兴从哪里得到的现金支票？支票上要盖财务章，章应该在会计手里，他又是怎么盖上的呢？听了王文军的问题，出纳徐冉脸上不禁一红。她回忆起春节过后上班的头一天赵兴跟她要现金支票的情形，徐冉说她以为支票是钱总用的，就给了赵兴。至于财务章，她告诉王文军，赵兴是记账员，老要在凭证上盖财务章。年前因为大家都忙，赵兴老去会计那里拿不方便，所以就把财务章放在了他那里。

钱总给王文军沏上了一壶茶，等出纳说完，他给王文军介绍了赵兴的情况：赵兴是2003年5月应聘到单位的。人不错，又肯干，大家都和他关系不错。2003年11月，他又和单位的一个女工谈起了恋爱，一切都非常正常，大家压根儿就没有防着他。

随后，钱总把赵兴的女朋友刘伶找了来。女孩也是刚刚听说了赵兴出走的消息，眼中含着泪水，但是很快就恢复了正常。她告诉王文军，2004年2月11日晚上，就在赵兴失踪的前一天，赵兴邀请她一起去外面吃的饭。当时，赵兴透过饭馆的窗户默默地望着远方，不住地叹气。刘伶问他出了什么事儿，赵兴没有回答。

经刘伶提醒，财务主任也想起了一件事儿，同样是在11日，早上，财务主任告诉赵兴，公司为了今年的发展，要彻底查账，好做财务计划。那个时候赵兴已经从银行取了3笔钱，听了这个消息，他又取了一笔，这才在11日夜里离开。

听了这些线索，王文军将出了事情发生的大致经过：通过应聘来到食品厂的赵兴，在过去的8个多月时间里，从一个车间统计员，升到了财务室的记账员，这期间他得到了上上下下的认可；2004年春节前，赵兴以用财务章为由，从会计手里得到了财务章；春节过后，他又以钱总要支票为由，骗到了现金支票；2004年2月初，厂里收到了货款，赵兴分4次用现金支票提了款；就在他要走的当天晚上，还请了自己的女朋友吃了顿饭。

王文军有些气愤了：在每一个侵财案件里，犯罪嫌疑人能够得逞，几乎都有被侵害者自身的弱点和漏洞存在。这个案件也不例外。可这是一连串多么低级的错误，多么不该出现的疏忽！在赵兴的整个犯罪过程里，但凡有一个环节被卡住，他都不会得手。比如财务章不违规交给他；比如在他以钱总的名义向出纳要现金支票时，出纳向钱总核实一下；比如在大额货款到账后，会计每天和银行对一次账……到底是这个食品厂的干部员工，把自己单位当成了世外桃源，所以根本不设防呢？还是这个叫赵兴的男人有一种魔力，让严格的财务制度搭建成的关卡，一道一道在他面前都失去了作用？

还有，他请刘伶吃饭时的那声声叹息，是代表了因为有隐情而无奈携款外逃呢？还是蓄谋已久，对于往事的缅怀呢？

"走，去他宿舍看看。"突然之间，王文军对赵兴产生了兴趣，他想看看赵兴生活过的地方是否留有破案的线索。在职工宿舍里，赵兴临走的时候把被子褥子都拿走了，光光的床板上没有留下一张纸条。而在赵兴的办公桌里，除了办公用品还在，其他个人的东西全部不见了。

这些迹象表明，赵兴是铁了心不让别人再找到自己。

可半夜三更，拿着这样一大堆东西，赵兴怎么出的厂门？难道没有一个人发现？！

在钱总的电脑里，王文军见到了赵兴，那是厂里举办的2004年春节联欢晚会录像。屏幕上，赵兴在朗诵一首自己创作的诗歌："伤心落泪的时候要坚持，不被别人理解的时候要坚持……"钱总说，赵兴总是那么有诗意。他又记起了赵兴那次和他下围棋时说的话："钱总您知道您输在哪儿了吗？下棋和做人一样，您得站远了看才能看清楚，近了您看不清楚。"钱总不知道是问自己还是问别人："怎么从一开始赵兴就话里话外地透露出有今天呢？"

钱总的问题很快有了答案。回到刑警队后，王文军按照赵兴留下的简历进行了调查。朝阳区确实有一个赵兴。找到这个赵兴后，他了解到这样一个情况：2003年2月，真赵兴在报纸上刊登了求职信息，一个自称是公司老板的人在一家酒店大堂见了他，在拿到了他的身份证和其他材料的复印件后，让他回家等消息，结果石沉大海了。而这个自称公司老板的人，后来成了假赵兴。

眼见什么线索都没有，王文军有点懊恼，感觉到一些单位的防范意识实在是太薄弱了。如果这家公司在招聘的时候能够到相关的部门去核实一下这个人的身份，如果在财务管理上严格一点儿、规范一点儿，这一切都是可以避免的。王文军想，这起案子可没什么省劲的办法了，从对赵兴最基础的调查开始吧。

4. 阴谋诞生，身份转变

2004年2月14日，湖北省武汉市，晴。

伴着车轮撞击铁轨发出的咔哒咔哒的声音，火车慢慢驶离了湖北武汉站，再过几个小时，火车就要到达湖南岳阳站了，这是赵兴的目的地。不，这时候不应该再叫他赵兴了，他已经和34岁的赵兴告别，恢复真实身份——39岁的曲无间。坐在火车的卧铺车厢里，看着窗外熟悉的一草一木，曲无间默默地回忆刚刚逝去的北京生活。

2002年，他从岳阳来北京投奔表弟，住在表弟在望京小区租的一个两居室里。凭着在深圳的工作经验，他很快就找到了工作，在一家IT企业当会计。然而，日子久了，曲无间又懈怠了。做一个普通职员，不是他来北京的目标，更不是他人生的目标。怎么能快速致富，成为了曲无间成天琢磨的课题。

2003年年初的一天，曲无间买了一份报纸打发无聊的时光。报纸上的一篇文章，让曲无间不由地心中一动。此文报道了深圳一家公司的财务人员，从银行提走了大量的现金后下落不明。经过警方的调查发现，那名财务人员的身份是伪造的。看着这份报道，一个发财的念头在曲无间的心里浮现出来。自己何不照葫芦画瓢，来个瞒天过海呢？

曲无间开始着手进行准备。他知道，要想接触钱，必须是单位的出纳，因为只有出纳才能接触到现金或者支票。而出纳往往是本地人，只有本地人，老板才放心，毕竟"跑了和尚跑不了庙"，财务人员做手脚时也会有所忌惮。到哪里去找一张北京人的身份证呢? 后来, 曲无间通过报纸联系上了正在求职的有财务专业背景的北京人赵兴。不费吹灰之力, 曲无间从赵兴手里骗到了他需要的资料。接着, 他在中关村花100多块钱, 把赵兴的资料变成了自己的资料。

可是身份能变, 口音却变不了, 为了解释口音的问题, 曲无间琢磨了许久。后来, 曲无间了解到, 在北京有些军队的干部是来自四面八方的, 口音也各不相同, 如果说自己是军人子弟, 是能说得过去的。经过一番思量, 曲无间决定把自己的老家安在南京, 因为一方面南京有军区, 更容易把谎话编圆, 另一方面, 南京口音不像北京或上海口音那样区别明显, 一般人比较难识破。于是, 出生在湖南省岳阳市的曲无间变成了从南京来的北京人赵兴。

5. 戴着面具的"假人"

刺啦一声, 随着曲无间手里的车票被验票员一撕两半, 他走出了岳阳火车站。看着出站口久别重逢的亲人拥抱在一起, 曲无间有些失落。这次回来, 曲无间并没有通知家里人。妻子已经生疏了多年, 只有孩子还值得他挂念, 父母年纪大了, 他不想烦扰他们。想到这里, 曲无间想起了刘伶, 想起了自己和刘伶吃的最后一顿晚餐。那声声叹息里包含了对人生的感慨, 还有对过去8个多月生活的深深眷念和遗憾。

离开刘伶也是一种无奈的选择, 在食品厂呆的几个月, 曲无间总觉得自己半人半鬼。

曲无间在北京没有房子, 即使有房子也不能住, 这会给自己的行踪留下痕迹。曲无间想干脆搬到厂宿舍住, 幸亏食品厂的人都很实在, 没有深究一个"北京人"长住宿舍的原因。搬到食品厂宿舍以后, 不能和岳阳的家人联系, 想得厉害了, 曲无间就偷偷地到公用电话亭和远方的亲人通个电话。"撒一句谎容易，难就难在一直撒谎啊。"

对于曲无间来说，北方人是个谜，谜之一就是为什么那么爱喝酒？这酒往往小酌不行，还要喝得五迷三道、晕晕乎乎才够味儿。住在宿舍里，因为大家都是独身，所以经常一起出去喝酒。南方人喝酒原本就没量，三杯下肚自己说什么就控制不住了。还记得有一次喝多了，不知怎么就说起了家乡，曲无间说了很多湖南的名胜古迹。酒醒后，曲无间着实担惊受怕了一段时间。幸亏当时大家都喝高了，没人留心酒桌上说过的话。从那以后，曲无间就以酒精过敏为由，和酒绝了缘。

而像这样的危险还时刻潜伏在他的周围。春节前，单位要组织联欢会，曲无间和一个同事搭帮说相声。鬼使神差般，他买了一套湖南人奇志和大兵的相声模仿。同事说："赵兴你的口音怎么和他们两个那么像？"吓得曲无间赶紧换了个节目。"担惊受怕的日子真不是人过的。"曲无间后来对审讯他的警察说。

闲下来的时候，曲无间最爱读那两本不知读了多少遍的《曾国藩传》和《三国演义》。这是他最喜欢的两本书。从这两本书里，可以读到功业、奋斗、厮杀、阴谋、计策、隐忍、凶残、狡诈。书里的人物，无论是英雄还是枭雄，都经历了生与死、水与火的磨砺，有的身败名裂、死于非命，有的终成正果。而他最崇拜并引为人生楷模的人是曾国藩。这位晚清重臣也是湖南人，而且做到了功成名就、全身而退。不过，并不是这位老乡的所有言行曲无间都信服。比如曾老先生的名言"宁人负我，我毋负人"，就不如三国曹操"宁我负人，人毋负我"的名言更对曲无间胃口。

造化对曲无间是眷顾的，准确地说，是北京的这个食品厂对他太"眷顾"了。他最需要成为一个出纳员，却被安排到车间当统计员，以为没有机会了，钱总又给调到了财务室，尽管只是记账员。

但转眼3个月过去了，财务章和支票都没有到手，曲无间的意志在逐渐地消磨。这个时候，刘伶出现了。刘伶的大气，刘伶的温柔，刘伶的体贴，刘伶对父母的孝顺，都让曲无间动心，甚至产生了和刘伶私奔的念头。但是，私奔以后又怎么样？还是过这样的打工生活吗？曲无间不愿意，也不甘心。而且，他现在是戴着面具的"假人"，在知道自己的真实面目后，刘伶还愿意和自己一起生活吗？"等等，再等等！"曲无间对自己说。

还是那个钱总，就在自己意志最薄弱的时候，给了自己"温柔的慰藉"，说什么公司发展，以后你有大用。钱总的知遇和许诺，差点儿让曲无间打消了原有的计划，在这个小食品厂踏踏实实地工作下去，可是发财的机会就在这时出现了。

春节前，大家都忙着过年，因为记账需要财务章，财务主任干脆把公章放在了自己的手里，这是当初想都不敢想的事情。

买南京咸水鸭送钱总和同事，本来是因为考虑到自己还需要在这个厂再"卧底"一段时间，让大家确信自己是南京人。可是就在那一天，出纳徐冉答应了拿现金支票，机会再次光顾了。现在，只剩下等待取钱的时机。

这个机会终于在2月初降临了——一笔60万元的货款进到了食品厂的财务账户里。曲无间行动了，因为银行有规定，一次取钱不能超过一定限额，曲无间只能一次次去银行提款。2月11日，财务主任告知了要查账，是收手的时候了。2月11日白天，把最后一笔钱取到手，晚上和刘伶告了别，烧掉了该烧掉的东西之后，曲无间登上了南下的火车。

现在想起来，曲无间觉得自己最对不起的是刘伶。和刘伶告别时的叹息，就包含了对刘伶的歉意。"如果有缘，将来我会去找你，可是现在不成，谁让现在你是人，我是鬼呢？"

6. 千里寻人

"他确凿是湖北监利的口音。"听了老专家的介绍，王文军心头一阵狂喜。

从食品厂回来，王文军就和这个假赵兴较上了劲儿。他越琢磨越觉得这个假赵兴不简单。赵兴留下的东西，王文军一件也不放过。春节后，赵兴送给钱总的咸水鸭，王文军专门进行了核实，竟然是赵兴从网上订购的。了解了这个情况，王文军也不得不佩服假赵兴思维的缜密。

到哪里找这个假赵兴呢? 王文军首先想到了我们《法治进行时》栏目。和《法治进行时》合作，不是一回两回了。按照以往的经验，如果犯罪嫌疑人不离开北京，在《法治进行时》里面播出电视通缉令，马上就能找到他。

很快，《法治进行时》就播出了查找假赵兴的节目。

在电视通缉播出的同时，王文军又拿着假赵兴春节晚会表演时的录像资料，专程拜访了公安部的语音专家。一位头发花白的老专家听完之后判断说，这个假赵兴是湖北监利口音。

据老专家介绍，监利口音因为湖北省监利县而得名。监利县位于湖北省的南部、长江北岸，隔江与湖南省岳阳、华容县相邻。很多居民是在清朝初年由江西一带迁移到监利定居的，因此形成了独特的监利口音。老专家还讲了这样一则笑话: 监利人把碗都读成"吻"。有一次，一位监利人去武汉，在一家餐馆里吃饭，还差一个碗，他叫服务员:"小姐，给我拿个'吻'来!"服务员听到了，脸有点儿红，以为他是故意调戏人，没理他。后来，他又叫了一声:"小姐，给我拿个'海吻'来!"服务员还是没理他。他想可能自己说话别人听不清楚，就边说边比划，服务员终于听明白了，拿来一个碗朝他的桌子上面用力地一蹾，吓他一跳，还不明白什么原因。旁边的人都快笑死了……

有了专家的语音鉴定，王文军心里稍稍有了些底，他再次来到了食品厂。一些员工回忆起假赵兴非常能吃辣椒，这一点和湖南、湖北人有相似的地方。

而公司那名和假赵兴合作过节目的员工也回忆起赵兴模仿奇志和大兵的相声的情形。这些线索再次印证了专家的结论。回到刑警队，王文军立刻亲自带队去湖北寻找。

2004年2月17日，在接到报案后的第三天，王文军就带着假赵兴的照片赶到了湖北省监利县。监利县公安局的接待人员听了王文军对作案人和案情的介绍后，也对假赵兴产生了很大的兴趣。在看了王文军带来的录像资料后，他们有了新的发现。

据当地民警介绍，清初大批移民来监利定居，造成了监利居民的方言土语较多，监利北部形成了监北口音，南部形成了监南口音。由于监利县南部和湖南省岳阳市的北部相邻，造成了监南口音辐射到了湖南省岳阳市和长沙市，毕竟从监利到岳阳市再到长沙市的公共汽车只有20多站。

监利民警告诉王文军，通过假赵兴在联欢会上表演时的口音判断，假赵兴使用的正是监南口音，这也就意味着他的家可能在监利、岳阳、长沙等地。因此，他们建议王文军再去湖南省的长沙市和岳阳市看一看，而他们在当地寻找。

听从了监利民警的建议，王文军先后到了湖南省岳阳市和长沙市，并和当地公安机关取得了联系。长沙的冬天，因为湿度大、温度低，常常出现大雾。站在宾馆客房的窗前，看着窗外的大雾，王文军心里变换着数字。两天的工作让他了解到，监利县有常住人口140万人，岳阳市是520万，长沙市则有600多万，加在一起一千多万人口，仅凭一张照片能找到这个假赵兴吗？

7. 地下六合彩的泥沼

2004年8月5日，湖南省岳阳市，雨。

"他妈的，又没有中奖。"看着兑奖单，曲无间万分沮丧，这已经是他最后一搏了。从2月回到家以后，曲无间给了妻子5万块钱作为孩子的学费和生活费，待到他要给父母几万块钱时，被父母拒绝了。曲无间的父母都已经退休，工人家庭过惯了苦日子，乍看儿子拿回来这么多钱，总觉得钱来路不明。曲无间再三保证，老两口还是没有收下钱。他们只是叮嘱曲无间，钱来之不易，你也是快40的人了，应该早些立业，踏实在家过日子，不要再东跑西跑。

对于父母的叮咛，曲无间是上心的，毕竟自己坚持了这么长时间，就是为了能有创业的资本。曲无间找来了过去的同学和朋友，吃饭聊天谈生意经。无奈生意难做，他又没有什么经验，一时找不到合适的投资机会。

转眼3个月过去了，2004年5月，在一次饭局上，一个朋友神神秘秘地告诉曲无间，有一条发财的路，不知道曲无间有没有兴趣。对于发财心切的曲无间来说，自然每个机会都不能放过。就在这一次，曲无间听说了岳阳一带盛行的地下六合彩。

六合彩起源于香港，游戏规则是由彩民从1-45个数字中任意选出6个，与开奖日摇出的6个数字相同的则中一等奖；有5个数字相同的则中二等奖，依此类推。而内地的六合彩买码活动与香港六合彩并无实质联系，它是由幕后的大庄家以香港六合彩开出的中奖号码为依据，向彩民出售各种"六合彩特码玄机图"，比如图画、数码、诗词、十二生肖等宣传材料。彩民主观臆断，牵强附会，从45个数字中选取6个押注。六合彩赌博不需要特定场地，也不需要特定的赌具，买码时只要填写几个数字，或者是打个电话，把号码报上去，押注就算完成。每周二、四和隔周的周六晚上8点30分是地下六合彩开奖的时间。

朋友还告诉曲无间，最近哪家中了大奖，哪家发了大财。朋友的介绍让曲无间兴奋异常。一直以来，他就对自己的能力深信不疑，自己是学财务的，计算中奖的几率那还不是小菜一碟。于是，曲无间拿出钱来开始购买六合彩。

然而，几个月过去了，曲无间投进去了35万元，就像打水漂一样一点儿也没有看到动静。渐渐地，曲无间才明白过来，六合彩就是庄家的一个骗局，大庄家根据号码的销售情况，幕后操纵中奖号，欺骗彩民，牟取暴利。因为购买六合彩，从富翁变成"负翁"的大有人在，有的人甚至血本无归后轻生自杀。8月4日，曲无间把剩下的4万多块钱也投了进去，希望能够钻庄家的空子，捞回老本，可是这一次曲无间又空手而归了。

2004年9月7日，湖南省岳阳市又是一个大雾天。曲无间踏上了开往天津的列车。和去北京时一样，他的行李里除了换洗衣服外，还有《曾国藩传》和《三国演义》。曲无间希望能够故伎重演，再次空手套白狼。临上车时，他回头看了看浓雾笼罩下的岳阳市，心里诅咒着那该死的六合彩。

8. 再次出手

2008年4月4日，北京，晴。

又是一个春天到来了。因为进行了多年的治理，北京的沙尘暴基本消失了，取而代之的是蓝蓝的天。这样的天气让王文军心情非常愉快。早晨8点多，王文军又像4年前一样开着自己的小云雀去上班了。不过，现在他已经不在刑警队工作了，2007年就调到了崇文分局看守所。推开办公室的门刚坐下，王文军接到了一个电话，他腾地一下从座位上站了起来。

打来电话的是崇文分局刑侦支队的副支队长何长海，他在电话里兴奋地告诉王文军，假赵兴找到了。

在过去的4年时间里，王文军几乎每年都要去一次监利、岳阳和长沙，以至于当地的民警都和他混熟了，每年过年，他们都给王文军打电话，一是拜个年，二是通报一下查找的情况。可是遗憾的是，始终没有找到假赵兴的消息。

当年王文军44岁，现在他已经48岁了，他手下原来的队员也大多调走了。就在王文军要调到看守所前，为了能有人把这个案子查下去，他专门向副支队长何长海进行了汇报。后来他听说，2008年春节刚过，趁着刑事案件少的机会，何长海就又组织人员去监利、岳阳、长沙一带寻找假赵兴。

也是一个偶然的机会，前去寻找假赵兴的侦查员在岳阳市公安局碰到了一名刚刚从监狱调动工作到刑警队的民警。看了侦查员带去的照片，这名民警想起在他工作过的那所监狱里有一个犯人的长相和照片上的人非常相似。

在那名民警的帮助下，侦查员终于在岳阳市的一所监狱里，找到了假赵兴，知道了他的真名曲无间。

他是2005年在上海被抓获的。

听到假赵兴现形的消息，王文军乐了起来。而远在千里之外的监狱里，曲无间却怎么也乐不起来。他刚刚被狱警通知，北京有人来接他。

从被上海警方抓获的那一天起，3年了，曲无间小心翼翼地隐瞒着自己在北京作案的事情。

2004年9月，被六合彩闹得血本无归后，曲无间离开了岳阳，因为有了在北京生活的经历，熟悉了北方人的特点，他这一次专门选择了北方城市天津。根据上次的经验，曲无间给自己伪造了一个天津人的身份，化名吴忠，应聘到一家服装厂当会计，等待新的下手机会。

2005年4月，服装厂新招聘来一个统计员。他来的第一天就盯着曲无间的脸看了又看，连连说"太像了"。那名统计员对曲无间说，一年前他曾经在北京电视台《法治进行时》上看到一个通缉令，说一个人冒名顶替在一家食品厂呆了8个多月，偷了食品厂几十万元后逃走了。因为那个故事太悬，又是财务部门发生的事情，给他留下了深刻的印象。统计员的话让曲无间魂飞魄散。一年过去了，他自以为在北京做的案天衣无缝，现在应该风平浪静了，没想到天津还有人记着此事。第二天，曲无间就辞职离开了天津，到了上海。

远离了北方，让他心里踏实了许多。2005年6月，他化名吴意应聘到上海的一家半导体器件厂，担任工资发放员。这一次，机会很快就降临了。

2005年8月27日，曲无间从出纳那里领到了50多万元的工资款，故意磨磨蹭蹭到了下午才开始工作，等到下班的时候，只发出了5万多元。听到了下班的铃声，曲无间打发走了领工资的员工，告诉他们明天再发放，随后把没有发下去的45万元装进了保险柜锁起来。等财务人员都下班离开了财务室，曲无间打开保险柜把钱装进了一个旅行包，直奔火车站。

就在曲无间拿着钱离开单位不久，回到家里的财务主管因为担心工资款的安全，又折回了单位财务室。当他发现巨款被盗后，立刻报了警。当天晚上6点多，民警在火车站把曲无间抓获。

2005年12月21日，曲无间因为盗窃罪，被上海市普陀区人民法院判处有期徒刑6年，后被押回岳阳服刑。眼看再有3年就可以出狱，而北京警方的到来，让曲无间重获自由的时间变得遥遥无期。

9. 永远读不懂的两本书

2008年5月21日，湖南省岳阳市，大雨。

下了火车，刑警赵晓涛立刻招手拦了一辆出租车，和同事向曲无间服刑的监狱赶去。赵晓涛是崇文分局刑侦支队现案队的侦查员，4年前，就是他和王文军一起出的现场。如今，当时的侦查员只剩下他还在队里。因此，队里派他和另外一名侦查员，专程到岳阳市押解曲无间回北京。

曲无间服刑的那所监狱在郊区，从火车站到那里要跨越一座长江大桥。大雨中，江面被笼罩在一片雾气里，来往的船都拉着汽笛若隐若现地在雾气中行驶着。赵晓涛对同事说，每次来岳阳，好像都是下着大雾。当时办案的心情也像大雾里行进的船只，在朦胧中行进却看不清江面的全景。而现在好了，案子水落石出了，可惜自己要连夜赶回北京，等不到出太阳的日子，见一见长江的真容了。

在监狱里，狱警和赵晓涛办完交接手续后，曲无间被狱警交到了北京警察的手里。他已经43岁了，和4年前的照片相比，胖了一些。他已经知道了北京警方的来意，顺从地跟着赵晓涛一起上了前往火车站的警车。

路上，曲无间问得最多的是食品厂以及刘伶的情况。赵晓涛告诉他，食品厂经他一折腾，险些破了产，不过现在缓了过来，并且成为了北京有名的企业。刘伶自他消失后没多久就辞职了。那个出纳员徐冉，还在食品厂上班，经过4年前的洗礼，成熟了许多。钱总还在负责财务，不过每次招聘，都要对应聘人员刨根问底，对重要岗位的人员还要做家访。听了这些情况，曲无间沉默了，看着自己的行李箱发起呆来。

和2002年第一次去北京一样，曲无间仍旧只有一个拉杆行李箱。里面除了几件换洗的衣服外，还有一本《曾国藩传》和一本《三国演义》。

曲无间舍不得扔掉这两本书，即使是坐监狱。这是曲无间从青年时代开始读的精神食粮。过去，他常常在翻着这两本书的时候，幻想着自己有一天会成为大人物。进了监狱，他开始怀疑自己从这两本书里到底学到了什么？他不得不痛苦地承认，除了龌龊的骗人伎俩之外，成大功者的操守、信义、智慧和人生修炼，他一样也不具备。他常常回忆起在食品厂的生活，那时他有心爱的女人，有欣赏自己的领导，更有安稳的职业，可是他偏偏选择了做贼。每当回忆起这些，他就会想到佛家因果报应的理论：一个人只要做了什么坏事，尽管当时可能不会被发现，但是总有一天会为此付出代价。

开往北京的火车缓缓进站了，曲无间还在岳阳火车站的站台上冥想着。看着他呆呆的样子，赵晓涛说道："别想了，咱们上车吧，北京的案子还等着你结呢！"

水之殇

在北京朝阳区豆各庄乡的黄厂村，有一家叫做"乐园"的洗浴中心。在2003年5月15日之前，这是个不知名的小地方，但在这天之后，乐园洗浴中心成了让京城所有刑警永远不能忘记的地方。那天，乐园洗浴中心发生了一起令人发指的惨案——7条鲜活的生命被残忍地溺死在一个不足3平米的浴池内。从专案组成立到案件侦破的将近一个月的时间里，我一直在全程跟踪采访，所以对这起重大杀人案的每一个细节都牢记于心。

1995年9月的一天，21岁的吉林省浑江市临江县人惠金波带着妻子周艳霞，悄悄潜入北京，在南城的刘家窑租了一间平房，住了下来。

因为杀人，他正在被警方通缉。命案发生在一年前的8月12日。那天他和他的同学，一个叫王洪斌的人，从临江县来到沈阳。在夜里11点多的时候，惠金波和王洪斌敲开一家亲戚的门，说是要"借钱"。几句不和，他就和王洪斌一起把他的舅母捆了起来，用电线勒死，抢了4000多元现金和手表等物品，逃离了沈阳。后来辗辗转转，惠金波、周艳霞逃到了北京。

他们到北京不久，北京下了一场雨。惠金波的命运，似乎和水有着难以言说的渊源。他的出生地临江县有水，鸭绿江从他的家乡流过。他父母给他起的名字里有水，这个水里有父母对儿子一生的祝福。逃亡中，惠金波不敢用真名，给自己起了个假名叫车玉波，也有水。

刚到北京，惠金波靠妻子在饭馆打工过日子。渐渐地，他在北京南城的城乡结合部蹚开了路子。他伪装得很好，成功地躲过了警方不止一次的盘查。这让他相信自己有能力长久地在"天子脚下"生活下去。几年过去，惠金波的手头有了一些钱。他用这笔钱租下了丰台区一个集贸市场的4个摊位，再转手租给别的商贩，当上了"二老板"。这几年是惠金波一生中"最好"的日子。他从平房搬进了楼房；他可以畅快地喝酒吃肉；他有了情人，而且不止一个；他还喜欢玩牌。

在他的牌友里，有一个叫大林子的和他关系最好。

大林子，大名叫李俊麟，比惠金波大3岁，是北京市朝阳区黄厂村人。1990年，李俊麟19岁，因为盗窃被判处6年有期徒刑。在监狱里，大林子学了一手理板寸的绝活，刑满释放回家后就开了一间发廊，发廊门脸上有一行醒目的大字：大林子板寸一绝。

有钱有朋友，惠金波太留恋这种自由的生活了。他把自己1994年8月12日做的那起案件假说是别人的案件咨询了律师。律师告诉他，像这种入室杀人案，即使是自首，最好的结果也是死缓。惠金波不想在监狱里过一辈子，更不想死，从此绝了自首的念头，只想如何把自己隐藏得更深，包括对大林子，他都没说过以前的事。但他知道不可能躲一辈子，这让他的内心变得更加残忍和冷酷。许多和他打过交道的人，都因他身上有意无意透出的狠劲儿而心怀畏惧。他不放过每一个得钱的机会，但从不会让钱长久地留在手里，他把到手的钱统统花费在吃喝享乐、牌桌和自己心仪的女人身上。

在惠金波逃到北京的第4年，他的好友李俊麟所在的黄厂村，一家名叫"乐园洗浴中心"的浴池热热闹闹地开张了。

乐园洗浴中心和李俊麟的发廊相隔不到200米。

这里原是一块空地。大约是在1998年，村里在这块空地开了个饭馆，叫乐园饭店。为聚拢人气，村里建议村民李培南挨着饭馆盖个浴池："洗完澡的可以上饭店吃点喝点，吃完饭的也可以去浴池泡泡，松松筋骨，两全其美。"

李培南一家从父辈起就在黄厂村生活。父母生了6个子女，他排行第四，无论是家人还是村里人，都叫他"小四"。李家父亲死得早，是母亲把孩子们带大的。李培南娶的媳妇是河北易县人，是当地的一枝花，长得非常漂亮。

李培南找了家住堡头的李学增做浴池的合伙人，两个人投资60多万元人民币，于1999年在村西的那片空地上建起了一个建筑面积5000多平方米的洗浴中心——乐园洗浴中心。

李培南有一个嗜好——玩牌。有吃有喝又有洗的乐园洗浴中心，吸引了众多牌友，他们一玩就是一个通宵。惠金波也是李培南牌桌上的常客。

2003年春节期间，惠金波又上乐园玩牌。玩得高兴了，他到村里放鞭炮，和一个老汉发生了冲突。惠金波下手狠，三脚两拳就把老汉打成了轻伤。他怕暴露自己的真实身份，从此不再来黄厂村。

1. 失踪的浴池老板

2003年对北京来说，是多事之秋。

2月，有传闻说非典型肺炎传入了北京。3月，传闻得到了证实，北京开始大规模防治行动。乐园洗浴中心接到了政府有关部门暂停营业的通知，在4月24日挂出了"停业"的牌子。李培南给大部分员工都放了假，只留下锅炉工夫妇和两名服务员驻守。李培南夫妇也住在洗浴中心。

5月，非典已经基本得到控制，但是防治工作仍在继续。李培南的大姐李一萍非常惦记母亲，给住在黄厂村的母亲打电话："妈，您上我们这儿住住吧。"5月13日，李培南开着自己的夏利车把母亲和女儿一起送到了大姐家，然后又开车回到了乐园洗浴中心。

14日午后，李学增来找李培南，洗浴中心的大门锁着，敲门，里面没人应。李学增顺道走进了李俊麟的理发店。

李俊麟一边娴熟地给他洗、剪、刮，一边和他聊着天。

李学增问："瞅见小四他们没有？"

李俊麟说："我昨天还瞧见他了呢。"

而此时，李培南的大姐李一萍也正在和另一个弟弟李付南说着小四和洗浴中心的事儿。

李一萍说："小四把妈和孩子送到我这里后就回去了，现在我给小四打电话，手机、座机都没人接。非典闹那么凶，小四两口子能上哪儿去？再说浴池，他俩不在，怎么员工也都不在啊？"

两天了，没人和李培南夫妇联系上，乐园洗浴中心也不见有人进出。

情况蹊跷了。

李一萍说："不成，咱得进乐园看看。"

尽管天已经全黑了，但李一萍、李付南叫上了李学增，三个人还是一块儿去了洗浴中心。李付南首先从洗浴中心的后院墙搭梯子翻墙进了院子。

院里和屋里都是漆黑一片，充斥着死一般的寂静。李付南摸索着推开洗浴中心的后门，打开灯，一眼就看见屋里的玻璃隔断碎了，女更衣柜的一个柜门开着，员工们的暂住证和身份证撒落一地。走到大厅，他看见了扔在地上的匕首、被撕碎的床单，还有胶条。李付南的心狂跳起来，跑出屋子大叫："来人呐！快来人啊！"李学增听到喊声，也跳墙进了院子。两个人进了女浴部，看见几件丢弃在地上的女便装，再走进男浴室，小浴池里似乎漂浮着人，鼓足勇气定睛一看，看见了两具被捆绑的尸体！两个人跌跌撞撞跑出乐园洗浴中心，打电话向豆各庄派出所报了警。

2. 乐园成地狱

我再次采访朝阳公安分局刑侦支队的支队长隗甫杰那天, 刚好是乐园洗浴中心案件发案6周年的日子。当我们同时意识到这一点时, 都微微感到惊异。

隗甫杰翻出了一个覆满尘土的黑色塑料皮笔记本。这个厚厚的笔记本里, 有隗甫杰当年亲笔记下的这起惨案侦破的过程。隗甫杰小心地拂去笔记本上积聚了6年的灰尘, 也拂去了这个案子记忆的灰尘。

6年前, 隗甫杰还是朝阳刑侦支队主管重案队的副支队长。他清晰地记得, 2003年5月15日晚上8点多, 他刚进家, 手机就响了。分局指挥中心通知他, 乐园洗浴中心发现两具尸体, 让他马上带人出现场。

他转身走出了家门, 一边开车直奔黄厂村, 一边通知重案队和技术队的相关人员。到达乐园洗浴中心, 派出所的同志已经把现场封锁了起来。分局领导都到了。接着, 市局刑侦总队王军总队长带着总队的侦查员和技术人员也到了。侦查员和技术员换上白色防护服, 马上开始了工作。

侦查员径直去了男浴部。

男浴部有一个大浴池, 一个小浴池, 浸泡着尸体的是小浴池。

第一具尸体从水里被打捞上来了, 是具女尸。李付南战栗着, 认出了是洗浴中心锅炉工的妻子。

第二具也是女尸, 这个22岁的姑娘是四嫂的表妹, 在洗浴中心担任收银员。

尸体远不止报案时说的两具!

第三具浮上来了，接着是第四具、第五具……侦查员从这个浴池里一共打捞出7具尸体，排开在浴室的地上，四女三男，都被床单撕成的布条捆绑着手腕和脚踝，用胶条封着嘴，有的还被蒙着眼睛。最下面的两具尸体，面部的肌肉都扭曲了，表情非常痛苦。李付南失声痛哭着，后打捞上来的五具尸体，分别是四哥李培南和四嫂、洗浴中心28岁的锅炉工和他的母亲，以及一位男服务员。被杀害的7个人，年龄最小的是这个男服务员，才20岁，脸上的稚气还没有消退。最大的53岁，是锅炉工的母亲。

经法医检查，尸体没有明显的致命伤，7个受害者都是被面前的这池一米多深的清水溺死的。

很快，深夜里的黄厂村又响起了一阵警车的疾驰声。封锁线内，北京市公安局局长马振川、副局长阮增义面色严峻地来到了现场。侦查员迎上去，把口罩分发给领导。但领导们没有戴，大步走进了现场。

侦查员从领导身上感到了一股急迫感，感到了责任的重大。

现场勘查在紧张有序地进行。放在洗浴中心经理室屋角的保险柜门是开着的，这个保险柜是李培南夫妇平时存放营业款和信用卡、首饰等贵重物品用的，现在里面空无一物。吧台上的收银机和女更衣室的47号柜子有翻动的痕迹。到处留着杂乱的脚印和手印。技术人员依据这些脚印和手印判断，作案者最少有4个人。散落在地上的碎床单和胶条，和捆绑受害者的布条和胶条是同一种。当场可以确定的遗失物品有：李培南的车号为京EJ5357的墨绿色夏利轿车，他和妻子的摩托罗拉V998型手机各一部。

搜索到洗浴中心一号包厢的侦查员，发现床上有一个双目紧闭的婴儿。打开包裹孩子的小被单，孩子竟然还活着，是个女婴，浑身滚烫，正发着高烧。李付南告诉侦查员，这是锅炉工夫妇的孩子，2003年1月22日出生的，来到人世刚刚3个多月。婴儿马上被送到了医院。

"5·15"专案组迅速成立起来，指挥部设在豆各庄派出所，案情分析会也连夜在豆各庄派出所进行。

专案组初步确定案件的性质是抢劫杀人。抢劫是预谋，杀人是临时起意，极有可能是熟人作案——因为害怕被认出来而杀人灭口，但也不排除仇杀的可能。另外，很可能是住在当地的人作案，因为非典时期，北京城乡对外来人的进出都查得很严，外来人员流窜作案的可能性极小。作案时间，应该是在5月13日夜里。

会议最后决定了侦破方向——以摸排被害人李培南的熟人为重点。

侦查员分成3个组，一个组负责乐园洗浴中心内部人员及常客的摸排，一个组负责黄厂村及其周边地区可疑人员的摸排，一个组负责被害人遗失物品的查找，重点是寻找李培南那辆车牌号为京EJ5357的夏利车。

散会的时候，天已经蒙蒙亮了。

3. 丢失的汽车被找到了

5月16日上午，公安部刑侦局的专家也来到了现场，带来了公安部领导对侦破"5·15"大案的指示和对破案的指导。

5月17日，专案组得到消息：墨绿色的京EJ5357夏利车，在朝阳区新源里京客隆超市的停车场被发现！

侦查员马上赶了过去。

"是5月14号还是5月15号——我记不太清了，早上6点我接班，就看见这辆车停在停车场了，占了两个车位。大概在快7点的时候，有个男的从南边马路过来，用遥控钥匙开了车门进了驾驶室，大概三四分钟后下车关了车门走了。后来这车就一直没人开走，而且这车的一侧车门没锁。"京客隆超市的保安小肖对侦查员回忆。

这辆车应该是嫌疑人作案的当夜被开到这里来的。

"那个开车的男的长什么样,你还记得吗?"侦查员问。

小肖努力回想:"身高有1米78左右吧,挺壮的,梳背头,头发不多,带点儿络腮胡子……"

"穿的什么衣服?"

"上身穿件深红带黑横条的短袖T恤,下身穿条深灰色长裤。"

这是抛车吗?为什么要抛到这个地方?是一种为干扰警方侦查视线的随意抛车,还是抛车者和这个地区的人有什么联系?侦查的重点转移到了新源里地区。

专案组在新源里地区划定了近50栋居民楼和200多家单位,布置侦查员挨家挨户了解情况。第一是要发现具有京客隆保安提供的犯罪嫌疑人特征的人,第二是要发现和乐园洗浴中心有来往的人,第三是要发现有犯罪记录的人。经过一天一夜的摸排,有人提供了一个情况:一伙儿以绰号"老刘"为首的东北籍闲散人员,具有重大的嫌疑。这伙人曾经长时间盘踞在新源里一带从事非法活动,多次受到警方处理。他们在5月中旬从外地回到了北京,在饭店喝酒时神秘地谈到这次回来是"办了点儿事",然后又突然不知去向。专案组立刻部署力量查找"老刘"和他的同伙,很快,一个一个都被找到了。经过讯问,乐园血案和这伙人没有关系。综合在新源里地区的调查结果,专案组认为:嫌疑人把车抛在新源里,是一种随意的行为。

4. 神奇的梦

黄厂村及其周边可疑人物的摸查一直是案件侦破的重点。家具厂、皮革厂等所有的单位,所有的住户,都一一过了筛子。筛查范围从黄厂村的南部到黄厂村北边的王四营乡，真是海量寻访！仅乐园洗浴中心，自1999年开业到案发的近四年里，前前后后就有服务员、按摩女、勤杂工等100多人在这里工作过，都需要过筛子。作为老板，李培南接触、交往的人很多很杂。警方摸排出了几十个重点人，经过筛查，逐步缩小到十几个、几个，但还没有找到真正与案件有联系的人。

被害人的家属陆续来到了黄厂村，一个个悲痛万分，每天都向专案组打听侦破的进展。迟迟没有一个确实的结果，让家属们更加痛苦焦急。从河北易县来的李培南妻子的姐姐，天天在临睡前向死去的妹妹祷告："如果你在天有灵，就给我托个梦，告诉我是谁杀的你！"6月2日，也就是案发后的第18天，她真的在梦里见到了妹妹。妹妹浑身湿淋淋的，对她哭着说："姐，那个剃头的真狠！他在水塘边蹲着呢。"她想问是哪个剃头的，妹妹不见了。

从梦里倏然醒过来，李培南妻子的姐姐再也没能睡着。她推醒了睡在身边的家人，和家人反复商量，要不要把这个梦告诉专案组。

后来她还是找到了侦查员："我要是说错了，犯不犯法？"

侦查员说："只要不是有意陷害，不犯法。"

她就把自己做的梦说了。

侦查员向指挥部汇报了李培南妻姐的梦。她并不知道，在侦查员高度机密的嫌疑圈的核心，一直有"板寸一绝"李俊麟的名字。

因为李俊麟被判过刑的历史，32岁的年龄，剽悍的体格，冷峻的性情，加上他和乐园洗浴中心密切的关系，让他在案件侦破前期就进入了重点嫌疑人的名单。但是，没有他有作案时间的证据。在案件最可能发生的5月13日夜里，他的妻子证明他在家里睡觉。从5月12日到5月14日这三天里，他的活动也被其他村民证实了。而且发案以来，李俊麟所有的表现，从情绪到行踪都非常正常。他正常地给人理发，正常地和人聊天，正常地吃饭睡觉。村委会在乐园洗浴中心的隔壁，他每天都经过洗浴中心去村委会转一圈，听村委会关于破案对村民的新要求，或者听听村民嘴里警方破案的新闻，当然，这些消息里掺杂着大量的想象。侦查员的这些调查难道和李培南妻姐的梦是一种巧合吗？难道冥冥中真的有一种神秘力量吗？

侦查员感受到了更大的压力。尽管十几天夜以继日的辛劳还是一无所获，他们却深信侦破的大方向是正确的。只要有了坚定的信心和科学的方法，再诡秘的案情也有水落石出的时刻。隗甫杰的笔记本里留有2003年5月27日他在专案组指挥部的发言提纲。他用有力的笔触写着："案件特点：一熟；二近；三抢；四、工作重点：进一步加大对被害者熟人和遗失物品的调查力度……"

这也是指挥部对下一步侦破工作的部署。

一个星期后，侦破工作的重大转折出现了。

当时的黄厂村东头有一片小水塘，6月初，荷花还没有开，碧绿的芦苇和荷叶覆盖了浅浅的水面。

5. 真凶现形

6月4日，负责在银行和邮政储蓄所调查的侦查员，在东城区建内大街邮局发现：5月14日，李培南妻子的存折被取走了17500元。

在邮局内监控系统的录像中，这笔款是在上午10点多，被一个戴口罩的男子取走的。这个男子身高约1米80，头戴一顶深蓝色的棒球帽，帽檐压得很低。取款后，他还在邮局门外打了个电话。

这个男子，极有可能就是乐园洗浴中心血案的犯罪嫌疑人！

接着，侦查员又发现遇害锅炉工的信用卡，5月15日在长安商场梦特娇专柜被消费了1683元。售货员小李回忆，5月15日中午12点左右，来了一位东北口音的男子，挑了一件蓝绿色带灰黑横条的T恤，连价格都不问。他付完款后，小李把T恤叠好放进梦特娇专用纸袋里交给他。在非典时期，商场里几乎没什么顾客，这个男子出手如此阔绰，给小李留下了很深的印象。侦查员把建内邮局取款男子的录像给小李看，问小李此人和买T恤的是不是同一个人。小李觉得有几分像，但她不敢肯定。

黄厂村的村民也看到了邮局取款男子的录像。他们是被村委会召集到豆各庄派出所后看到的，李俊麟也去了。人体影像学的刑侦专家给录像里的男子摘除了口罩。录像反复放了好几遍，李俊麟身边的一个村民对李俊麟说："这不是李斌吗？大林子，你老和李斌一块儿玩牌……"这位村民没有注意李俊麟是什么时候离开派出所的，接着，李俊麟又离开了家。

李斌是东北人，四五年前在黄厂村的一个饭馆打过工，许多黄厂村民都认识他，后来他常去乐园玩牌。

"这人住哪儿？"侦查员紧接着问。

黄厂村没人知道他家在哪儿，只记得他说过自己住大兴。

又将是大海捞针。

"他来黄厂玩牌，常坐一辆紫红色的桑塔纳，车号是京G48085，司机是个胖子。"村民们又反映。

找不着李斌，那么就先找这个胖子！侦查员备受鼓舞。

到车管所查这辆桑塔纳，车主是个女的。

侦查员找到了女车主。女车主说，车是她2002年5月贷款买的，贷款期限5年，平时交给自己的弟弟拉活。

"你弟弟叫什么？"

"王江庆。"

"住哪儿？"

"住大兴黄村。"

资料显示，王江庆身材微胖，34岁，1992年因犯盗窃罪被判处有期徒刑6

年，案发时没有固定职业。

抓捕王江庆的指令下达了，指挥部命令隗甫杰带队去大兴。

6. 艰难的审讯

隗甫杰的笔记本里记下了这次抓捕。

2003年6月8日清晨，一路侦查员直扑王江庆的住处，车没在楼下，人也没在家。侦查员决定在附近蹲守。另一路侦查员在黄村一带，黑车经常趴活的地方搜索。很快，侦查员发现了那辆紫红色桑塔纳，坐在驾驶位置上的是一个胖子！

侦查员向隗甫杰请示："发现目标，现在抓不抓？"

隗甫杰说："你们打他的车，到派出所附近再抓。"

侦查员上了车，对王江庆报了一个去处。去那个地方必定要经过黄村派出所。

到了派出所门前，侦查员叫王江庆停车，一下子把他扑倒在驾驶座上："下来吧，到了。"

按照指挥部的命令，王江庆被直接送到市局刑侦总队。

审讯室的一角放置了一个李斌的模拟人形，下身穿黑色裤子，上身穿蓝绿色梦特娇T恤，头戴深蓝色棒球帽。

王江庆被押进来，对这个模拟人形似乎没什么反应。

"知道为什么找你吗？"刑警问。

"知道，我开黑车。"

"除了开黑车，还干过什么犯法的事儿？"

"别的没干过。"

"开黑车至于让你上这儿来？知道这儿是什么地方吗？这儿是北京市公安局刑侦总队大案支队的审讯室。在这里找你，你必然有事儿。好好想想！"

看到戒备森严的、带摄像设备的审讯室，看到全部陌生的警察，王江庆心里明白，但他还是心存侥幸。

"真的没干过别的了。自打受过政府处理，我就不敢再干犯法的事儿了。开黑车是没办法，我得活啊，得养活我老婆，赶明儿还得养活孩子。"

"你孩子多大？"

"还没，没有呢。我和我媳妇前些时候刚上街道办了生育指标。我今年都30好几了，再不要孩子，就忒晚了……"

因为没有掌握他参与乐园血案的证据，刑警只能和他绕圈子，他也和刑警绕圈子——他有对付警察和审讯的经验。这个胖子200多斤，浑身上下都是肉，一对小眼睛始终耷拉着眼皮，坐在椅子上像尊泥胎，十几个小时过去了，就是不供。

审讯室隔壁，专案组通过闭路电视了解审讯情况。大家心里都十分着急。隗甫杰向领导请缨，要求由他去审讯，他说："必须在最快的时间内攻破王江庆，否则李斌被惊动，再抓就难了。"

午夜12点，市局预审处的预审员接手对王江庆的审讯。问题一个接一个，一连串抛到王江庆面前："你都去过什么地方？认识什么人？这些人都是干什么的？联系方式？"圈子还是要绕，在绕的过程中一步步接近目标。

王江庆东拉西扯说了一堆人，就是没说李斌。看起来，他是在刻意回避这个人，更说明其中有问题。

那就给他提个醒："你认不认识李斌？"

他似乎一惊，迟疑了一下，说："认识。"

"你们怎么认识的？"

"大概去年11月底，在富强西里我趴活的地方，李斌打我的车到一个地方吃饭，吃完到一个人家玩扎金花，完事给了我100块钱。以后李斌就老打我的车了。"

"李斌是干什么的？"

他勉强回答："他在黄村南边的一个市场做生意。"

"住哪儿？"

"住在大兴辛店。"

"你都和他去过哪儿？"

他说了一堆地方，就是没说去过乐园洗浴中心。

又需要提醒他了："去过乐园洗浴中心没有？"

他的身子微微一抖："……去过。"

"去干什么？"

"玩牌，也洗过澡。"

"还干过什么？"

他又和预审员兜开圈子了。

"5月13号你和李斌去没去过乐园洗浴中心？"一步步逼过去，直到逼得他无路可退，无圈子可兜。

"没去过。"王江庆一口咬定。

"我们已经掌握了证据，李斌去了。他和他的同伙到乐园洗浴中心抢钱、杀人，一共杀了7口！你知不知道这件事儿？"

王江庆听到这话，肥胖的身子瘫了下去，剧烈地哆嗦起来。

"这么大的案子，你能过得去吗？"

"我没杀人！"王江庆脱口而出。

没杀人不等于没到过作案现场。现在可以断定，王江庆参与了这桩血案。

"你没杀人，更应该如实交代，别当李斌的殉葬品。现在把你做的和知道的说出来还不晚。别让别人说或者我们说。你说晚了，就没有从宽处理的机会了。"

王江庆不说话了，问什么他也不开口。

隗甫杰走进了审讯室。

"看着我的眼睛。"隗甫杰对王江庆说。王江庆不得不抬起了他的两只小眼。"我感觉你还是一个有良心的人。因为你结了婚，还准备要孩子，这就意味着你愿意承担责任。如果你也认为自己还有良心，你现在闭上眼睛，回忆一遍你们作案的过程。你想要孩子，可你们却把别人灭了门。"

十几分钟后，王江庆睁开了眼睛："我说。"

王江庆交代了5月13日夜里去乐园洗浴中心抢劫的一共有4个人：李斌、李俊麟（果然有他！李培南妻姐的梦，应验了）、自己和一个绰号老四的湖北人。

李俊麟现在和李斌在一起，在大兴。老四现在在哪儿他不知道。王江庆说他没有参与杀人，也不知道他们杀人，那天夜里他提前离开了乐园。后来查实，他说的是真话。

王江庆的话音刚落，天外响起了一串炸雷，乌云迅速地吞没了月亮星辰。一道闪电将夜空撕开了一道缝，照亮了整个城市，伴随着一声动地的巨雷，顷刻间大雨滂沱，北京下起了暴雨。

7. 雨中的追捕

2003年6月9日凌晨5点，冒着大雨，刑警和预审员押着王江庆，去大兴抓捕李斌和李俊麟。

到了海子角街的一个十字路口，在王江庆的指认下，全副武装的民警直扑街边的一个发廊，没有找到这两个人。

调头去海子角村。朝阳分局和大兴分局的民警，把海子角村围了个严严实实，一家一家摸查，还是没有找到。

难道是王江庆在撒谎？再带着王江庆去海子角那条街，原来王江庆认错了一个十字路口，因为心乱，也因为密织的雨帘模糊了他的视线。

在这条街第二个十字路口的一家发廊里，民警找到了李斌和李俊麟停留的踪迹，可他们已经打了一辆黑车跑了。

专案组分析，两个犯罪嫌疑人可能逃离了北京，可是在非典期间，出京路口控制很严，想必他们也明白。他们还有可能在顺义躲藏，因为顺义有李斌的一个情人。不过专案组还是感觉两个人返回市里选择落脚点的可能性最大。

专案组决定再审王江庆，查清李斌在北京经常去的地方和除住处以外的落脚处，同时也不放松对顺义有关地区的排查。

侦查员在雨中又出发了。6月的北京很少下这样长时间、这样猛烈的雨，一道道强烈的闪电，把傍晚照射得亮如白昼。

2003年6月9日晚上7点多，李斌和李俊麟在丰台一个洗浴中心被发现。

他们在一个包房里，刚洗完澡，分躺在两张床上，商量下一步去哪里。其实他们心里已经明白，不管再往哪里跑，前边的路已经不长了。

民警冲进包房的时候，他们没有反抗。

他们立刻被押送到市局刑侦总队大案支队，对他们的审讯随即展开。

"叫什么名字？"

"李斌。"想了一想，这个叫李斌的人说，"我的真名叫惠金波。"

就是那个负案在逃9年的惠金波！他觉得一切都应该结束了。

此时，抓捕"湖北老四"的侦查员正疾驰在湖北境内。

老四的真名叫丰朝友，在大兴海子角村开一元店，是湖北随州下辖的广水市人，发案后回了老家。

进入随州的时候，突然狂风大作，鸡蛋大的冰雹伴着瓢泼大雨倾泻而下。

在随州市公安局，京、鄂两地警方成立了联合专案组。

切诺基沿着崎岖的山路轰鸣着前行。山坳深处有一个清幽的村庄，那里是丰朝友的家。

侦查员扮成防治非典的防疫人员进了村，丰家只有丰朝友年过七旬的父母。两个老人告诉给他们测量体温的"防疫人员"，丰朝友到村子外边买东西去了。这对古稀老人，一点儿也不知道他们的儿子犯了大罪。

在丰朝友家里，侦查员发现了一部和被害人李培南的手机颜色一样的摩托罗拉V998手机。

侦查员离开了丰家，撤到了村口的路边。他们不想因为抓捕丰朝友让这对老人受到惊吓。

20多分钟后，丰朝友在村口的水塘旁被侦查员擒获。随后，还有一个知情的犯罪嫌疑人——丰朝友的老乡李德运被抓获。被抓获的还有惠金波的妻子周艳霞。

2003年6月10日，"5·15"特大抢劫杀人案告破。

8. 罪恶的起源

四名犯罪嫌疑人都归案了，随之而来的问题是：那天究竟发生了什么，竟会引发如此血腥的一幕？随着审讯的深入，疑问有了答案。

2003年5月10日下午，李俊麟去大兴辛店找惠金波玩。那时候，李俊麟和所有在北京认识惠金波的人，都还不知道他叫惠金波，只知道他叫李斌。在聊天中，惠金波说现在生意难做，缺钱。李俊麟说："可不。"因为非典，他发廊的生意也很清淡。惠金波问："你认识的人中谁比较有钱？"李俊麟说："那要属小四了。""干他一笔怎么样？""成啊。"李俊麟同意。"咱们怎么干？"惠金波问。李俊麟想了一下："现在非典闹得挺厉害,那洗浴中心也没什么人了,服务员都回家了,就他们两口子,好干。"惠金波说："咱俩人手不够,我再叫俩人。"

5月11日,惠金波和李俊麟到海子角村找丰朝友玩牌,他们原本就是在牌桌上认识的。经过几年的打拼,丰朝友在海子角村的日子已经相对稳定了,他把妻子和女儿从湖北老家接了来。惠金波对丰朝友说："这些日子没钱花,想弄点儿钱,你去不去？"丰朝友说："去。"

丰朝友没有前科。他的前半生,钱挣得辛苦,挣得菲薄,但都是合法的,足以让他安享天伦之乐,可他不满足。在他说了那个"去"字之后,就注定毁了他自己和家人的生活。

5月12日下午,惠金波打电话叫来了李德运。李德运是1996年来北京的,先在大兴给人打工,后来承包了一个小饭馆。2003年3月,他买了一辆二手昌河牌面包车,拉黑活。他和惠金波也是在牌桌上认识的。

坐上车,惠金波、李俊麟、丰朝友去了黄村的一个市场买布鞋、帽子和口罩,去一个"一元店"买了胶带,又去老乡家找了几根铁管。

傍晚时分,他们来到黄厂村,惠金波、李德运、丰朝友三个人戴上帽子和口罩、拿着铁管、电警棍去了乐园洗浴中心。洗浴中心亮着灯,从窗外可以看见有八九个人围坐在桌边玩牌。他们没敢动手。回到面包车上,惠金波说了声："今天没戏了,回家吧。"到家下车时,惠金波对李德运说："明天还去,还用你的车。"把铁管留在了李德运的车上。

李德运已经明白了惠金波他们三个要干什么了,但他没有举报也没有劝阻。那时李德运并不知道,他要为自己看似明哲保身的行为付出怎样的代价。

5月13日晚上9点多,惠金波拨通了李德运的电话,李德运让妻子跟惠金波说自己喝醉了,去不了。妻子照说。惠金波说："去不了算了,我有点儿东西放老李车上了,待会儿过来拿。"

放下电话,惠金波对李俊麟说:"咱还得找个人,开车送咱去。"

李俊麟想起了王江庆:"小庆这些日子也缺钱,连他那车的贷款都交不上,找他!"

他给王江庆打手机,让他晚上12点前来接他们。王江庆是11点多钟到的。到李德运家取了东西后,几人上路了。惠金波告诉王江庆:"咱上乐园抢点儿钱,多了能有二三十万,少了也有七八万。"王江庆说:"能行吗?"惠金波说:"肯定没问题。"

王江庆竟然没有再说话,默默地同意了。王江庆的家庭条件比其他几个案犯都好,他出生在江苏省盐城市,后来跟随着父母落户北京。王江庆是家中唯一的儿子,也是最小的孩子,从小受着父母的疼爱。他高中毕业后当了兵,可复员的第二天,他就犯了盗窃罪。家人和社会都没有抛弃他。刑满释放后,王江庆找到了工作,还结了婚。但第一次婚姻只持续了两年。后来,王江庆又幸运地遇到了一个愿意和他牵手的人。这是一个比他小7岁的姑娘,真心地爱着他。第二次结婚后不久,他失业了。为了让他有个谋生的手段,经济上并不富裕的姐姐用自己的钱付了首付款,买了一辆桑塔纳给他拉活,在他挣不出来钱的时候,还为他交了好几个月的月供。确实,王江庆曾经很努力地趴活、拉活,尽可能多挣一些钱。或许这就是隗甫杰审讯时对他说的,他对自己的家有责任感,但他真正懂得什么是对家的责任吗?他的所作所为表明,他对自己的家,其实极度不负责任。

就这样,王江庆在2003年5月13日深夜11点多,和乘坐他车的人一起驶上了毁灭之路。

9. 被贪欲泯灭的良知

王江庆把车停在黄厂村西侧的一片小树林里,4个人戴上帽子和口罩,拿着凶器下了车。

他们走过一段田地，来到乐园洗浴中心的后墙。墙的东南角有一扇对开的铁门。李俊麟翻过铁门，从里面把门打开，让其他三个人进到院子里。

已是午夜，洗浴中心里一片漆黑。顺着墙根，他们蹑手蹑脚走到东南角的员工宿舍。第一间房子，打开手电照了照，没有人。第二间房子里面熟睡着锅炉工、他的妻子和母亲。妻子的怀里睡着他们不到4个月大的女儿。

李俊麟怕被认出来，在屋外守候。走进屋子，惠金波示意丰朝友和王江庆把锅炉工和他母亲的手脚用胶条捆起来，嘴也封起来。因为锅炉工的妻子抱着孩子，她只被捆住了脚、封了嘴。惠金波对锅炉工一家说："都别动，和你们没什么事，我们找你们老板。"他让丰朝友留在屋里看守，和王江庆出了屋，招呼李俊麟绕过锅炉房，顺着墙根走到洗浴中心的房屋前，从后面的小门进入了桑拿室的休息大厅。

他们向左拐进一个过道。李俊麟在左侧第一个包间里发现了睡着的男服务员，把他捆了起来。在第二个包间里，惠金波把女收银员捆住后，女孩才从梦中惊醒。惠金波问女收银员："你们老板在哪里？"女收银员说："他们不在。""里面还有包间吗？""……有……"三个人又往里走，在一个房间里发现了睡梦中的李培南夫妇。三个人一起动手，把他俩也捆了起来。

惠金波对李培南夫妇说："你们把钱交出来。"

李培南苦着脸说："洗浴中心都停业半个多月了，我们哪儿有钱啊。"突然，他认出了惠金波，说了一句："是李斌吧？"

惠金波一愣，说了一声"是"就把口罩摘了，塞到裤兜里。

也就是在这一刻，杀人灭口的恶念从他的心头生出了。

惠金波让李培南穿上衣服，又把他的手捆上了，把他带到另一个房间，接着逼问："钱在哪儿？"李培南还是说没有钱。在房间的角落里，惠金波发现了保险柜，李培南被迫交出了钥匙。惠金波试图要打开保险柜，可是有密码。他殴打李培南，逼问出保险柜的密码，在保险柜里找到了1万元现金和存折。他又逼李培南的妻子交出了洗浴中心所有的柜门钥匙和汽车钥匙。

王法庆开车离开后，剩下的三个罪犯把李培南等4人一个一个拉到大厅，惠金波叫王江庆去找丰朝友，把锅炉工一家也带到大厅来。然后，惠金波叫丰朝友和王江庆把所有人的脚重新捆好，嘴堵上，眼睛蒙上。做完这些事后，惠金波把王江庆叫出了休息大厅，把车钥匙交给了他，说："你把那辆夏利开市里去，找个地方停。"惠金波的心思很缜密：李培南的车原本一直停在洗浴中心的大门前，如果车不在了，人们会认为李培南夫妇出门了。

随后，三个人把洗浴中心搜了一遍，没再搜出太值钱的东西。背着丰朝友，惠金波和李俊麟商量："既然露了，就把他们做了吧。"李俊麟想想说："做了就做了吧。""怎么做？"惠金波问。"可以用枕头捂死。"惠金波摇头："这法子太累。要不咱把他们弄水池子里淹死，而且被水一泡，不会留下手印。"

惠金波不愿意让丰朝友看见他们杀人，跟丰朝友说："你也看见了，就这点儿钱。我们还有点儿事，你先走吧。我让小庆送你回家。"他给王江庆打手机："你现在在哪儿？"此时，王江庆已经把车停到新源里的京客隆超市停车场，打车回到了黄厂村，刚把自己的桑塔纳发动起来。惠金波说："你把老四送回大兴吧。"

在丰朝友离开乐园洗浴中心之前，他们三个人把洗浴中心的床单撕成条，除抱着孩子的锅炉工妻子以外，把其他6个人的手脚都加捆了几道。

我不忍心去写这两个恶魔，是怎样地把7条活生生的生命，一个一个溺死在那个浴池里的。那真是极其残忍的一幕。当年这起案件的预审员张志强和高健，在6年之后都无法冷静地重读这两个恶魔对那一幕的供述笔录。

在和被害人直接面对的时候，李俊麟一直没有说话。他是本村人，害怕被认出来。

可最后他还是被李培南的妻子认出来了。在李培南的妻子被他们拉到浴池边时，布条从她的眼睛上滑脱了。李培南的妻子叫出了他的名字，责问他："大林子，你们这是为什么呀？"

李俊麟无法面对这样的责问。他和李培南的弟弟李付南是同学，从小就和李家弟兄一起玩。有时候晚了就住在李培南家，还和李付南睡过一个被窝。李培南开了洗浴中心后，李俊麟到这里洗澡，李培南从来没有收过他的钱。

为了让惠金波和李俊麟放过自己，李培南的妻子带他们在一个更衣柜里又找出了一笔钱。他俩拿走了这笔钱后，还是把李培南的妻子按入了水中。

这是水之劫，这是水之殇，但犯下罪孽的不是这半池清水。

两个凶手离开乐园洗浴中心时，天已经亮了。他们把铁管等凶器扔到了五环外，惠金波给王江庆打电话，让他到王四营桥东边的一个加油站来接他们。上车后，惠金波问王江庆："把那辆夏利停哪儿了？""停长虹桥附近了。""你看没看车里的东西？""没看。"惠金波让王江庆先把他俩送到大兴辛店的住处，路上给了王江庆2000元。惠金波和李俊麟上楼换了衣服，又让王江庆拉他们去了停放夏利车的地方。李俊麟进到夏利车里寻找值钱的东西，他把在夏利车里找到的一个商务通手机给了惠金波。

何等的恶毒，又是何等的贪婪！

回到大兴，在海子角的桥下，惠金波也给了丰朝友2000元。

2003年7月28日，北京市第二中级人民法院公开审理了这起特大杀人案。惠金波、李俊麟因涉嫌故意杀人罪、抢劫罪，丰朝友、王江庆、李德运因涉嫌抢劫罪，周艳霞因涉嫌窝藏罪，被北京市人民检察院第二分院提起公诉。

经过整整4天的审理，7月31日，二中院一审判决惠金波、李俊麟死刑，剥夺政治权利终身，并处没收个人全部财产；判处丰朝友、王江庆无期徒刑，剥夺政治权利终身，并处没收个人全部财产；判处李德运有期徒刑五年；判处周艳霞有期徒刑两年。

2003年9月，惠金波、李俊麟在刑场上结束了他们罪恶的生命。

在被押上刑场前，惠金波说他的落网是因为疏忽造成的，否则民警不可能找到他。其实如果惠金波能够亲眼看到警方所做的工作，就会明白这起案件的破获绝非偶然。我曾经看过这起案件的侦查案宗，摞起来有一米多高，这里纪录着这样一组数据：侦破"5·15"案件共调集了300多位刑警；外围配合的警力达上千名；24天中共走访常住人口15884人，暂住人口22569人，走访各种企事业单位959家；侦查员多路出击，足迹达到8个省级行政区，行程近20万公里。现在，这一切都已化作了这样一组沉默的数字，但这沉默中却包含着一种无坚不摧的力量，那就是首都民警誓死捍卫京城的万丈豪情。

10.一个女人的悲剧

在庄严的国徽下，6名罪犯受到了各自应得的法律惩罚，但细细思索每个罪犯卷入这桩惊天大案的情形，让人扼腕叹息。

惠金波的所作所为，不是用残忍两字就能形容的。可以这样说，没有他，就没有这桩惨案。而李俊麟、丰朝友和王江庆，都已经娶妻生子，或者准备生儿育女，在北京也有生计，却由于贪欲（对丰朝友和王江庆来说，还有愚昧在其中），毁了他人也毁了他们自己。李德运是在不知情的情况下成了犯罪帮凶的，当他知道惠金波他们"不是去干好事"的时候抽身退步，但为时已晚。而在这几人中，最让人感慨的是惠金波的前妻周艳霞。

她的犯罪，是因为她嫁给了一个不该嫁的人。

周艳霞也是吉林省临江县人，认识惠金波的时候她不到21岁，惠金波不到20岁。是惠金波的姐姐介绍他俩认识的，她和惠金波的姐姐当时都在县造纸厂工作。

在法院受审的时候，她回忆起和惠金波第一次见面的印象："人长得还行，个子也比较高，坐在那儿讲话也不多，看上去很忠厚很老实。"她对他的第一印象不错，两个人有了交往。

惠金波对她讲述自己过去的生活：在他还没有出生时，父亲就被人杀害了。母亲生下他不久又得了重病。他是在饥饿中长大的，从来不知道吃饱饭的滋味。很小的时候，他就到附近的仓库里偷东西吃。

她也知道惠金波在15岁时因为销赃被公安机关判处劳动教养3年。但她没有嫌弃他，反而同情他不幸的身世。因为她也在十几岁时失去了父亲，所以她对惠金波有一种同病相怜的感觉。认识半年他俩就结了婚，在外面租了一间不大的平房过日子。

1994年8月12日，惠金波说要带她去沈阳玩几天。当时车间没活儿，她就和他去了，同行的还有惠金波的同学王洪斌。到沈阳已是晚上，惠金波在火车站附近找了个小旅店让她住下，说有点儿事，和王洪斌一块儿出去了。

当天深夜，惠金波把她从睡梦中叫醒，让她收拾东西赶快离开旅店。

他们打了一辆出租车直接去火车站。惠金波问她在东北有什么亲戚，她说在本溪有一个姑姑，于是买了3张去本溪的火车票。在姑姑家住了几天，他们才回的临江。在这些日子里，惠金波和王洪斌总是背着她嘀嘀咕咕，有时还争吵。她问他们出了什么事儿，两人都说让她别管。但从直觉上，她感觉他们一定出了大事。

回到临江，他们就和王洪斌分手了，从此再没见过这个人。惠金波没敢住在自己的家里。9月的一天，警察在周艳霞母亲家找到了她，说惠金波抢了人家的东西，要她带着去找惠金波。周艳霞带警察去了几个亲戚朋友家，都没找到。其实，她知道惠金波住在他的一个姨家，但她没带警察去。毕竟是自己的丈夫，她不忍心。

警察没有找到惠金波，惠金波却看见了妻子坐在警车里带着警察找他。惠金波不让妻子再住在自己的家了，把她安排住到华山县他同父异母的弟弟家。

　　此后，惠金波再一次显示了为金钱铤而走险的本性。有一天晚上，他潜回临江周艳霞的娘家要钱，被警察发现。因为他拒捕，警察开枪打伤了他的一只胳膊。仗着地形熟，惠金波还是逃脱了，并连夜去华山县找周艳霞。看到他浑身是血，周艳霞吓得发抖。惠金波要周艳霞跟他走。周艳霞不肯，惠金波对她说："不走我就杀你全家。"

　　从此，她跟随丈夫踏上了逃亡之路，这时距他们结婚还不到半年。

　　他们先在吉林的山里躲藏，在一个林场干活，到第二年春节，挣了些路费。惠金波想逃得更远些，他们就去了周艳霞山东的表叔家。住了一个多月，表叔知道了惠金波"有事"，劝他们离开。惠金波对她说："你跟你表叔说去，咱们走可以，让他借咱笔钱。"她不肯去说，惠金波就打她，逼她去说。表叔迫不得已，给他们凑了3.5万元现金。

　　带着这笔钱，他们去了大连，最后到了北京。

　　为了生存，9年来，周艳霞在饭馆里刷过盘子，做过歌厅小姐，最后成为了一家保险公司的业务员。

　　而惠金波的脾气变得更加暴戾和无常，动不动就对她大打出手。到北京两年后，惠金波向她提出分手。她知道惠金波在外面有了女人，反倒觉得这是一种解脱。但是两个人分开后，她仍然无法摆脱惠金波的控制。惠金波经常上门要钱，如果不给，惠金波就动手。一动手就往死里打，有一次打了她4个小时；还有一次，掐住她的脖子，掐得她翻了白眼。

　　所有的容忍，都是为了自身和家人性命的平安。她知道丈夫的狠，她是被暴力降服的羔羊。

　　2003年6月9日，丈夫案发，她因窝藏罪被羁押。在被警方抓捕时，她说了这样一句话："这下我解放了，不用再挨惠金波的打了。"

　　而在长达9年的时间里，她为什么不能自己解放自己——向公安机关举报犯了罪的丈夫？如果她这样做了，她可以摆脱丈夫的暴力，也不会有后来那7个无辜的生命被残害。然而，她没有勇气挣脱丈夫的挟制，也没有勇气挣脱世俗传统的挟制。她畏惧丈夫的报复，更畏惧如果丈夫是因为她的举报被抓获的，她自己将一辈子生活在家乡人的非议和侧目之中。

而惠金波，对于为自己付出巨大牺牲，在长达9年的逃亡生活中一直陪伴在身边的妻子，没有丝毫的感激。

乐园洗浴中心案发后，惠金波逃往的第一个地方是顺义。据他说，是为了最后看一眼被他称作"媳妇"的情人。

在看守所里，惠金波流过一次眼泪，也是他唯一的一次流泪，那是他在一次被提讯时，看见了在另一间审讯室受审的情人的背影。他说，他想让这个和他生了一个孩子的女人母子幸福。他担心情人和孩子的未来。

可直到被处决，他也没有半个字提到对周艳霞的惦念和歉意。他说过，连他自己也不明白，为什么对周艳霞就是爱不起来。

这是一个女人最大的悲剧。

11. 从水开始，从水结束

案件破获了，惠金波、李俊麟伏法了，黄厂村的生活还在继续。一位老员工不忍看洗浴中心就此关张，承包了洗浴中心。但洗浴中心的生意，再没有了原来的红火。后来在新农村建设中，乐园洗浴中心和李俊麟的发廊一起被夷为平地。

几年之后，为了写这篇稿子，我再次来到了黄厂村。看到那片土地上，是一排黄色的低层商用楼房，据说这里将成为陶瓷一条街。

永远地消失了，乐园洗浴中心。永远地消失了，"大林子板寸一绝"。仅仅6年，都在村子的变迁中消失得无影无踪，连一片残砖、一片碎瓦的痕迹都没有留下。

可惨案给被害人家属造成的伤害，却不可能随着时间的流逝而消失。

惨案留下了两个孤儿。

李培南夫妇的女儿，在父母遇害的那年，她刚刚10岁，梳着两个小扎鬏。如果不是父亲把她和奶奶送到了姑姑家，也许我们就永远都见不到这个可爱的女孩了。后来再见到她是在法庭上，当时她跟着姑姑去法庭旁听，一定要看杀死爸妈的凶手受审判。6年过去了，小扎鬏变成了有着整齐刘海的剪发，个子也长得有妈妈生前高了。她现在和70多岁的奶奶一起生活。在她的大伯，也就是李培南大哥的一处房子里，我见到了16岁的她。在孤儿中，她是幸运的，因为她父亲的家人无微不至的关爱，给了她一个安定的生活。可任何人都无法替代父母给孩子的爱，都无法治愈失去父母的创伤。我不敢问这个清秀而忧郁的少女，这些年来是否梦见过父母；不敢问她每年清明给父母扫墓时，对父母都说些什么。在离开她家的时候，我没有看她的眼睛，不忍心。

更让人牵挂的是那个女婴。当时3个多月的她，有一对俊俏的小眼睛，一见人就笑。她的奶奶就是为了她的出生，从老家来到了黄厂村。凶手在杀害她当时仅仅21岁的母亲前，让她的母亲把她放到了1号包房的床上，直到两天后她才被勘查现场的侦查员发现。在随警作战的日子里，我看到侦查员不管多烦多累，都会来看看这个可爱的婴儿，因为无论是看到她平静的睡容，还是听到她嘹亮的哭声，心中就有一种说不出的安宁和感动。的确，她能从毒手中幸存下来，又经受了三天两夜不吃不喝的煎熬，这本身就是奇迹。这种顽强的生命力似乎一直预示着一种信心和希望，鼓舞侦查员在看似毫无希望的泥沼中奋力前行，在智慧和体力的极限中寻找突破的契机。

后来有人想收养这个孩子。孩子的爷爷，在一夜之间失去三位直系亲人的那位老人，舍不得放弃儿子留下的唯一骨血，把她带回了老家。

可身体和精神都被摧毁了的老人，既没有能力也没有精力抚养孙女。据说，她靠吃百家饭、穿百家衣长大。小小的她已经习惯，肚子饿了，就自己去左邻右舍家要吃的。

2009年，她应该6岁了。凶手虽然留给她一条性命，却也给她留下了一个充满苦难的人生。

而惨案的制造者们，在毁灭了7条无辜生命的同时，也毁了他们自己，毁了他们的家庭。每一起犯罪都是这样，以害人开始，最终害的是自己和家人。

我还有一个很深的感慨是，大多数犯罪分子并不是天生的恶人，都是一时冲动或者受环境影响，激发了内心的恶，走上了犯罪道路的。比如，本案中的李俊麟有安稳的生活，有温馨的家庭，他完全没有必要去抢劫。在审讯的时候，李俊麟就有过一番深刻的反省："我这人吧，有两面性，好的时候好到了极点，坏也是坏到了极点。我从小就喜欢寻找刺激，现在的生活虽然安逸，但是太平淡了，没意思。其实，善恶就是一刹那之间的事。要是我交往的都是好人，认识的都是好人，也就没事了。我这人就是认识人太杂，自己把握不住自己。"真希望更多的人能认真想想李俊麟说的这番话。

就在我一直徘徊的时候，黄厂村突然起风了。2009年北京第一场大暴雨的雨滴，落到了我的身上。雨滴让我又想起了2003年5、6月份的日日夜夜。乐园洗浴中心案件似乎和水有着不解之缘。审讯王江庆时天降大雨；丰朝友是在村口的水塘前被带上的手铐；惠金波和李俊麟是在洗浴中心落入法网，那天，北京城里大雨滂沱、白昼如夜，有人说这是受害者的眼泪。我们不相信人死之后还有不散的冤魂，但我们又真的希望那7位无辜的惨死者能够看到这谜案被揭开、凶手伏法的时刻。

然而，时光不可逆转，悲剧无法更改，但我作为记者，可以通过我们的栏目，通过我们的报道，警醒更多的人，减少这类案件的发生。一股更强烈的使命感升腾在我的心头。

雨下得更大了，我久久伫立在雨中。

一个被宣告死亡的"活死人"

1994年，新婚燕尔的方然告别娇妻，登上了飞机赴日研修一年。在高薪的诱惑和妻子的鼓动下，也为了未来生活的富足，研修期满后，他非法滞留在日本，到处打黑工，过着暗无天日的日子。2002年，方然熬不住对妻子的相思，终于回到了祖国，然而迎接他的现实是：妻子和别人结了婚，而他则成了一个没有户籍、没有身份、被宣告死亡的"活死人"……

秋天的东京有萧瑟的街景。昨夜，银杏树的叶子还骄傲绚丽地挂在树上，一夜寒冷，它们就带着淡淡的湿气片片凋落，积起厚厚的一地飘零。

这天，方然一早就出门了。他怀揣着东京某建设工业株式会社的招工启事，匆匆向地铁站走去。

日本的秋天本来就很安静，容易让人感到孤寂。天气转寒，人们都换上深色大衣，街市上，除了商业中心，很少有人闲逛。行人都在林木苍黄的人行便道上无声地疾行，只有脚下踩过的落叶吱吱作响，溅起片片枯黄如尘。

方然似乎习惯了这样冷冽的风景，他拢了拢大衣领子，抬起头看着不远的地铁站，深深地叹了一口气。这是方然在东京生活的第9个年头，他和在北京的妻子杨柳，失去联系已经将近一年。

方然对我的讲述，是从东京的秋天开始的。后来，在这篇稿子的写作过程中，我的心里一直弥漫着深秋的凄冷和阴郁。这是一个没有户籍、没有身份，被宣告了死亡的"活死人"的人生故事。

1. 一生中最怀念的三年

我采访方然的这年，他40岁。面前的他有些憔悴，但依然可以看出，这是一个面貌清俊的男子。

他是北京某名牌大学87级水利工程系的高材生，1991年毕业后被分配到北京某机床厂工作。刚刚踏入工作岗位，他就在工作之余搞一些机械小发明，每年都能因此获得厂里颁发的技术革新奖，继而受到了各级领导的赏识，成为单位的后备干部。

3年后，27岁的方然因为业绩突出，升任为厂里最年轻的车间主任。在人们的眼中，他年轻英俊、有能力，前程一片光明，自然也就成为了众多未婚女性追求的对象。但是性格略带清傲的方然，迟迟没有谈恋爱，直到结识了大学刚毕业分到单位的技术员杨柳。

他们一见钟情。第一次见面，他就爱上了这个女孩的那对大眼睛。他觉得那对眼睛是那样清澈，清澈得就像自己家乡云南玉龙雪山的冰雪融化而成的小河。

热恋中的他们几乎每天都要见面。他们有过花前月下的依偎，有过烛光灯影中的对饮；有过细雨中的漫步，有过和风里的呢喃；有过热吻，也有过海誓山盟。"那时候，是我有生以来最幸福的日子，就算是下雨天儿，都觉得阳光灿烂。"

方然对我一笑，那也是在我长达两个小时的采访中，他唯一的一次笑容。那笑容瞬息即逝，却是从内心深处发出来的。

　　就在他们把婚嫁的事情提到日程上的时候，方然经过单位推荐，在北京市技术干部赴日本研修的选拔中脱颖而出，获得了出国研修机械工程新技术的资格，为期一年。

　　直到今天，能够被公派出国工作都是一种幸运，也是一种机遇，而在上世纪90年代中期，还是一种荣誉。没有经过多少踌躇，方然和杨柳就共同决定了不放弃这次出国机会。而为了让爱情不因久别生变，他们在1994年1月举行了婚礼。婚后一个月，方然就和同事从首都机场乘飞机飞往日本东京。3个小时的旅程，飞行了2460公里后，方然看到了璀璨撩人的东京夜空。

　　今天的方然，回忆起逝去的岁月，他说在国内工作的短短3年，才是他一生中最难忘、最怀念的日子。

2. 中途改变了航向的小船

　　东京是一座有着1200多万人口的现代化国际城市，是世界上人口最多的城市之一。初来乍到，方然对东京的一切都充满好奇与欣赏。他在工作之余四处游走，浅草寺、富士山、台场……都留下了他的足迹。方然也常常把在东京的见闻与自己的工作、生活情形一起写在信里，和远在北京的杨柳一起分享。当然，写在信里的，还有方然对新婚妻子的思念和爱。杨柳的回信同样热烈而缠绵。

　　那时国际长途电话的费用还很昂贵，尽管如此，方然还是在出国前给杨柳留下了5000块钱，在岳父岳母家安装了一部电话。每一个周六的晚上9点，杨柳都会守候在电话边，等待着来自遥远的日本的温暖话语；同样，她也会给予丈夫最大的鼓励和支持。

当年，和方然同期去日本研修的有13个人，方然是唯一被分配到技术部的学员，也是唯一能接触到新产品研发核心的中国人。渐渐地，方然因为流利的日语和扎实的基础，从技术部的学员变成了主创人员。如此一来，方然每个月也能拿到6万日元的收入，在当时换算成人民币是4000多元。

方然说，他省吃俭用，每个月吃饭、租房的开销大概只花1万多日元，剩下的钱就存起来。每到美元升值时，他就把日元换成美元，然后一张一张地叠好，封在一个塑料袋里，再装在贴身的口袋里，随身带着是因为怕租的房子被盗或者着火。说到这儿，方然伸出手比划着，他说自己从几张最后存到了一大叠，终于有一天，存够了一万美金。

1995年年初，方然接到了日方决定让这批北京来的技术干部延长研修一年的通知。随之而来的是又一年紧张的研修生活。

1995年5月，方然获得了回北京探亲的假期。

他给杨柳带回了日本的时装、高档化妆品、精巧而实用的生活小用具，以及在当时最受国人青睐的日本名牌相机。当然，还有那一叠带着方然体温的、沉甸甸的一万美金，这笔钱相当于他们两个人在国内数年工资的总和。

杨柳喜欢方然带回来的每一样礼物。尤其是握住那厚厚一叠美元时，杨柳的大眼睛喷射出来了惊喜。当时方然怎么会想到，或许正是这一叠美元，改变了自己和妻子对生活价值的判断，也改变了他的人生。

假期结束后，方然把所有的钱留给了杨柳，带着满腔的不舍回到了日本。

1996年年初，方然写信告诉杨柳，自己两年学习期满，要回国了。方然太盼望回国了，因为回国就可以和杨柳朝夕相处，享受家庭幸福了。

两个星期后，杨柳的回信来了。妻子的意见大大出乎方然的意料："我经过反复考虑决定让你留在日本。我何尝不想你我甜蜜厮守，然而我们不能贪图享乐、安于平凡。社会在发展，你应该高瞻远瞩，趁着茂盛的青春去创业。我们已有两年的别离，但毕竟日本挣钱比国内挣钱要容易，为了将来我们生活得更好一些，我们失去一些在一起的时间又算什么呢？"

杨柳的回信让方然陷入了激烈的思想斗争中，以至于从不出错的他在工作中发生了几次小失误。说心里话，他不想留在日本。因为签证期满后，他就没有合法的身份再留在日本，也就没有眼前这份工作了。而且，作为一个非法滞留者，随时可能遇到日本警方的盘查和遣送。另外他将会被北京的单位除名，断送掉自己的大好前程，他还将永远怀着对培养他并把他送出国门的单位的内疚。但杨柳坚持希望他留在日本。杨柳接连给他来了几封信，甚至给他打了国际长途。

方然心动了。当他决定留下来的时候，他的心里也充满了在这个富庶发达的岛国淘到金子的憧憬。在归国的日子将近时，他给日方研修单位和同来的中国同事留下一封信，就悄悄地离开了研修生宿舍。

方然在国内的单位领导接到这封信后，感慨万千。为了挽留方然，领导找人给他带话，给他半年考虑的时间，如果他半年内回来，既往不咎。但是，方然还是带着深深的歉疚，毅然从东京去了名古屋。

一只中途改变了航向的小船，懵懵懂懂驶入了深广不可测的汪洋大海。

3. 黑工生涯

方然马上尝到了非法滞留者生存的苦涩。

在名古屋，他通过一个马来西亚人，花4万日元买了一份工作，但是干了一个月后他就失业了，方然这才明白自己花钱买的职位是一份临时工。于是，他的生活陷入了窘境，一连三周的失业让他心急如焚。

由于没有合法的身份，方然只能打零工。最后，他托朋友在建筑工地找了些活干。就这样，方然从一个技术工程师，变成了最底层的建筑工人。繁重的体力劳动，让方然原来拿笔的手，渐渐变得粗糙，变得黧黑，长出了厚厚的茧子。他还要忍受从一个堂堂的工程师，变成一个社会最底层的"黑人"所带来的心灵上的巨大落差。

他的生活水平，也跌落到日本的贫困线以下。

方然说，日本的超市每天下午5点开始处理当天要过期的食品，他通常等到这个时候去超市买一些蔬菜和肉，运气好的时候，还能赶上不要钱随便拿的过期牛奶和鸡蛋。

他每天自己做饭，早上开水冲鸡蛋，中午是前一晚做好带来的盒饭。晚上回到巴掌大的出租房下面条，自己和面自己切，炒一碗西红柿，多加点儿盐。数年如一日。吃饭对于方然来说，早已成为一件机械得不能再机械的任务。但是方然抽烟。原来，他是偶尔抽一根烟，后来他两天就要抽一包烟，方然说抽烟顶饿，还能抵御心灵的苦闷和寂寥。烦闷的时候，方然就使劲地想杨柳，那时他唯一的信念就是让杨柳成为世界上最幸福的女人。

在建筑工地，方然凭着一般操作工人没有的理论功底和丰厚的专业知识，给自己赢得了稍多一些的工作机会。只要是看过操作过程，再实践两三次，方然就可以熟练掌握一门技术。渐渐地，他的工作能力得到了日方老板的赏识，他也可以带着几个工人接工程了。到1998年，方然甚至接到了修地铁的工程。

几年下来，方然的收入有所增长，但他还是把每月挣的大部分钱存了起来。1996年，杨柳说想换套大房子，方然毫不犹豫地寄回去了90万日元。后来杨柳说，她用这90万日元和之前带回去的一万美金，在北京市的西三旗买了一套两居室。但是至今为止，方然都不知道这套房子的门牌号码。1998年，杨柳又说看中了北京市大兴区的一套三居室，方然又痛快地寄回了200万日元，但是这套房子和西三旗那套房子一样，至今下落不明。

就这样,方然一共积攒起800万日元,在几年间都陆续寄给了国内的妻子。

那几年在方然的内心深处,生活是一道长长的夹缝,但在夹缝的尽头,有一片开阔的绿地。这片绿地洒满阳光,开满鲜艳的玫瑰花,树木上结着丰饶的果实,树下鸾凤和鸣、百鸟起舞——这片绿地就是他和妻子努力奋斗期望能够达到的目标。

怀着这样的梦想,忍受着身体的疲劳,伏在租来的小屋的灯下,方然一封接一封地给妻子写信:"我思念国内的朋友、亲人和你;怀念那个时时牵挂着我的你,那个整天啰里啰唆催我早些下班、问我吃饭没有的你。我把你放在心里最安全的地方。因为心里有你,所以不怕未来,因为你对我许诺了一个幸福的将来。即便受到别人的误解和冷遇,我也会因为有你的信任和爱而变得坚强……"

2000年是千禧年,恰逢春节是杨柳的生日,方然花8万日元,给妻子买了一条形状为2000字样的钻石项链。他托朋友把项链带回国的时候,还带回去了20万日元,让杨柳孝敬两个人的父母。

不久后,妻子的来信又带给他夹缝中的一片绿地:"想着你在日本的生活,一定很单调,多给你写信,也许会给你一些安慰和寄托。我们身边的同龄人,没有像咱们这几年拥有的这种经历,我们所得到的的这种物质也是别人没有的,是别人羡慕的!"

但是杨柳写下这段文字的时候,想到过她的丈夫方然是用什么样的付出,给她挣来这些"别人羡慕的"物质财富的吗?

直到方然接受我的采访时,他的手里还攥着这些曾经从北京寄到日本,又被他从日本带回北京的信件,有些已经发黄了。

4. 生活在崩溃的边缘

四五年时间在同样的艰辛中过去了,方然的朋友都回国了,唯独他,还在日本坚持。

坚持中他最怕的日子,一个是过节,一个是下雨。日本是热衷过节的,无论是现代节日还是传统节日,无论乡村还是城市,都热闹非凡。热闹的情景让独在异乡为异客的方然感到倍加孤寂和凄凉。雨天的阴冷、黯淡、潮湿,更牵出无限的乡愁。

方然也想过回国,可杨柳告诉他,国内下岗的人很多,他回国后的工作机会不好找。而且,他们的物质目标还没有实现。

每当方然坚持不下去想退缩的时候,他就看杨柳给他写的信。

可妻子的信渐渐变得稀少起来。

2001年,杨柳提出要来日本,方然给杨柳寄去了200万日元的担保费,但是这笔钱打了水漂,后来妻子的信也越来越稀疏了。

终于有一天,方然在电话里听到了妻子的声音。但是,那边传来的不再是昔日的呢喃,而是冰冷的话语。

"既然你来不了日本,那我回去吧,我现在挣的钱,已经足够让咱们过上让人羡慕的生活了。"

"你别回来了,回来也没用了。"

"为什么?!"

…………

电话那边传来了嘟嘟的断线声。

这次通话后的日子是方然在日本的最后一个冬天。因为新的工作,他又回到了东京。方然在日记中写道:"12月初,冬天正式开始。我从来没有感觉到这样的寒冷。这凄凉的寒意，是从远方飘来的寒……"

在方然的彷徨中，冬去春来，到了2002年的春天。像每一个春天一样，日本的漫山遍野都怒放着樱花。一夜之间，所有的樱树都变成了粉色，而所有的粉色汇集成了花的海洋。可只要一场风雨，它们就倏然从树上落下，化作尘泥。樱花开放时的热烈，凋谢时的匆忙，引发了无数文人墨客的感叹。

方然初到日本时，在樱花盛开的季节到过上野公园。看到许多身着和服的男男女女相拥着陶醉在花海里，他的心也甜甜的。在樱花淡淡的香气里，方然笑了，很醉、很痴，笑得合上了双眼，他仿佛感觉他美丽的杨柳也依偎在自己的怀里。可经过了几多岁月的沧桑，同样徜徉在樱花树下，同样看到许多情侣，现在的方然感觉到的是身体的疲惫和内心的茫然。明媚的阳光下，和煦的春风中，那千树万树的樱花，没有一朵是为打黑工的外国非法滞留者开放的。唯有那雨后的樱花，散发着凄凉的香气，无情地揉碎了方然的思绪。

2002年9月的一天，方然走进一个小酒馆狂饮起来，把自己喝得酩酊大醉。

"你见过灵魂吗？"面前的方然突然向我发问。

我一脸的不解与惊恐。

"那天晚上，我睡着睡着就不能动了，我看到自己的灵魂走了出去，牛头马面冲着它眨眨眼睛要带它走，我就拼命地挣扎，但就是动弹不得，后来我看到自己的灵魂又慢慢地落回到我的身上，然后我醒了……"

方然说，那些日子，他一度生活在崩溃的边缘。有一次喝酒过度，昏迷不醒，是第二天来他家里串门的工友救了他。

而这次，酒馆的服务员叫来了警察，把他带到了警察局。

在他酒醒后，警察盘问他的身份。以往，方然也遇到过警察的盘查，他都是用种种办法把自己没有合法身份的事实掩饰过去。可这一次，他直接告诉警察自己的签证早已经过期。"把我遣送回中国吧，我要回我的祖国！"他对警察说。

多少次内心的矛盾和激烈的思想斗争就在这一刻作出了决断，方然决定不再在日本待下去，无论妻子认为他们的目标有没有实现。他要回国，回北京，无论祖国怎样惩罚自己，哪怕在祖国从头再来，他都愿意，只要能和自己的亲人生活在一起，和最牵挂的妻子生活在一起。

在日本的出入境管理局，方然给杨柳写了信，让妻子把身份证寄来好办理回国手续，但是这封信像之前的信一样没有音信。最后，是方然的弟弟在派出所开具了证明，才得以办理回国手续。当方然离开日本时，他已经在出入境管理局生活了4个月。飞机起飞的那一刻，他对自己说："日本，我再也不会踏上这片心酸的土地。"

而此时此刻，在海的西边，北京城里，一座刚装修完的豪宅里，一个30岁出头的女人正指挥着搬运工人，将楼下大厢式货车里的一件件硬木中式新家具搬进不同的房间。男主人挺着发福的肚腩，一脸的得意，在一个个房间里来回巡视。

"小柳——"男主人一声呼唤。

"哎——"随着一声娇滴滴、软绵绵的回应，女人飘然入室。

她就是方然的妻子杨柳。

她怎么会出现在这座豪宅里？她是男主人的什么人？

5. 有家难回，无家可归

2002年12月23日，方然作为被遣送回来的非法居留者，回到了北京。

他乘机场大巴到市区，再换公交车，终于站到了魂牵梦绕的家门口。这是他和妻子的小家。9年前，他们就是在这套小房子里结的婚，屋里的家具器皿，都是他和妻子一件一件选购来的。9年了，妻子现在还在用吗？家里的陈设，还和原来一样吗？妻子此时在做什么？见到自己，是哭，还是笑？

方然稳了稳狂跳的心，敲响了家的大门。开门的是一个陌生的男人，这男人说自己是房客，租住这套房子已经一年多了。

方然几乎瘫倒在地。冷静下来后，他打车去了岳父岳母家。

开门的是岳父，见到他，岳父的嘴惊讶得半天没有合上。

"爸，我回来了。"

岳父没有让方然进屋，脸上的表情变了又变，才从牙缝里挤出五个字："杨柳不在家。"

"她在哪儿？"

"我们……不知道。你，你走吧。"岳父关上了大门。

方然呆住了。他在岳父母家门口呆呆地站了很久，很久。

屋里没有人出来。

这天，方然在原来的同事家借宿了一晚。长谈中，曾经的同事对他说："方然，你怎么才回来？你媳妇都跟人家跑了，你还一个人在日本傻干呢！"

同事的话像针扎似的刺激着方然的神经，可他不相信。准确地说，是他不愿意相信。

"你还不信！单位里好多人都在传这事儿。她99年就辞职了，后来听说她和几个朋友合伙开了一个小饭馆，那个房东就是她现在那个相好的，那个男的是二婚，带着一个孩子。前两年拆迁得了几百万……"

方然依旧沉默。

"你说你，怎么那么傻？杨柳为什么不见你？她是不好意思见你！"

听着同事的话，方然辗转反侧，难以入眠，眼前只有杨柳清澈的大眼睛和恬美的微笑。方然对自己说了无数遍："不可能！这不可能！"

第二天，北京下雪了。

方然又一次来到岳父岳母家。

"爸，妈，我是方然。您二老开门啊！我有话说。"

许久，岳母开了门，脸上挂着不自然的笑容。

"呦，方然回来了。"岳母用身子堵住了门口。

"妈，我就直说了。小柳出什么事儿了？她到哪儿去了？我们的房子怎么租出去了？"

岳母没有正面回答，只是闪烁其词地说："方然，你自己好好过吧，就别惦记小柳了。"

岳父母家的门又一次关上了。

方然在雪地里木然地挪动着脚步，大脑没有思维，行走没有目的地。不停飘落着的雪花渐渐从头到脚地覆满了他，把他变成了一个雪人。

空气中，播洒着打雪仗的孩子们的欢笑和尖叫声。

6. 妻子变脸，法庭重逢

在后来的两个月时间里，方然依然没有放弃，他想尽了一切办法找杨柳。

同学家，朋友家，同事家，所有杨柳有可能去的地方他都去了，甚至不放过单位附近的每一个小饭馆。

方然在内心深处，无数次地发问：杨柳啊杨柳，你究竟还有多少出乎意料的事情瞒着我?!

方然给杨柳打了无数次电话,杨柳都不接。有一次无意中接了,一听是方然,立刻把电话挂断了。

方然把能托的朋友都托到了,辗转捎话给杨柳,希望两个人能见个面,好好谈一谈,但杨柳不见。

他去岳父母家的小区附近和杨柳可能出现的其他地方等过杨柳,却没能遇见。

方然没有办法了,只好走进法院,起诉离婚。他放弃了出国前留在国内的财产,只要求杨柳返还他从日本寄回的800万日元的一半,按当时的汇率,约合29万人民币。他需要这笔钱在国内重建自己的生活。

2003年3月10日,法院将开庭审理方然与杨柳离婚一案。头一天夜里,方然又是一宿未眠。

第二天早上8点半,法院刚上班,方然就迫不及待地来到了法庭门口。经过多年的磨难,方然瘦削焦黄的面孔已经不再年轻,而时年33岁的杨柳又会变成什么样?

10分钟过去了,20分钟过去了,还有5分钟就要开庭了,杨柳还是没有出现。方然在书记员的带领下,坐在了原告席上。他默默地看着对面被告席上的铜牌,心一绞一绞地疼起来。

"原告方然,被告杨柳还没有来,咱们再稍稍等会儿好吗?"主审法官的话音刚落,一个衣着时尚的少妇推门走了进来,走向被告席。

漫长的分别之后,方然终于见到了妻子,他朝思暮想的妻子,在梦里无数次呼唤过的妻子。一种亲切的感觉升起在方然的心头,有一瞬间,他忘记了自己是在法庭上,产生了一种想跑过去把妻子拥到怀抱里的冲动。

妻子比9年前丰腴了,从他记忆里的那个还带着些许青涩气息的小女子,变成了一个成熟的妇人。然而,妻子的眼睛里没有了从前的柔情,面颊上没有了他熟悉的笑靥。当他们四目相对时,那对他那样喜欢的大眼睛里射出的是铁一样的冰冷。

方然还抱着一线希望,希望能和杨柳谈一谈,消除可能的误会,冰释离别造成的隔阂。

然而杨柳在庭审过程中说:"根据方然在日本每月的收入,他应该还有钱,我要求他赔偿我的青春损失费34万元,如果不给就不离婚。"

方然说,那一刻的杨柳,眼中不再有当初的清纯,有的只是刻薄。但是他仍旧当庭表示:"那走吧,杨柳,咱们回家!"

然而,这句话只是打动了主审法官,却没有打动决绝的杨柳,这也击碎了方然最后的希望。

面对法庭的调查,杨柳一口咬定从来没有收到过方然寄来的钱!

方然拿出了9年间给杨柳汇款的凭证。

杨柳改口了。她说方然出国逾期不归,有辱国格,断送了自己的政治生命;方然在日本花天酒地,生活堕落,已伤透了自己的心,他们之间已无感情可言;方然寄给自己的钱,是对自己的一种补偿。而从他们恋爱时算起,10年都过去了。"这10年他耽误了我的所有,我什么都没了,这是拿钱能买得回来的吗?"杨柳振振有词。

方然被击昏了,他根本没有听到法官在问什么,只是紧紧握着那一封封杨柳寄给他的越洋家书。而他的眼前,是一个完全陌生的女人:板着铁青的面孔,吐着是非颠倒的语言,有些完全就是谎言。

"根据民事诉讼法的相关规定,原被告双方可以自愿调解。原告方然,你愿意调解吗?"审判长问。

"我愿意调解。"

"被告杨柳,你愿意调解吗?"

"不愿意。你们看着判吧!"

"由于被告不愿接受法庭调解，法庭对此案不予调解。今天就到这里，原被告双方等候判决。现在休庭。"

法槌重重地落下，杨柳头也不回地走了。她去往我们在前面写到过的那个豪宅，那个肚腩发福的男人在等她，他们要去领结婚证。豪宅里已经挂上了他们的结婚照，贴上了大红喜字。

几天后，他们在一家大酒店举行了盛大的婚礼。

3月初的北京乍暖还寒，婚礼上的新郎新娘却春风无限。缤纷的花雨，庞大的乐队，红色的地毯，纯白的婚纱，新人频频敬酒，来宾声声祝福，主持人不断地插科打诨，各种节目和把戏频出，将杨柳与她第二任丈夫的婚礼一次又一次推向高潮，醉倒人的幸福在婚宴中弥漫着……

2003年3月27日，一审法院判决方然和杨柳离婚，并判决杨柳给付方然人民币23万元。接到判决，杨柳当庭表示不服，提出上诉。

7. 复活

2003年4月1日，方然接到了杨柳的上诉状。读完，他懵了。上诉书里白纸黑字赫然写着这样一段话："由于本人与方然从1996年失去联系，本人于2001年11月向法院申请宣告方然死亡。法院也已经在2002年12月20日判决宣告方然死亡。"

根据宣告死亡的法律规定，公民死亡既可以是基于自然的生老病死而死亡，也可以基于法律的拟制而死亡。所谓宣告死亡制度，是法律上拟制的死亡，是基于公民下落不明达到法定的期限，经利害关系人申请，人民法院宣告其死亡的法律制度。在我国，公民下落不明满4年之后，包括公民的配偶在内的利害关系人，可以向法院申请宣告其死亡。从法律上说，公民被宣告死亡后，其作为民事主体的资格就消失了，不再享有权利能力和行为能力，婚姻关系也自然解除，其个人合法财产也变为遗产开始继承。

依据上述法律规定，杨柳在上诉书里提出：她和方然的婚姻关系已自然解除，她无须给付方然23万元人民币。

方然的脑子里一片空白，浑身颤抖起来，持续了约20分钟。

死了，死了，他已经是一个死人了，所有的权利都已失去，尽管他还活着，活生生地站在法庭上，和他的妻子打官司。

这天是4月1日。难道是个愚人节的玩笑？

他去宣告他死亡的原审法院，明明白白地看到了那份宣告自己死亡的民事判决书。法院的卷宗里，有杨柳以配偶身份亲笔书写的宣告方然死亡的申请，有杨柳提交的派出所出具的方然因出国不归而于1998年12月9日被注销户口的证明，以及方然原单位出具的方然已于1996年在日本去向不明的证明。法院受理此案后，于2001年11月28日发出了寻人公告，并刊登在了当年12月10日的《人民法院报》上。2002年12月10日，一年公告期满。法院在2002年12月20日，作出了宣告方然死亡的判决。

方然这才明白了为什么杨柳从2001年开始，便不再给自己写信，变得杳无音讯。

而他回到北京的日子，距法院作出宣告他死亡的判决，只过了3天。

他愤怒了，极大地愤怒了。他现在彻底一无所有了，没有了财产，没有了家，没有了身份，没有了户口。他只是一个活着的死人。

他没有办法接受，他也不能够接受。在离婚案的二审审理之前，他必须要做的是讨回自己作为活人的权利。

他向法院提出申请，要求"复活"。

2003年7月，法院裁定撤销了宣告方然死亡的民事判决。

方然"活"了，但摆在他面前的种种严酷的现实问题，丝毫没有减少。

在他为自己"复活"的事情奔波时，他知道了就在离婚官司审理期间，杨柳已经再婚。

这时，他已经连愤怒都没有了。

他忍住内心的疼痛，打起精神去往南城的一个工地。为了解决生计问题，他在一个小建筑公司找到一份工作。老板青睐他在建筑方面的经验，任命他为技术总监。

8. 案情出现转机

2003年8月13日，二审法院作出方然诉杨柳离婚案的终审民事裁定。二审法院认为虽然原审法院已撤销了宣告方然死亡的判决，但鉴于杨柳已再婚，其夫妻关系不能自行恢复，故方然离婚的诉请不符合相关法律规定。二审法院裁定撤销了一审法院对方然离婚案的判决。杨柳给付方然婚内财产23万元的一审判决，也随之撤销。

拿着判决书，方然百思不得其解，走进了律师事务所咨询。律师告诉方然可以走刑事自诉，告杨柳犯重婚罪。

律师打开我国的刑法给方然看——相关法律规定：轻伤害、侮辱他人、诽谤他人、重婚、虐待家庭成员、遗弃等案件属于刑事自诉案件。是否提起刑事诉讼以追究犯罪人刑事责任，完全取决于被害人的意志，国家不主动予以干预和追诉，公安机关、检察机关不能立案侦查和提起公诉。

也就是说，方然要自己搜集证据，来追究杨柳的刑事责任。

对于曾经深爱过的人，方然有些于心不忍。可想到自己在日本吃苦受累这么多年，到头来一无所有；想到杨柳的无情，所做的那些恩断义绝的事情，包括对自己的欺骗，方然又觉得忍无可忍。他还是走进了杨柳居住地的法院。

又是一个意外: 法院以杨柳有宣告死亡判决书在先为由, 不予立案。

又是因为被宣告死亡, 又是因为自己曾经当过"死人", 难道"复活"了也不能保护自己的合法权益吗?

方然觉得走投无路了。

而此时杨柳在做什么? 她在自己新家的阳光房, 半躺在贵妃榻上, 浴着温柔的阳光, 听着胎教音乐。

"小柳, 今天吃水果了吗? "

全家正在为迎接新的生命做着准备。

财神很眷顾这一对夫妇, 丈夫在生意上又赚了一笔。他们在石景山有了新房——2004年, 他们搬进了新房, 法院的管辖权随之发生了变化。但这也给方然的官司带来了转机。

2004年4月, 方然再次以重婚罪把杨柳告到北京石景山区人民法院, 请求法院依法判处杨柳的重婚罪, 要求杨柳赔偿各项损失人民币10万元, 同时判决杨柳的重婚婚姻无效。

石景山区人民法院受理了此案。

9. 物质不是婚姻的全部

因为杨柳有孕在身, 石景山区法院把开庭日期推迟到杨柳产后一个月的2004年12月。

这是一场特殊的公开庭审, 现场的气氛很伤感。产后的杨柳略显臃肿。如果罪名成立, 她将受到法律的惩处。

诉讼双方的律师就杨柳是否构成重婚罪展开了激烈的辩论。

杨柳的律师认为, 杨柳再婚的时间, 是法院作出宣告方然死亡判决之后,按照法律规定,他们的夫妻关系已经不存在了。在这种情况下,杨柳完全有权利选择再婚。

案件的焦点在于,杨柳申请对方然宣告死亡的程序是否合法,以及这种做法是否存在恶意。

杨柳为自己辩护说,自己从1996年起就和方然失去了联系。她说她看不到尽头,只有选择向法院申请宣告方然死亡。

而方然拿出了杨柳几年来写给自己的信,和自己从日本汇款给杨柳的凭据。这些信,曾是方然在异国艰难的黑工生涯的精神支柱;而这些寄往国内的血汗钱,现在却成了证明妻子犯重婚罪的证据。这些证据表明:至少在2000年9月,方然和杨柳还有密切的书信来往,这与法律要求的失去联系必须达到4年才可申请宣告利害关系人死亡的条款,有着太远的距离。

方然的律师提出,基于两个事实,杨柳构成了重婚罪:第一是被告杨柳恶意隐瞒原告方然与她一直保持联系的事实,向法院申请宣告方然死亡;第二是明知原告方然已经回国并且已经起诉与她离婚的情况下,仍然与他人结婚。

方然在法庭上对杨柳说:"杨柳,我永远都不会想到,我们的重逢会是在这样的场所。我曾经以为在东京打黑工的那些日子是我一生中最痛苦的经历,我万万没有想到,比这更加痛苦的,竟然是我为之苦苦奋斗了9年的婚姻。我付出的一切都是为了你,而你却无情地践踏了我的人格、我的人生……"

杨柳那双漠然的大眼睛终于流下了两行眼泪。那应该是内疚的泪吧,如果她的良知还没有完全泯灭。

但她始终没有对方然讲一句话。庭审结束,她仍是头也不回地走了。

2004年12月15日,北京石景山区法院作出判决,法院认为被告人杨柳在与自诉人方然婚姻关系存续期间,隐瞒多次收取方然汇款的事实,编造虚假事实和理由恶意申请宣告方然死亡。而且在得知方然已经回国的情况下,仍与他人登记结婚的行为已经构成重婚罪。法院一经审理判处杨柳拘役半年,缓刑一年，判决杨柳与第二任丈夫的婚姻无效。

杨柳仍然不服判决，再次提出上诉。

经过审理，北京市第一中级人民法院驳回了杨柳的上诉，维持原判。

这起案件曾经引起了很多位法律界人士和法律专家的关注。北京市律师协会的钱列扬评论说："本案的被告人非常清楚自己的丈夫是健在的，并且每次都签收了这一笔一笔共计800万日元的汇款。从这个意义上讲，她不能说自己和丈夫完全失去了联系。所以在这种情况下，她向法院提出申请宣告丈夫死亡是带有主观恶意的行为。而从目前所看到的相关司法解释里，针对恶意宣告他人死亡还没有明确的规定。正如有些专家学者所说，这是一个法律上的空白点。但是这样恶意宣告他人死亡，确确实实带有人格上的侮辱性质，是有一定的社会危害性的。所以我觉得，有关立法部门应该注意这样的案件，可考虑立法，防止有些人通过这样的方式达到不合法的目的。"

杨柳重婚罪的服刑期满后，她向法院起诉离婚，一个月后，法院判决方然和杨柳解除婚姻关系，同时判决杨柳向方然给付15万元。

两个月后，方然收到了杨柳给付的10万元。又过了一年，在法院的强制执行下，方然收到了杨柳早应当给付的5万元。

方然和杨柳这段曲折而心酸的婚姻就此结束……

10. 岁月抹不去方然脸上的沧桑

这么多年过去了，方然在我记忆中是面容憔悴、肤色蜡黄的。后来我了解到，他在2006年年初查出了结肠癌中晚期，也就在方然历经这数场官司的时候，他已经有呕吐的症状了。2006年夏天，方然做了手术。在病痛中，他认识了一直照顾他的护士张女士。

2006年11月1日，方然和张女士举行了婚礼。我想，方然一定会感谢上帝对他的眷顾，让他找到了幸福。而在我的心中，溢满的是无限的祝福。

光阴荏苒，我因为忙于日常的采访工作，与方然的联系渐渐稀疏。我想，经历了这么多，他现在过得一定很幸福。就在我要结束这篇文稿的时候，我再一次拨通了方然的电话。

传来的却是一个出乎意料的消息。

"我又离婚了，因为我得结肠癌花了20万，等于把积蓄都花完了，所以没有钱买房子，再加上其他的因素，我们离婚了。"

我听了，久久不知道该说些什么。此时的安慰和同情似乎都是苍白无力的……

就在我静静地坐在我小小的家里小小的写字台前写这篇文稿的时候，窗外忽然传来了噼啪的爆竹声，接着小区里开进来一辆挂着彩绸和红玫瑰花的婚车，又一对年轻的爱侣成为了眷属。

瞬间，一段话涌进了我的脑海："物质、金钱是婚姻所需，却不是婚姻的全部。每一个已经走入婚姻殿堂或正准备走入婚姻殿堂的人们，当你们在经营物质家园的时候，切莫忘记了经营精神家园，经营婚姻的感情、责任和道义。"

于是，这段话成了我这篇文稿的结尾。

"冰妹"报告
——冰毒带给人类的原罪

　　2007年11月19日，我在新浪博客中写下了一篇《吸毒伴随淫乱，少女险成冰妹》的文章。在两天时间里，阅读量就达到了60多万。随后，文章被许多网站以及网友转载，一时间，冰妹成为了网友们热议的话题。从这篇文章开始，网络上有关冰妹的报道开始多了起来。

　　所谓"冰妹"，指的是那些向客人提供色情服务的同时，陪客人吸食毒品的卖淫女。冰妹在卖淫时收取的费用，比一般的卖淫女要高出几成。冰妹在什么时候出现以及名称的由来，已经不可考。警方首次抓获冰妹是在2007年左右，由此可以推定，冰妹在2007年前就已经出现了。近两年来，冰妹已经不单单是指那些为了迎合嫖客而吸食冰毒的卖淫女，一些十八九岁的女孩也加入了冰妹的行列。她们或者为了寻求刺激，或者为了得到冰毒，或者为了个人的利益，成为了吸食冰毒的男性的玩物，形成了特有的冰妹现象。

　　当冰妹们吸食完毒品后，褪去衣衫，丢失了少女本应有的那份羞涩，成为一些肮脏男人的玩物时，我们再次看到了毒品对美好事物的摧残，对人性良知的泯灭。

1. "冰妹"现象

2005年，王卓来到《法治进行时》当记者。他一米八的个头，之前一直在北京首钢篮球队打篮球。因为有运动员的底子，来到《法治进行时》后，王卓被分配到了一个既艰苦又危险的岗位——专门和北京市公安局禁毒处联系，做缉毒新闻。

王卓第一次接触"冰妹"是在2007年6月。当时，北京市公安局禁毒处得到丰台公安分局洋桥派出所民警的通知，在丰台区洋桥附近的一个宾馆内有人在吸毒。接到线索后，王卓和组里的另外一个记者王丹跟随禁毒处的侦查员以及洋桥派出所的民警赶到了宾馆，将正在吸食冰毒的三名男子以及两名卖淫女抓获。经过讯问，三名男子承认那两名卖淫女是他们找来的。在吸食冰毒的圈子里，陪着一起吸毒的卖淫女叫"冰妹"。冰妹中的"冰"就代表着冰毒。

冰毒和K粉、摇头丸一起被称为新型毒品。"新型"毒品是相对于一些"传统"毒品而言的。一般来说，传统毒品是指鸦片、海洛因、大麻等从植物中提炼出来的药物，而新型毒品是指经人工化学合成的兴奋剂、迷幻药类型的毒品。现在已发现的新型毒品主要有四个种类：（1）通过刺激中枢神经系统来产生兴奋感的，冰毒就是属于这一种；（2）通过使人出现幻觉来产生"飘飘欲仙"感觉的，像氯胺酮；（3）兼有前面两种作用的，比如摇头丸，服用以后就会刺激中枢神经系统，同时出现幻觉；（4）和第一种相反，通过抑制中枢系统而产生所谓的兴奋感。

冰毒的化学名称叫甲基苯丙胺，是透明的结晶体，状如冰，极易溶于水，也叫去氧麻黄素。它有抗疲劳作用，能使人体处于亢奋状态。正因为如此，吸食冰毒的人性欲旺盛，冰妹也就因此产生了。可以说，冰妹在吸食冰毒的圈子里就是男人的玩物和泄欲的工具。

这是王卓第一次接触到冰妹，如果说这次经历让王卓感觉到惊心的话，那么2007年11月的一次突击行动，则让王卓感觉到了一种发自内心的悲悯。

王卓参与的那次行动，是警方对丰台区某宾馆的突查行动。事后王卓说，那3个未满18岁的女孩皮肤白皙，身材苗条，充满了青春气息，无论如何也无法和桌子上的冰壶联系在一起，更不敢想象所谓的Party是什么内容。然而，让王卓不敢想象的事情远没有结束，很多类似的案件还在继续发生。打开王卓电脑里的文件夹，一系列的冰妹案件让人触目惊心。

2008年3月我们栏目报道了民警在北京市怀柔区的一个小区里抓获冰妹杨某。在她随身的提包里，民警发现了几小包冰毒。经审讯，杨某原来是一个卖淫女，后来成为了一名冰妹，但是她觉得做冰妹赚钱不如贩毒来得容易，于是干脆当了一名毒贩。杨某还给自己起了一个绰号叫"天使"，然而这个天使并不能把人带上天堂，而是用毒品把人送进地狱。

2008年12月我们栏目报道了民警根据举报在北京市朝阳区的一所高档公寓里抓获两名吸食完冰毒的女孩。经审讯，这两名女孩是2008年从外地来北京的，打算进军娱乐圈。不久后，她们认识了一个姓赵的女子，赵某自称曾经在娱乐圈混，和圈里的人很熟，可以做她们的经纪人。可实际上，赵某不但自己吸食冰毒，还给吸毒者介绍冰妹。而那些怀着明星梦想来找赵某的少女，渐渐地也走上吸毒的道路，沦为了供人淫乐的冰妹。

2009年1月，我们栏目报道了19岁的女孩刘某因为吸食冰毒被警方抓获。刘某原本有着令人羡慕的工作——在航空公司做地勤。可是刘某觉得工作太累，2008年年初辞职后在一些夜店内专门陪客人喝酒聊天，以此赚取小费。在娱乐场所，难免会遇到形形色色的人，这其中就有一些吸毒者。时间不长，刘某开始和客人一起吸食冰毒。不知不觉间,刘某发现自己已经离不开冰毒了。由于承担不起购买毒品的费用,她开始主动加入一些客人的吸毒聚会,成为了一名冰妹。

2009年5月我们栏目报道了北京市公安局禁毒处的民警在突查朝阳区的一处豪华公寓时,发现了险些沦为冰妹的李某。和刘某心甘情愿参加吸毒聚会不同,21岁的某艺术学院学生李某则是被骗到了吸毒者家里的。想进入演艺圈的李某一直渴望拍摄一套顶级的艺术照片,但不花个几万甚至十几万块钱是根本办不到的。后来,李某通过朋友结识了一家文化传播公司的老板姚某,姚某爽快地答应为李某安排顶级摄影师免费拍照。随后,姚某把她和另外一个女孩带到了一所豪华公寓。在这里,李某见到了一位小有名气的摄影师以及房主朱某。在他们的威逼下,李某和另外那个女孩吸食了冰毒。幸亏民警及时赶到,否则后果不堪设想。

纵观我们报道的这些案件,不难看出这些寻找冰妹的人,都有一定的经济实力,他们吸食冰毒的场所集中在宾馆、公寓、豪宅等地。最开始的时候,他们寻找的冰妹就是卖淫女,渐渐地,他们邪恶的目光盯上了花季少女,随后他们像残忍的猎手一样,精心地设置陷阱,以威逼、欺骗等手段诱惑一些涉世未深的女孩吸食冰毒,成为他们的玩物。

2. 小丽:我没有自己的目标

2007年12月,北京市公安局展开了第一场针对冰妹的打击行动。12月4日,北京市公安局禁毒处联合海淀公安分局对一所高档住宅进行了突查,当场抓获了10多名正在吸食冰毒的人员,其中有4名女孩。随即,她们被带回了海淀公安分局海淀派出所。王卓和栏目组的同事一起来到了派出所,试图和这些女孩进行一次近距离沟通。

在派出所，民警告诉王卓，经过讯问，在这4名女孩中，一个是车模，一个是从外地来北京自考的学生，一个是在娱乐场所推销啤酒的女孩，还有一个名叫小芳的女孩身份比较特别，是某个身处要职的官员之女。

在派出所的羁押室，4名女孩被关在同一个房间里。小芳才19岁，圆圆的脸上一说话就露出两个酒窝，显得非常可爱。小芳的父亲和母亲都是政府官员，听说记者要采访，小芳本能地用双手挡住了自己的脸。小芳说，自己做的事情，如果让父母知道，她就没脸再活在世上了；如果让外人知道，父母也会颜面无存，所以她不同意接受采访。

坐在小芳旁边的是一个身材高挑的车模，她明显见多了场面，以一句"没什么好说的"干脆利落地拒绝了记者的采访要求。或许是记者难堪的表情打动了另外的两名女孩，她们以"只能录音、不许摄像"为条件，同意和记者聊一聊。

"是知道自己不该干这些，但是又控制不了，就像脑子里有两个小人在打架一样。一个小人是天使，一个小人是恶魔。天使是纯洁的，但恶魔却会引诱你去玩。"小丽以一个十分形象的比喻开始了对话。

小丽22岁，中等身材，五官端正。因为是冬季，她穿着一件绣花的小棉袄，走在街上，怎么看都是一个普通的邻家女孩。小丽的家在辽宁省沈阳市，父母都是公务员。几年前，小丽高考落榜，一直待在家里。2005年初，她觉得在家里待烦了，就向父母提出要来北京上学，拿个自考本科学历。小丽的想法让父母一阵欣喜，于是亲自开车送她来到北京。在一番精心的挑选后，他们给小丽选中了一所著名高校的继续教育学院。2005年7月，小丽离开了父母，独自一人来到北京，住进了学校的宿舍。

因为家庭条件优越，父母每个月给小丽寄来5000块钱作为生活费。他们希望自己的女儿不为生活犯愁，踏踏实实上学，毕业后在北京找到一份好工作，甚至找到一个如意郎君。小丽也理解父母的良苦用心，在前几个月里，她还老老实实地在学校里学习，但很快就管不住自己了。

小丽的同学和她的情况都很相似，她们的家庭条件都不错，不用为吃穿发愁。她们来北京读书，与其说来学习，不如说找点儿事做。到北京后，突然降临的自由让女孩子们欢欣雀跃，城市夜晚五光十色的生活向她们敞开了一个崭新的舞台。对于这些在家憋坏的女孩子们来说，一切都那么新鲜，一切都那么有趣。小丽不再去听课，她白天躲在宿舍睡觉，晚上和同学们一起去网吧、迪厅、酒吧，尽情燃烧着自己的青春。年轻人总是不缺乏朋友，在网吧、酒吧里，她们结识了越来越多的朋友，这些朋友有着共同的爱好——玩。小丽说，有了朋友的陪伴，她着实过了一阵子快乐的时光，似乎这个世界上的快乐都属于她。

2006年，小丽干脆搬出了宿舍和同学们一起租房子住。而到了2006年年底，小丽瞒着父母退了学。"所有人都有目标，但我根本就没有去想，吃喝玩乐的时候，我的目标就是开心。我觉得，我的人生就应该这样快快乐乐的。家里给的条件不算太优越，但最起码比那些打工的人要好得多，我坐在家里，不用去劳动，就可以有吃有喝。"

2007年初，小丽玩累了也玩腻了，一种无法排解的空虚在她的心底慢慢滋生出来。"可能我是想找一个出口吧，找一个目标，让自己投入到别的地方去。我来北京没有自己的目标，想干什么就干什么，只想挣脱父母的束缚，就跑到北京来了，然后就整天游手好闲、吃喝玩乐，一直在矛盾中过日子。"

2007年5月，正当小丽觉得空虚的时候，在一次朋友的聚会上，一个朋友神秘地拿出了一包结晶体，让大家尝尝。看着身边的朋友都在跃跃欲试，小丽毫不犹豫地吸了两口。

"就是对这个东西好奇，就像抽烟一样，第一次抽烟也不是为了真正去抽烟，就是觉得好奇，看别人都在玩，我也想玩玩。别人说玩毒品是寻求刺激，或者说是为了什么，我也弄不明白，但我就是想试试。"小丽说，她并不是为了追求刺激、追求新潮和时尚，而是在那个场合、那个气氛下，自然而然的行为，至于后果，她压根儿就没有想过。

"我觉得这个东西（冰毒）有好处。比如说我第一次玩了之后，我就特别喜欢收拾屋子，收拾了一天也不觉得累，干得还特别细致，把地擦得特别亮，一点儿灰尘都没有。以前我也收拾屋子，但是从不会投入。吸了之后，我做事情会特别专心，然后我就钻进去出不来了。"

刚开始接触冰毒，小丽都不知道是什么东西，事后她才知道那东西叫"冰"，也就是冰毒。"他们觉得这个东西可以让两个陌生人很快熟悉起来，好像是认识多年的亲密朋友，特别容易拉近人的距离。"

尝试了第二次、第三次后，毒品的危害性开始慢慢显现。随着吸食冰毒的次数越来越多，小丽发现自己上瘾了，看到别人划着火柴或者拿出打火机，她就有无法控制的吸食冲动。可是，父母给的生活费已经不够她来买毒品，她只能去一些朋友组织的聚会，免费吸食冰毒。"毒品这个东西，它会控制你的思想，到时候就不是说你自己想什么就干什么，就会像我说的，两个小人在打架，一个是天使，一个是恶魔。前一段有一个电影《门徒》，里面有一句台词：空虚可怕还是毒品可怕？我看了之后就反复问自己：空虚可怕还是毒品可怕？我觉得空虚比较可怕，它会导致你想去吸毒，但是你吸了毒之后，你还是空虚的。"

小丽告诉记者，从小她的家教就很严，她也觉得自己是一个有素质的人，可是自从上瘾后，许多宝贵的东西都丢失了。现在她不敢把真相告诉父母。"可能是我把自己伪装得比较好，也可能是我的父母没有想到我会有这么大的胆子去说这样的谎。我每年放假的时候都不回家。其实，我是一个很恋家的人，但是我对父母说了谎，说了一个谎之后就要用很多的谎去圆，我怕自己说错了，所以我不敢回家。"停了一停小丽又说，"怨天怨地不如怨自己，我可能会恨第一个让我吸毒品的人，也可能会恨那些卖我毒品的人，但到头来我还是恨我自己,如果我自己没有这个想法的话,他们不会拿着刀架在我的脖子上硬逼着我。"

接下来,小丽不再说话了,用手抚摸着棉袄上淡粉色的雏菊花。

3. 玲玲:从啤酒女郎到冰妹

在采访小丽的时候,玲玲以一种看怪物似的眼神看着记者,似乎记者都是土包子,对于现在的社会一点儿都不了解。

玲玲当时是24岁,职业是在三里屯、工体等地的酒吧推销啤酒。玲玲明显比小丽成熟许多,对于冰妹,她也能说出个一二三来。"应该是'冰'催生了冰妹,这其实也挺正常的,像出台什么的,一直都有,但自从'冰'出现以后,更多人成为冰妹,不单纯是为了赚钱,有可能一开始是因为钱沦落成了冰妹,可是最后呢,可能就是因为她喜欢'冰',然后就一直做冰妹。"

玲玲的工作场所就是各种形形色色的酒吧。在夜色的掩护下,她见过各种各样的人、五光十色的事,用她的话说,玩冰的人大多有一定的经济实力,否则根本就买不起。按照市面价格,冰毒一克能卖到八九百块钱,警方打击严厉时,能达到一千多块钱。这一克,多则能玩10多个小时,少则一两个小时。这样算下来,带着十多个朋友一块儿玩一次,怎么也要上千块钱。这样的花费,一般收入的人承受不起。

"其实最开始的时候也挺排斥'冰'的,因为都知道它是毒品,是违法的。"玲玲告诉记者,但不少人告诉她,冰毒不会像海洛因那样让人上瘾,是可以放心安全使用的。

等玲玲发现事实并不是这样时,她已经陷入其中难以自拔了。因为随着吸毒次数的增加,要吸食更多的冰毒才能达到一定的效果,冰毒同样是会上瘾的。

采访到最后,玲玲神秘地告诉记者,这次被抓纯粹是她点儿背。因为,随着警方打击力度的加强,已经很少有人在娱乐场所聚众吸食冰毒了,越来越多的人把吸毒场所搬到了宾馆、公寓、豪宅里。这就是一些明星都是在家里被警方查获的原因。

4. 请记住电影《门徒》里的台词

我是在制作机房里看到对小丽和玲玲采访的,这段采访让我的心里很难受,我不知道她们两个人现在过得怎么样,我只知道她们的人生已经注定充满了苦难。因为科学研究证明,在各种神经性毒品甚至所有毒品中,冰毒能够被称为"毒王",不光是因为它绵延、隐蔽而又强烈的毒性,还在于它能导致超强的心瘾。服用冰毒后,短期内自我感觉意识特别清晰,疲劳消失,精神饱满,信心十足,注意力集中,情绪高昂,话语增多,反应机敏。但药性过后会出现反应迟钝、疲劳乏力、头痛头昏、心悸气急、全身难受、心境恶劣、焦躁激动等症状。

而长期服用冰毒会导致体重减轻,体质明显下降,营养不良,免疫力降低,皮肤破损后难以愈合。除此之外,还可能出现多种脏器感染和多种传染性疾病,如肝炎、细菌性心内膜炎、败血病和艾滋病。冰毒还会使人出现幻觉妄想和极度恐慌,因吸食冰毒自杀或杀人的案件屡屡发生。

这并不是危言耸听,这是我们《法治进行时》报道过的一个又一个真实的案例。

所以,我要不厌其烦地提醒年轻的女孩子们:一定要提高警惕,不要轻易接受陌生人的聚会邀请,在歌厅和舞厅不要接受陌生人提供的食品、香烟和饮料,更要控制自己的好奇心和寻求刺激的心理,千万不要因为好奇去尝试第一次,要知道人生是你自己的,毁了,没有人能代替你痛。

对于那些已经沦为冰妹的女孩子们,我想讲述电影《门徒》里的一段情节:一条狗被车碾过,奄奄一息地躺在地上抽搐。路人走过来,又走过去,狗就躺在地上,无助地等着咽气。吴彦祖饰演的警察走过去,眼神里闪烁着温情的光芒,他轻轻地蹲下去,察看着狗,拨打了求助电话。张静初饰演的吸毒女看见了,走过来问:"能救一条狗,为什么不能救我这个人?"吴彦祖说:"狗没得选择,但你是人,你有选择。"

沉睡野鸭湖的女人

你知道北京延庆县的野鸭湖吗？那里滩涂纵横、草木茂盛，每年大约有200多种候鸟在此栖息繁衍，被誉为"水草丰美的鸟类天堂"。

一个阳光明媚的冬日周末，我和朋友一起来到了野鸭湖。穿过一片片芦苇荡，我们的眼前豁然开朗，天地间仿佛铺开了一幅画卷，气势恢弘、广袤无垠。而在辽阔的冰面上，几只野鸭时而引吭高歌，时而振翅欲飞；更远处，一群大雁列队飞过，在天际划出了一条优美的弧线。

朋友们都在忙着照相，只有我站在一边发呆，他们都有些诧异，就问："徐滔，你怎么啦？"我说："你们知道吗，几年前，这片湖面上曾发生过一件谜案，到现在也没人能够破解真相。"他们吓了一跳，说："不会吧，这么美的地方也会出事？"我说："你们记得大侦探波洛曾经说过一句话吗——阳光下也有罪恶。"

那是2004年的初夏，北京的5月还留有几丝春天的缱绻，空气中飘飞着杨絮，一切都显得那么慵懒和安静。

北京市公安局刑侦总队大案支队，这天轮到五队值班。快到中午时分，值班室内响起一阵急促的电话铃声。电话是延庆县公安局刑侦大队打来的，说在官厅水库南侧的耿营湾河汊打捞出一辆夏利车，车里有一具无头女尸，请求刑侦总队协助侦破。

两个小时后，副队长刘增旭就带领侦查员赶到了现场。

出水未久的夏利车，车顶有一块凹陷，披满淤泥，静静地趴在河滩上。夏利车是红色的，左侧的前窗开着，车牌还完好地挂在车上，车牌号的每一个字都是清晰的。

离车不远，在松软的、小草青青的湿地上，平放着一个鼓鼓囊囊的白色尸袋——那具无头女尸已经被从车里抬出，装进了尸袋。

县局刑侦大队技术队的人员已经完成了对夏利车和尸体的拍照、勘察、证物提取和绘图。夏利车出水的时候，女尸侧坐在车后座上，一条腿压着另一条腿，一只胳膊搭在车座靠背上，手腕上还戴着手表。在打开她身上穿的毛衣毛裤时，刑警看到因为河水的销蚀和鱼虫的啄食，皮肉差不多没了，只剩下一副白骨，车厢里还散落着许多骨节。这幕场景让看到的人都感觉到脊背一阵阵发冷。

一件红色的羽绒服，静静地躺在车厢里。在车内散发的灰色死亡气息中，它显得那么地扎眼。车内发现的物品分别是：一瓶没打开的1250毫升的可乐，一个军用望远镜，一张有效期为1999—2000年度的汽油票，一个塑料袋里装着叠得很整齐的儿童衣物。另外，侦查员还找到了一个驾驶证。打开驾驶证，照片上是一个年轻的女子，细细的弯眉，大大的杏眼，微翘的双唇，烫着短发。真是一个美丽的女子。驾驶证上有她的名字，虽然被水浸泡得模糊了，却仍然可以辨认出这样三个字：王佳丽。

一个美丽的名字，而面前是一具苍白凄冷的白骨，很难让人相信，一个年轻女子就这样与尘世告别？难道这具白骨就是这个美丽的女子？如果是，她又是在什么时候、为何会沉到这冰凉的水底?

在打捞现场,刘增旭了解到这辆夏利车被发现的经过:

2004年5月24日上午9时许,当地农民李长贵和三个村民分别驾着两只小船去官厅水库耿营湾河汊打鱼。船到湖心,李长贵十分意外地发现水下有一辆四轮朝上的汽车。在经过短暂的惶恐之后,几个人商量把它捞上来卖废铁,发笔意外的小财。于是,这几个人就找了几根大绳,想把车拉出水面,可没能成功。下午,4个人换了两条大船又来捞车,到傍晚,终于把车拖到了靠近岸的地方,这才辨认出这是一辆红色的夏利。李长贵用钩子往车厢里勾的时候,感觉勾到了一个软绵绵的物件,一看是件红色的羽绒服。再一看,发现车后座上有一具尸体。

几个人顿时魂飞魄散,谁也没有再动这辆车,马上向延庆县公安局报案。

县局刑侦大队康庄责任区的侦查员接报后立即赶到现场。在进行了初步的勘察后,天已经变得黑漆漆的了,民警决定第二天上午对这辆夏利车进行打捞。

这是一片极其僻静的水域,周边没有人家,也不通电。在一片漆黑中往回走的时候,侦查员们还一度迷了路。

沉车打捞出来的当天下午,王佳丽的基本信息已经非常清楚了:她是北京某出版公司的职员,出生于1963年,于1999年年底失踪,她的哥哥王佳伟在2000年1月中旬,曾向她户口所在地的派出所报案。

可以确定,这具无头女尸就是王佳丽了。她在这片僻远寒冷的湖水里竟然"沉睡"了这么多年而无人知晓!

想象令人不寒而栗。我仿佛看到王佳丽沉入水底时那惊恐的双眼,和在水中挣扎的双手。湖水在吞没这辆红色夏利车之后,瞬间恢复了平静,湖面上照样飞翔着野鸭,而湖面下,一个鲜活的生命渐渐失去了呼吸。

经过调查,红色的夏利车不是王佳丽的。车主叫张利明,是一家国企的高管。而车在水里泡了这么多年，却没有人报失。

在延庆县公安局刑侦大队召开的案情分析会上，几乎所有人都倾向于认为这是一起谋杀案。刘增旭认为野鸭湖就是命案的第一现场，不像抛尸，因为按照沉车的位置，凶手只有把车开到湖心才能实施这种抛尸行为，这样做本身就冒着极大的生命危险，一般人不会这样做。

侦查员当即开始对耿营湾周边的人家进行走访，但没有人看到夏利车和一个女人曾经在这里出现过。况且，这已经是好几年前的事情了，即使看到过，估计也早就没印象了。不过，当地人倒是提供了这样一个情况：官厅水库每年冬天都结冰，冰上可以走汽车，但水库中间有一道温泉带，当地人叫"涧口"，"涧口"周围的冰很薄，外来的人一般是不知道的，曾经发生过拉鸡蛋的汽车行驶到"涧口"附近，冰破了掉到湖里的事。

5月26日，潜水队员从官厅水库里打捞出了王佳丽的头颅，马上送到法医中心检验。更早的时候，尸身已经送去了。法医得出初步的结论：没有中毒的迹象，没有枪眼，没有刀砍、斧剁、锯锯的痕迹。从颈椎关节和手腕关节看，头颅和手都属于自然脱落。

看起来，大部分工作还是需要在北京城里进行。于是，刑侦总队和延庆县刑侦大队进行分工：延庆县侦查员负责对现场和这辆夏利车做进一步的勘察，并继续走访湖周边的群众；刘增旭则带着总队侦查员回市里，围绕死者的亲属和社会关系展开调查。

1. 一个莫名失踪的女人

"王佳丽和我们单位已经没有任何关系了。她从1999年圣诞节后就没来上班。2000年2月底，我们在报纸上刊登了公告：两个月内她再不来上班，即对其做开除处理，单位对她的一切都不再负任何责任。她在办公室的东西也让她的家属拿了回去。"当刑侦总队的刑警带着证件去王佳丽就职过的公司进行调查时，得到了这样的回答。

"但是她生前毕竟是你们单位的人。请你们把对她熟悉的同事召集一下，我们要向他们了解王佳丽的情况。"刑警说。

刑警和王佳丽生前所在公司的同事进行了许多人次的谈话。4年半过去了，她还是很深地留在同事们的记忆中：

"她长得很漂亮，皮肤白白的，个子不高，很苗条，属于小巧玲珑的那种。"

"她是个外向型的人，爱说爱笑，到哪儿哪就热闹，交际好像挺广的。"

"工作嘛，不是特别兢兢业业，可是也没耽误过事儿，本职工作还是可以完成的。"

"有时候她也很忧郁的，说起一些伤心事儿会哭。"

"她都有什么伤心的事儿？"刑警追问。

"像婚姻啊，孩子啊。她在1997年离了婚，孩子判给了前夫。她房子、钱什么都没要，一个人搬了出来，听说是她的一个朋友帮她租的房。离婚后一直一个人过。"

"她为什么离婚？"

"说不清楚。"说到别人的隐私，同事明显谨慎了。

"离婚后，她有没有再搞对象？或者，有没有关系比较好的异性朋友？"

"她和我们单位的一个男同事关系不错。有人看到过他们一块儿逛公园，一块儿下饭馆。平时在单位食堂，吃饭也常在一起。"

"这个男同事成家了吗？"

"这个男同事比她小，当时还没结婚。"

"还有没有别的人？"

"对了，生活中她还有个要好的女朋友，名字叫房冰，不过经常来单位找她的，不是房冰，反而是房冰的老公，她喊那个人叫张大哥……"

"她朋友的老公叫什么名字？"

"好像是叫张……什么明……"

"张利明！"刑警突然想到了那辆红色夏利车就是张利明的。

"她和她的前夫还有接触吗？"

"有，主要是为孩子。她很爱她的孩子。她还给她的孩子报了一个游泳训练班，都好几年了，每个星期上两次课，都是她把孩子送到游泳学校，训练完再把孩子送回孩子爸爸家。她说过，那个游泳教练很棒，还教出过一个世界游泳冠军。这个游泳教练开车来我们单位接过王佳丽和她孩子。"

"她失踪前一段时间，情绪上有没有异常表现？"

"没有什么异常。"

"她失踪前的那个周末吧，她和我说过，圣诞节和新年要和朋友开车去郊游。"

这个情况引起了刑警们的注意："你记得清楚吗？"

"清楚。我还陪她去超市买的面包、香肠、可乐什么的，她准备去玩的时候吃的。"

"和哪个朋友？到什么地方去玩？她说了吗？"

"没说。"

至少有一点可以肯定了：那辆红色夏利车里，不会只有王佳丽一个人。

在之后的调查里，刑警们找到了一封写给王佳丽的信，语言暧昧。

把通过调查得来的材料一点一滴汇聚到一起，一具残缺的白骨逐渐变成了一个完整的女人，在刘增旭的脑子里立体地活了起来。她娇小、美丽、活泼，

徐涛进行时　　・86・

喜欢一切时尚的东西。她离了婚，但似乎也有相爱的男人。那么，她的死和她的婚姻、情感生活，究竟有没有关联呢?

刘增旭认为应该有关联。

办案人员把和王佳丽生前关系密切的几个男人排列了一下。她的前夫第一个被排除了，因为在王佳丽失踪前，她的前夫正准备再婚，她对前夫没有任何妨碍，前夫不具备谋杀她的动机。单位那个和王佳丽关系密切的男同事，经过调查也很快被排除了——他们只是关系密切而已，并没有更深的交往。给她写信的人，似乎也是逢场作戏。于是，王佳丽最好朋友的老公张利明，成为了重点怀疑对象。

刘增旭决定正面接触张利明，把他传唤到了刑侦总队。

2. 一场不该发生的醉酒

爱上了老婆的好朋友，谈到类似故事时，大家总不免会带上点儿调侃口吻。没有办法，谁让这种暧昧的情感在现实生活里屡见不鲜呢?

张利明是个40岁出头的男人，小白脸，鼻梁上架了一副阿玛尼的宽边眼镜。刘增旭从他努力绷着的脸部表情上，看出了他内心的紧张。

"你开车来的吗?"刘增旭问。

"是。"

"什么车?"

"桑塔纳2000。"

"是你自己的吗?"

"是。"

"你们家有几辆车?"

"就这一辆。"

"你是不是还有过一辆红色夏利？"刘增旭一边问，一边观察着张利明的表情变化。

"那辆车早丢了，停在楼下被偷了。"

"什么时候丢的？"

"大约是6年前吧，怎么了？"张利明往上推了推眼镜，手微微有些颤抖。

刘增旭低头玩着手里的烟，有一会儿没说话，屋里鸦雀无声。突然，刘增旭抬起头，慢悠悠地问了一句："那你为什么不报案？"

张利明张口结舌了。

"你知道吗？王佳丽死了，就死在你的车里。"

张利明顿时惊慌失措了，浑身颤抖起来。他呆呆地坐着，脸一会儿红一会儿白。"我能不能抽支烟？"他问。刘增旭示意他可以抽。张利明点了根烟，狠狠地吸了两口，烟雾袅袅中，陷入了长久的沉默。

刘增旭不着急，他有足够的耐心等待面前的人吐露实情：为什么自己的夏利车丢了这么久却不去报案？为什么媳妇的好朋友会死在自己的车里？他相信这些疑问很快就会找到答案。果然，张利明低着头把烟抽到了过滤嘴，然后丢在地上轻轻地用脚碾灭，叹了口气说："你们是不是怀疑我了？"说这话的时候，他没有抬头。

"你还没回答我刚才的问题呢。"刘增旭的语气变得温和了。经验告诉他，要想成为一名好刑警，首先得是一个出色的心理学家，不仅需要较高的智商，还需要较高的情商。

"那车是王佳丽借走的，借了一年多也没还，我也不敢管她要。"张利明边说边从烟盒里又抽出一支烟，点着，仰头吐了个烟圈，这是他那天上午唯一的一次抬头。烟圈散了，他的头又低了下去："因为我怕她跟我媳妇说。"

"说什么？"

"说我喜欢王佳丽。"

刘增旭并不感到意外，他故意用一种轻松的口吻问："怎么回事儿? 说说吧。"

"6年前的一天傍晚，王佳丽到我们家来找房冰，正巧房冰出差了。我一看表，都6点了，就留她吃饭。我正好炖了只鸡，我们一起下厨又炒了三盘菜，拌了个皮蛋豆腐。那天晚上，我们俩边吃边喝边聊。我们家正好有一瓶前些日子别人送的五粮液，我又买来五瓶啤酒，我俩全喝光了。她那时已经离了婚，心情不太好，不停地跟我说当初他们两口子那些事儿，情绪还特激动。其实我一直喜欢王佳丽，非常喜欢，但她是我老婆的好朋友。那天看到王佳丽很伤心，我又喝了不少酒，就把这事儿说了出来，而且说了很长时间。王佳丽一直没有说话，突然她站起身来走向门口，当时我就想如果她告诉我老婆就完了，但王佳丽到门口说的是这样一句话：'张大哥，你把那车借我开些日子吧。'我其实不想借给她，但我想万一她把这事儿捅到我媳妇那儿，我就完蛋了。这么着，我就把车钥匙给她了。她把车开走之后一直没还我，我也管她要过，她说到时候会还给我媳妇。我一听就明白什么意思。后来我媳妇问我那辆夏利哪儿去了，我说借给一哥们开到外地，出了事故，被当地交警给扣了，后来车的事就不了了之了。你们捞出来的那辆车确实是我的，但王佳丽的死跟我真没关系，不信你们去调查，她失踪的那年冬天，我被我们公司派到南京去筹备一个项目，领导和同事都能作证。"

当然不能就信他的。刘增旭马上派人到张利明的单位调查，他的领导和同事都证实，从1999年11月他就在南京出差，第二年春天才回来。

放走了张利明，刘增旭有些失落——破案的线索又断了。

该把王佳丽的死讯通知她的家属了。

"我妹妹是不是出事儿了?"

两位刑警来到王佳丽哥哥王佳伟的家，刚一提"王佳丽"三个字，王佳伟就猜出来了。

得知妹妹不在了，王佳伟失声痛哭。

"2000年元旦，佳丽没回家过节，我们给她打了几次传呼她都没回。元旦后，佳丽单位打电话到家里，说佳丽已经11天没上班，我们才去报案，到处去找，后来又在报纸上登了寻人启事，都没结果。"王佳伟回忆道。

"警察同志，我们家怀疑一个人和我妹的死有关系。"

"谁？"

"佳丽孩子的游泳教练，叫张旭。"

游泳教练？！王佳丽生前的同事提到过，民警又问："有什么根据？"

"我妹妹就是为他才离婚的，离婚后住的房子也是他给找的，可他一直没离婚。我妹妹失踪后，我两次去找他，他都说很久没见到我妹妹了。可他的表现太做作了，就像演戏，让人没法不怀疑他。"

"当时你把你的怀疑告诉警方了吗？"

"告诉了。可没有任何线索，警方也没法查。"

刑警们又"杀"到了张旭任职的游泳学校。

学校提供的张旭的情况是：时年55岁，年轻时曾是游泳运动员，在全国比赛中拿过名次。他的游泳水平很高，教学水平也很高，学员和家长都很"认"他。他会开车，有一辆"小面"和一辆摩托车。几年前，他确实和一个儿童学员的母亲关系不同寻常。

3. 一份令人嗟叹的情感

事情至此，已是颇有了一波三折的味道，侦查员感觉到，正在逐渐接触到案件真相。

如果这个张旭当时没有离婚，他完全可能有作案动机。现实生活中有过许多这样的案例：出于种种原因，为了摆脱困扰而把情人杀掉。

　　刘增旭和侦查员们反复研究了对张旭的讯问方案，决定使用心理测试的手段。

　　对嫌疑人进行心理测试的一般程序是：先问话，发现疑点，再进行心理测试。但这个案子已经过去了近5年时间，再按常规的心理测试程序很难奏效，于是，对这个案子，刘增旭决定倒过来，先对张旭进行心理测试。

　　在约定的6月11日上午，张旭没有到刑侦总队来。下午，刘增旭正在考虑要不要进行强制传唤时，张旭骑着一辆摩托车风风火火地到了。这是一个高大魁梧的汉子，露在短袖T恤下的两条粗壮手臂显示着强健的肌肉，但张旭显得有些苍老，染过的头发根部，露着白色的发根；剃过的胡须根儿也是白的。他微笑着和刘增旭点头招呼，从容，自然。

　　刘增旭开门见山："你认识王佳丽吗？"

　　"认识。"

　　"我今天为王佳丽走失的事找你来了解情况。"

　　张旭张口要说什么，被刘增旭阻止了："你先等一等。你知道的事我也知道，事实是怎样的，是改变不了的。我希望你不要急于回答我的问题，把事情整个过程想清楚咱们再谈。提醒你一句：你今天在这里所说的话，将要对法律负责。"

　　"我明白。"没有半点儿慌乱。

　　"我们想对你进行一次心理测试。你同意吗？"

　　"我同意。"没有半点儿犹豫。

　　对张旭的心理测试一共进行了两个多小时。从测试室出来，张旭的两眼变得一片茫然。

　　让人把张旭从心理测试室带回办公室后，刘增旭和工程师一道在测试室对张旭的心理波线进行分析。在几个关键点上，比如1999年、圣诞节、新年、和王佳丽的关系等，有明显的异常反应。

根据测试的结果，差不多可以肯定，张旭就是和失踪前的王佳丽一起去郊区游玩的"朋友"。

刘增旭回到办公室，点燃一支烟，缓缓抽了一口，对张旭说："现在是我们正面谈话的时间。我问你，你和王佳丽什么时候认识的？"

"1995年。"他的回答仍很从容。

"你们是什么关系？"

"她的孩子在我们学校练游泳，她是我学生的家长。"

"还有别的关系吗？"

"没有。"

"你们经常见面吗？"

"孩子来训练时见面。"

"平时有电话联系吗？"

张旭的嘴有些打磕巴了："……有……"

"孩子不来训练时见过面吗？"

"也……也……见过。"

"见面干什么？"

张旭开始逃避刘增旭的眼睛。刘增旭不容他逃避："想好了再回答，别回避！"

"我不回避。"

"那好，你们到底是什么关系？"

"好朋友关系。"

好了，这个游泳教练的口风终于开始有一点儿松动了。

"好到什么程度？"刘增旭继续朝既定目标前进。

"就是不错。"这个游泳教练想糊弄过去。

刘增旭的脸上现出嘲讽："仅仅是不错，你就上单位去找人家？你就给人家租房住？你就带人家去玩？"

刘增旭单刀直入了："你是男人，我也是男人，你告诉我，你们俩到底是什么关系？"

张旭的脸变红了，他嗫嚅着，承认了。

"我和佳丽发生过关系。"

男女私情，是人最难启齿的事情。把这样的事情说出来了，其他的也就好谈了。张旭似乎变得有一些轻松，他对王佳丽的称呼，也不知不觉变成了"丽丽"。

"我们俩确实是真心相爱。"

"那你对你的妻子呢？"

"我们都是男人，男人不可能一辈子只爱一个女人。"

"可你对王佳丽负责了吗？"

"我是个重感情的人，我对丽丽承诺过，我会对她负责。"

负责任，是世界上最庄严也是分量最重的承诺之一，不是轻易就可以说的。可在现实社会里，有多少人说出了这句话，却并没有实行或根本就没打算实行呢？！

"你离婚了没有？"刘增旭突然换了一个话题。

张旭犹豫了一下，回答："离了。"

"什么时候离的？"

"1999年3月。"

"可你是和王佳丽好了三年多后才离的婚，而且你和前妻一直生活在一起。直到昨天，我给你打电话，还是你前妻接的。"刘增旭站了起来，"你标榜你是个重感情、负责任的人，你就是这样重感情、负责任的吗？"

张旭的脸变得苍白，手微微抖了起来。

刘增旭变严肃了："你可以一辈子爱两个女人，也可以爱三个女人，可你负得了这个责任吗？张旭，还有一件事你必须负责任。我今天找你来也是为这件事。你很清楚是什么事。我看你对这件事敢不敢负责任？你是不是一个真正的男人？我的话说完了，你考虑考虑吧。"

张旭沉默了10分钟，然后对刘增旭说："给我一张纸、一支笔，我写行吗？"

刘增旭给了他纸和笔。张旭在纸上一个字一个字地写道："那是一个阴沉的冬日，天很冷，我们开车来到官厅水库一个河边游玩。枯黄的芦苇在寒风里摇荡，天边，远山隐隐约约，对岸半岛上，野鸭成群地飞起来……"

刘增旭把他的笔按住了："让你写，不是让你来抒情的。我是刑警，对你的浪漫史不感兴趣。我搞的是案件，我只要你回答两个问题。第一个：王佳丽现在哪里你知道吗？"

张旭不说话。

"你不知道我知道，让我告诉你就没有意思了。"刘增旭敲了他一句。

张旭费力地吐出几个字："在水库里。"

"活着还是死了？"

"不……不知道……"他又想逃避了。

刘增旭说："这句话就没意思了。"

"死了。"他终于艰难地吐出来这两个字。

刘增旭把纸笔重新递给他："那你就接着写吧。"

张旭不写了。他供述了四年半前在野鸭湖发生的一切。

4. 一段不堪回首的记忆

"1999年12月26日早上，王佳丽开着夏利车找我一块儿去官厅水库看野鸭子。我们顺着高速路一直开到康庄的野鸭湖度假村，接着又把车开到了水边。当时前头有一个坡头挡着，看野鸭不清楚，我们就开车上了冰面。上冰前，我下车看了冰层的厚度，大约有30公分厚。我们又看到岸边有车轱辘印，一直延伸到冰面。为了保险，我还在冰面上往前走了七八十米……"

"谁提议上冰的？"刘增旭问。

"我提议的。"

"谁开车？"

"我开车。"

"王佳丽坐在哪儿？"

"副驾驶位置上。"

"接着说。"

"她一直在看野鸭，我也不时看天空。行驶了大约600米，车下突然发出嘭嘭的声音，车一下不动了。我看到夏利车的左转向灯突然靠到冰面上。我当时一愣，发现车头开始往下沉。我对王佳丽说：'丽丽快开车门！'她开了几下，说：'旭哥，开不开！'我听到冰撞车门的声音。我说：'赶快把车窗摇下来！'她把手握在车窗摇把上，没动，还在躲脚下的水。我想在车沉没前让她从车窗爬出去。这时水已经没到了前挡风玻璃，我就转身摇下了车的左后窗。我右手抱椅子靠背，左手抱王佳丽的腰，往左后窗处推她，说：'丽丽快憋一口气！'那天她穿的是大红色羽绒服，我看到眼前红光一闪，手就空了。我以为她已经出去了。这时车就下沉了，我被水浮起来，周围一片漆黑。车子下沉了一段，两次剧烈的震动后就不动了，我知道车子沉到底了。我的两个耳朵被水压得剧痛，我感到水很深，因为平时我潜水潜到5米深时，耳朵都不会疼。我前面是座椅，后面也是座椅，我抓住座椅，左手摸到左车窗玻璃口和车门框，就顺着开窗处探出头，游了出去。在水底我蹬了一下，划了七八下手，在有光感的时候，用左手摸到了冰面。我的右手扒了一下冰，才探出头来。在水里我呛了一口水，吐出了两口血沫。我回头看，水面上没有王佳丽的身影，我扒着冰窟窿边绕了一圈，也没找到她。我当时心里一沉，非常恐惧，她要上不来，肯定会被淹死。我急促地喘气和咳嗽，试着往下潜，可我连憋10秒钟的能力都没有了。我在冰水里泡了大约十多分钟，费了好大劲才爬上冰面，又在冰面上躺了大约20来分钟。我当时已经很虚弱了，天很冷，我不停地打颤，希望能有人帮我，可周围一个人也没有。我站不起来，就向来的方向爬，一直爬到岸边才站起来，一步一步蹭着走，走了大约3个多小时，看到一户人家，就推门进去求救。我没敢说实话，也没敢说还有一个人在水下，只说是来钓鱼，不小心掉进冰窟窿里了。这户人家说，这里常有人掉进冰窟窿，让我赶快去县城洗个澡，不然皮就会掉下来。我请他们把我送到洗澡的地方，我愿意出50块钱。之后，他们中的一个人就把我送到了延庆一个服务楼。洗完澡，又休息了些时候，我就坐公交车回北京城里的家了……"

"你为什么不报案？"

"我想到过报案，可我被一种难言的恐惧左右着。出事之后我一直在想：我是个游泳教练，我没有救出丽丽，别人会怎么想我？还有我俩的关系……洗完澡后我想去延庆县公安局报案，当地人告诉我公安局下班了。第二天，我在西城公安分局门口徘徊了很久，还是没敢进去。我不敢报案，我承担不起，我对不起丽丽……"张旭哭了。

做完笔录，已是6月12日的凌晨3点，十多个小时过去了。

当夜，刘增旭把张旭押送到延庆公安局，依法办理了刑事拘留。

应该说，这起野鸭湖沉尸案算是破了。可案情深处，依然笼罩着重重迷雾。

5. 一个难以定性的案件

有句格言是这么说的："真相只有一个。"然而，通往真相的路途，却有很多条。张旭的供词是和真相最为贴近的吗？为了真正触摸到"真相"冰冷但却现实的质感，办案人员还是本能地选择了"不相信"。

2006年2月，这起案件在延庆县法院第一次公开审理时，张旭在案件发生后长达4年半的时间里隐瞒不报成了最大疑点，也是媒体和大众关注的焦点。有人说，编造一句谎言，需要用十句谎言来掩盖，而张旭在事发后谎称自己不知情，让一件也许简单的事情变得扑朔迷离。受害人家属指出，如果张旭是清白的，他就应该报警，让警方确定是意外事故，这样更能还张旭一个公道，但是现在整个事件疑点重重，绝不是张旭一句害怕就能解释清楚的。

附带民事诉讼原告人——王佳丽的亲属和他们聘请的律师，对案件提出了诸多疑问：

为什么张旭在法庭的口供和在公安局的原始口供不完全一样？比如，将原来约好改为临时提议去野鸭湖，将自己提出开车上冰面改为是王佳丽提出来的。

为什么张旭供述出事的时间在中午12点多，而王佳丽手上的手表却停在10点17分？车到底是什么时间落水的？这个时间差会不会另有隐情？

为什么张旭描述汽车破冰下沉过程的时候，根本没有流露出通常人回忆危险事件时的惊慌？

为什么在逃生的过程中，王佳丽没有半点儿反应？连随手可及的右车前窗都没有半点儿摇动的痕迹？还有供述王佳丽当时是坐在副驾驶座上，而遗体被打捞上来时，为什么是坐在后座上？

为什么自称筋疲力尽再没有力气救王佳丽的张旭，可以步行10公里的路程寻求帮助？

律师的语言都是有策略的。而律师最想说的话谁都听得出来，就是王佳丽死得蹊跷!

王佳丽的父母和兄姐则直截了当地说他们的女儿、妹妹,是被张旭谋杀而死。张旭隐瞒不报,掩盖的是谋杀案!

不错,公安机关在车和尸体刚从湖里捞出来时,也曾经倾向于认为这是一起谋杀案。但随着对案件调查的深入,谋杀案的嫌疑逐渐被排除。

后来,延庆县公安局刑侦大队终于找到了张旭从冰湖逃生后求救的那户人家。那户人家的女主人证实了数年前确实有这样一回事儿。女主人甚至记得,当她把浑身结冰的那个男人送到县城的浴池后,那个男人拿出来的50元酬金也是湿的。在县刑侦大队安排暗中指认时,她认出的那个男人正是张旭。

县刑侦大队也让张旭在被打捞出来的夏利车里,做了从开启的左前窗钻出的逃生模拟。虽然他的个子和块头那么大,可确实能够从那个车窗里钻出来。

针对张旭说王佳丽当时是坐在副驾驶座上而被打捞上来后却坐在后座上的疑问,县检察院要求公安机关再做一次沉车模拟,但就在这个时候,还是在这片水域,又发生了一起类似的沉车事件。那是一对父子,开车上冰面钓鱼,冰裂开了,车沉入水中。儿子从车里逃生后,三次潜入水中救自己的父亲,但父亲还是不幸死亡了。他的父亲被打捞上来时,也是坐到了汽车的后座上。原因很简单:汽车的发动机在车头,车头是整辆车最重的部位。当车头朝下竖起来的时候,坐在前座的人就会随着灌进车里的水,漂浮到车的后部去。

另外,刘增旭坚持认为:没有人会用这种极可能和被害人同归于尽的手段杀人。

为了给这个案件准确定性,市局刑侦总队、延庆县刑侦大队、延庆县检察院和市法制办、市公安局法制办,先后进行了两次研讨。研讨会上有3种意见,第一种意见认为张旭构成故意杀人罪,因为张旭在王佳丽落水后,既不施救也不报警,致使王佳丽的尸体在4年半后才被发现,但因为没有证人、证据表明张旭有杀害王佳丽的动机，按照刑法上"疑罪从无"的原则，这个意见很难被认同。

第二种意见认为王佳丽的死亡属于意外事故，不能认定张旭有罪并处以刑罚。但是，这起意外事故是因为张旭把车开上冰面造成的，张旭是有过错的。

第三种意见是张旭构成过失致人死亡罪，因为作为一名成年人，张旭把车开上冰面，事先应意识到这种行为的潜在风险。根据我国刑法的规定，过失致人死亡是指行为人主观不存在杀人的意愿，但事实上造成了被害人死亡的结果。这种意见最符合这起案件的实际情况。

延庆县检察院决定以过失致人死亡罪对张旭提起公诉。

2006年1月，此案由县检察院起诉到县法院。法院审理期间，对于那些激烈争论的事实和法律问题，县法院合议庭、县法院审判委员又进行了多次讨论。

6. 一个无从解析的谜题

当法官们对这个案件的性质和量刑进行细致讨论的时候，我脑海里一直回想着王佳丽留在驾驶证上的照片。

我们都照过证件照。拍照的时候，会被要求正面面对相机，有时还被要求露出耳朵。在拍这种照片时，摄影师通常不会像拍别的照片一样，对被拍摄者说"笑一笑"，可王佳丽还是露出了妩媚的笑容。

她真的是一个美丽的女人。照片上的她怎么看也不像有一个已经读小学的孩子的母亲，倒像是一位花蕾初放的少女。谁都想让自己的生活过得幸福浪漫，我能理解，但是她为此付出的代价却太过沉重。

从王佳丽亲友和同事的描述中，我知道了她身材娇小，张旭高大魁梧；她活泼热情，张旭沉稳内敛；她是个藏不住心事的人，张旭却有着超人的定力。张旭比她大近15岁，没有多少钱，似乎也不是容易被女孩倾慕的那种人，可他们认识不到半年，就从学生家长和学生教练变成了情人关系。

几年来，他们在节假日几乎一同玩遍了北京周边的山山水水。起先，他们开着张旭的小面，后来，就开着她从张利明那里借来的夏利。这种得不到法律保护的关系，让他们欢愉，也一定让他们提心吊胆、不得安宁。

我望着王佳丽的照片，不禁想问：她真的爱张旭吗？真的下了决心把自己的后半生交付给这个男人吗？如果是，她到底爱他什么？

有人说她是为了孩子。张旭是一位世界游泳冠军的启蒙教练，她是不是希望自己的孩子能得到这个游泳教练格外精心的指导呢？王佳丽太爱自己的孩子了，那辆被打捞出来的夏利车里，有一件叠得整整齐齐的孩子衣服，浸透了她的母爱。

张旭也教会了她游泳。在游泳池里，她可以游1000多米，但她的游泳姿势不对，用专业眼光来看，她属于在游泳上没有天分的那种人。是不是因为这个原因，使她在落水后无法自救？

也许，她爱的是张旭强健的体魄和性格中的沉稳。在这个男子宽大的怀抱和粗壮的臂膀里，她找到了一种可以依靠的感觉，一种安全感。在这个男子的呵护中，她得到了以往没有得到过的体贴。

她和丈夫离婚的时候，她的家人并不赞成，但她还是离开了那个生活了10年的家。但张旭没有离婚。她要用什么样的容忍和耐心，等待这个男人从另一个女人身边走出来，实现对自己的承诺？

终于，在她离婚一年半以后，张旭也离了婚，像她一样，也把住房、孩子和其他财产留给了前妻。和她不一样的是，张旭仍然和他的前妻住在一起。如果她不能接受这种状况，并为此和张旭发生争吵，我理解。这种状况对于一个为感情付出巨大代价的女人来说,确实是不公平的。如果她不得已接受了这种状况,我也能理解,因为他们俩都没有足够的财力为他们的结合买一套房子。虽然那是在1999年,房价只是现在的四分之一甚至五分之一。

但我想,对于和张旭的关系,她一定有过矛盾和彷徨,有过失望和苦恼。她生前的好友说,她在失踪前很长一段时间里,心情一直不好。张旭交代过,她说过想出家。她想逃避什么?

我没有找到答案。关于这个美丽女子的所有疑问,都和她的死因一样,永远沉没在了野鸭湖冰冷的湖水里。

7. 一个发人深省的感悟

2006年6月,延庆县法院以过失致人死亡罪,判处张旭有期徒刑3年,缓刑3年,并赔偿死者家属经济损失共计25万余元。

法院还对张旭在事故发生后未予施救也未报案,致使王佳丽亲属多年来受到精神上的煎熬,从道义上予以谴责。让我印象深刻的是,法院判决王佳丽承担40%的民事责任,依据是:"王佳丽系完全民事责任行为能力人,对危险的存在应当预见,但其仍与张旭一同穿越冰面,溺死于车中,亦应负一定民事责任……"

如果人死后有知,王佳丽肯定会为自己穿越冰面的行为后悔,但她会不会也为人生中的这一段情愫后悔?

我久久记得这一幕:在延庆县法院,王佳丽的哥哥把她的骨灰和遗物,包括从水里打捞出来的手表、墨镜和一节手指骨摆放在地上,她年迈的父亲老泪纵横,痛哭失声。

因为有罪判决,张旭被单位开除了公职和党籍。

在法院宣判后，张旭曾经多次找刘增旭聊天，诉说自己对王佳丽的爱和愧疚。他依然叫她"丽丽"；他讲丽丽的美丽、温柔、善解人意、他们在一起时的欢乐；他说在不幸发生后，他每年都要去他们曾经一同游玩过的地方，他觉得丽丽在那里等着他；还有，他每年都去野鸭湖祭奠丽丽。每次讲到这些，他都痛哭流涕。"几年了，我白天是人，晚上是鬼。同事都问你头发怎么白得这么快？他们哪里知道我心上压着一块大石头啊！这些年来，我知道早晚有一天我会被查出来的，可我仍要说：我是真爱丽丽的，我想照顾她，和她一起生活。"

　　我不知道张旭对王佳丽的爱是不是真的，但在这个案子里，让我记忆最深的，是刘增旭在审问张旭时说过的一句话："你可以一辈子爱两个女人，也可以爱三个女人，可你负得了这个责任吗？"

　　每一个生命都是珍贵的，所以，她（他）的消失都应该遵循生老病死的自然状态，而不能如同戛然而止的音符。然而，世界上这种悲凉的事情，的确太多太多……

一切死亡都有冗长的回声

如果不是在2008这一年，《法治进行时》栏目组要做特别节目"尘封档案"，我或许就没有机会对北京市公安局法医鉴定中心的著名法医专家任嘉诚进行这么深入的采访。

1949年出生的他被人尊称为"任教授"，他现在担任着公安大学、西安交大等多所大学的法医学客座教授和硕士、博士研究生导师，也是北京人民警察学院的教授，还是北京市公安局法医鉴定中心的创建人之一。30年来，任嘉诚主持或参与了数千件各类法医鉴定，没有出现过一例结论性错误，是中国法医界的泰斗级人物。

听明了我的来意，这位腰已经微弯的法医专家慢慢走到自己的办公桌前，从烟盒里拿出一支香烟，叼在唇齿间却没有点燃。他仰首凝神，依然犀利的目光穿越过时间的隧道，回望到了24年前他主持的一桩无尸鉴定案。

1984年7月，在北京市公安局文保处的审讯室里，一名刚刚被抓获的犯罪团伙成员孙某向警方提供了一条破案线索。他说他有一位朋友叫陈连喜，一次在酒桌上说，如果谁惹了他，他就会像毒死自己女朋友那样毒死他，还不会留下任何痕迹，就连公安局也查不出来。

"他害死了他的女朋友？你有什么根据？"预审员严肃地问。

"根据？噢，陈连喜说那女人老死缠着他不放，甩不掉，只好把她给毒死了。你们查一查吧，你们查实了，我就立功了。"

孙某的眼睛里流露出急切的光，很显然，他想立功，好减轻对自己的处罚。顺着这条线索，侦查员立刻展开工作。

经初步调查，这个叫陈连喜的人，时年32岁，某工厂主管业务的副厂长，于1983年10月结婚。他的前女友叫刘梅，生前在一个小学任数学教师，1984年1月底，刘梅突然暴病身亡，死时30岁。

了解到这一情况后，警方决定向刘梅的家人调查情况。

1. 是春药还是毒药？

在刘梅母亲的心里，尽管女儿死了，但她好像还一直还活在母亲的心里。

女儿不算漂亮，可心善，热心，喜欢帮助人，从小就有好人缘。和同时代人比，女儿算是幸运者。虽然女儿也在"文革"中到北京郊区的农场插队了几年，但后来还是调回城里当上了小学老师。女儿唯一不顺的是个人问题一直没有解决，谈过几次恋爱都没成功，晚婚年龄过了还没有对象。

1981年，女儿认识了陈连喜。陈连喜是个干部子弟，能说会道，社会关系广，能力强，女儿对他很喜欢。在交往的几年中，他们的恋爱也发生过几番波折，但都被化解了。后来女儿告诉家里，他们准备在1984年6月举办婚礼。没想到就在距这个日子还有不到半年的时候，女儿突然去世了。是上天对女儿不公，还是有人对女儿不公？

刘梅的母亲流着眼泪，对前来调查的侦查员回忆起女儿发病那天的情况：1984年1月27日，女儿和陈连喜在一个叫于卫国的朋友家吃完午饭，回家后突然说肚子不舒服，接着开始上吐下泻，家人马上将女儿送往离家不远的医院。医院的肠道门诊医生诊断是急性肠胃炎，开了消炎药后，让女儿回家休息。可服了药的女儿病情没有任何好转，直到第二天早上，还是剧烈地上吐下泻。家人又把她送到了北京某著名医院，被诊断为中毒性细菌性痢疾，当时就收进了病房。之后女儿的病情不断加重，任何药物都无法缓解，在住院的第四天死亡。十天后尸体被火化。

　　通过调查，民警感觉这起案件的确蹊跷。事不宜迟，1984年7月29日，警方依法传唤了陈连喜。

　　陈连喜没有半点儿惊慌。一开始接受讯问，他就痛快地承认了自己与刘梅是朋友，发生过性关系，但自己从来没有答应过要和她结婚。1984年1月27日，他和刘梅约好一起到朋友于卫国家吃饭，刘梅买了一些熟红肠带到了于卫国家。他和于卫国尝了尝那红肠，觉得不新鲜，没有吃。刘梅却舍不得扔掉，一个人全吃了下去。吃饭时，他确实让于卫国往刘梅的饮料里偷偷放了些东西，但不是毒药，而是一种催情剂，虽说这种春药也会有一定的副作用，但绝不会致人死亡。刘梅死亡的原因是她吃了那变质的红肠，结果染上了急性中毒性菌痢。至于自己曾说过"毒死自己女朋友"一事，纯属酒后瞎吹，胡言乱语。

　　初次讯问，陈连喜并没有露出什么破绽。

　　而同时，在市局预审处的办公室里，刘梅的姐姐刘红面对预审员老张，已哭得像泪人儿一样："我妹弥留的时候说胡话，说'为什么别人搞对象容易，我就这么难……'，还提到了陈连喜、于卫国，只是含含糊糊的，家里人都没能听清楚她说的到底是什么。这期间我多次打电话到陈连喜家，让他妈转告陈连喜，说刘梅病危，让陈连喜无论如何也要来医院看看她。可直到我妹去世，陈连喜也没露面。我妹一死，我就怀疑是这小子干的。他说要跟我妹妹结婚，后来我们才知道，实际上他早就结婚了……民警同志，你们一定得为我妹妹报仇，她死得实在是冤枉啊！"

"既然当时你已经怀疑了，为什么不再等等，就急着把尸体火化呢？"老张冷峻地问，职业把老张训练成了一个绝不会被感情左右理智的人。

刘红擦了擦还在往外涌的泪水说："当时快春节了，都忙着放假，哪儿都没人。再有，我也不知道要求解剖尸体该找哪个部门，医院这边又催得紧，光停尸费一天就要不少，没办法，只能先火化了……"上世纪80年代，普通老百姓用法律维护自己合法权益的意识，远没有今天这么强。

送走了刘红，老张反复思索着刚才的谈话，刘红讲的一个情节老张印象太深了：刘梅死前的那天上午，高烧40多度，晚上右臂开始肿胀，肌肉僵硬，口腔溃疡，嘴角还出血了。尽管自己不是学医的，但老张也隐约感觉这不是细菌性痢疾的典型症状。而且，陈连喜为什么不肯去看病危的刘梅？他到底害怕什么？从刘梅母亲和姐姐的讲述来判断，刘家和刘梅本人都是把陈连喜作为刘梅的未婚夫看待的，还定下了婚嫁日期，而陈连喜却瞒着他们和别人结了婚……直觉告诉老张，陈连喜确实有问题。

可尸体早已火化，没有了解剖和检验的可能，怎样才能查出刘梅真正的死因？老张想，要先去刘梅所住的医院了解情况。

转眼到了9月，随着初秋的到来，北京已不再像前些日子那样酷暑难耐。走出这家医院大门，老张深深地呼出一口气：不愧是京城有名的大医院，虽说事情过去了大半年，关于刘梅的病情，医院的病历记录却只页未少，且详细得有些令人吃惊。老张又仔细看了看手中自己抄录的那份诊断书——"急性中毒性菌痢"，和陈连喜说的只字不差。这纸诊断书就是陈连喜无罪的证据。老张忽然有种预感，这个案子将是自己十几年公安预审工作中所遇到的最棘手的一个。

"这个老张是主办这件案子的预审员，很有能力。比我大几岁……"说到这儿，任嘉诚忽然想起了什么，拿下嘴中的香烟，向我示意一下："噢，你抽烟吗？"我赶忙摆摆手。哪儿有这样让烟的呢，自己叼了半天再给别人？早就听说很多资深专家在思考的时候，会有某些异于常人的习惯，这位老法医专家也是如此吧。任嘉诚也不再相让，丢下手中的香烟，从烟盒里又拿出了一支新的叼在嘴里："要说这个案子，老张他们可没少下力气……"

2. 难以攻克的对手

老张当时并不老。在市局预审处，老张一直以善打"攻坚战"而闻名，同事们不计年岁，在称呼他的时候，都喜欢在他的姓氏前面加上个"老"字，也许这就是对这位"战神"的尊敬。领导们更是深知老张的能力，所以只要遇到有些难度的案子，都会指派到老张的头上。然而，老张第一次审讯陈连喜，进展并不顺利。

"陈连喜，希望你能实事求是地交代问题。这不光是我们，也是你父母对你的期望，你父母再三委托我们……"

"别说没用的，我没兴趣跟你们拉家常！"陈连喜的态度极其强硬，"关于刘梅的事儿，我没什么所谓的问题可交代。你们喜欢猜测、喜欢推理、喜欢做福尔摩斯，那是你们的事儿，别想把莫须有的罪名强加在我陈连喜的头上！"陈连喜缓了口气，"再说，我为什么要加害刘梅？我和刘梅平时关系不错，我实在找不出害她的理由，要不然，你们帮我杜撰一个？"

老张并不理会陈连喜的挑衅："陈连喜，你谋害刘梅的事儿，我们已经掌握事实，如果你拒不交代，将会受到从重处罚！"

"从重？呵呵！刘梅死了，尸体也火化了，我倒是很有兴趣想知道你们用什么办法定我的罪，怎么个从重处罚法儿？横是不能屈打成招吧？"

"既然你这么冥顽不化，我想我有必要给你讲一下我们的政策……"

没等老张说完，陈连喜就打断了老张的话："等你们找到了确凿的证据，再给我讲政策吧！"

老张知道，再这样问下去没有多大意义了，但还是说了一句："我相信，除非不伸手，伸手必被捉！"

"你信什么我不管，我只信一件事儿：你们什么都化验不出来！"

从审讯室出来，老张反复叨念着陈连喜最后那句话——"什么都化验不出来"，这是什么意思呢？此地无银三百两？他必定是做过什么，自己的直觉没有错。但是要攻克这个骄横的、心理素质极好的对手，看起来需要另外找到突破口。

3. 一片深爱变成满腔仇恨

于卫国坐在审讯室里，两手有些颤抖。

这个某高校的资料员，很明白自己为什么坐到这里，不过像绝大多数嫌疑人一样，他还是打算做一番抵抗。

这个事情的发生，源头究竟在哪里？在被羁押、被调查的日子里，于卫国必定会一遍又一遍回想起自己曾经的插队生涯。

1977年的冬天，内蒙古锡林郭勒大草原上，狂暴的北风带着尖厉的哨声掠过覆雪的草场，也掠过于卫国和他的女友赵芳置身的蒙古包。

他俩都是北京知青，1968年同一批来到内蒙古牧区插队，在同样的艰苦和同样的孤独里，两颗心逐渐融到了一起，在1972年确定了恋爱关系。

1977年，赵芳的父母为赵芳办成了一个回京指标。

最初听到这个消息，于卫国第一个反应就是不舍。他和赵芳谈过，希望她别走，赵芳没有答应。在插队知青为"上调"到盟里的工厂当一个工人都要经过激烈竞争的年代，这个回京指标是多么珍贵，来得又是多么不容易。"我爸和我妈托了多少人，办了多长时间啊！"赵芳说。于卫国懂，自己没有任何理由阻止赵芳返京，就是自己，也不准备在草原上呆一辈子。"我先回北京，再找机会，争取把你也办回去……"赵芳说。

赵芳迁移户口、转粮食关系等回京的手续，都是于卫国帮着赵芳一起跑到几十公里外的公社办的。

这是他们两个人在这片草原上共同生活的最后一个晚上。赵芳的行李早已打好，堆在蒙古包的一角。干牛粪做燃料的炉火，把两个人的脸都映得通红。于卫国深情地念出一首诗来，那是以手抄本的形式，流传到草原上来的北岛的诗："走吧，落叶吹进深谷，歌声却没有归宿。走吧，冰上的月光，已从河面上溢出。走吧，眼睛望着同一片天空，心敲击着暮色的鼓……走吧……"他停顿了一下，把诗的最后一句改成了"别忘了我们牵手走过的路"。听到这儿，赵芳扑到了于卫国的怀里，于卫国紧紧搂住赵芳，直到赵芳喊疼才松开手。

但是让于卫国想不到的是，赵芳返京才3个月，他就收到了断绝两人恋爱关系的信。赵芳写了种种的不得已，有现实问题也有托词，并在信的最后向他表示了歉意。

于卫国的精神几乎崩溃了。9年的同甘共苦，9年的相濡以沫，怎么两个人的环境、身份、地位一旦发生变化，爱情就随之灰飞烟灭？于卫国骑着马在还没返青的草原上狂奔了一天，他对着蓝天大喊："薄情的女人！势利的女人！她骗了我，骗了我啊……"从接到这封信起，一片深爱变成了满腔的仇恨。

1979年，随着大批知青返乡的热潮，于卫国也回到了北京，有了理想的工作。有人给他介绍过对象，他却无法忘记赵芳，三十好几了还是单身。在一次知青聚会上，于卫国和赵芳不期而遇。此时的赵芳已身为人妻，她不无歉意地向于卫国敬酒，祝贺于卫国回城，也祝福于卫国早日找到自己的幸福。也许赵芳是真心的，可这并没有消释于卫国心中的块垒，反而激起了心中深深的痛。他打定主意，要让赵芳为自己的负心付出代价。

4. 杀人实验

审讯室里，老张将信折了折放回信封，对于卫国说："仔细想想吧，这次进来，什么时候才能出去？你家人的信我已经念完了，何去何从你自己掂量着办。"

于卫国耷拉着脑袋说："我现在心里非常难过。"

老张说："你难过无非是怕问题交代清楚了，却得不到从轻处理！"

"您真是把我的心思给看透了。我说，再不说我就真没出路了。"

法律的震慑，亲情的感召，终于打动了于卫国的心。他供认：长期以来，自己一直认为和赵芳谈恋爱失去的太多，因此在知道赵芳的下落后，他向一位在北京某科研所工作的朋友要了某种无机化合物（以下简称X）、注射器、试管等物品，准备用投毒的方式谋害赵芳。

于卫国不知道X是不是确凿可以致癌，他的这个朋友也不能肯定，于卫国找了5只小白鼠做实验。

老张问："你要谋害的是赵芳，可你后来为什么给刘梅下毒呢？"

"这是因为我在办公室做实验，被陈连喜撞见了……"

1983年6月的一天，于卫国独自在办公室喂着小白鼠，陈连喜突然闯了进来，看见铁笼子里的小白鼠，便问："你养老鼠干什么？"于卫国也不隐瞒，说："用它们做毒性实验。"

于卫国拿出一瓶葡萄糖注射液，进一步解释道："这瓶里面装有稀释的X粉末。我用它喂老鼠看是不是可以致癌。如果实验成功，我就可以用X粉毒我的仇人,使她得癌症慢慢地死去,而且谁也不会怀疑。"

"为什么用葡萄糖注射液稀释?"

"是为了以后把X粉投进饮料里的时候比较方便。"

"你打算给哪个仇人下毒?"

"赵芳。"

陈连喜知道于卫国和赵芳的恩怨,他还曾劝慰过于卫国:"大丈夫对女人要拿得起放得下。天底下比赵芳强的女人有的是,哥们儿都能给你介绍!"

而此时,听完于卫国的打算,他却拍了一下于卫国的肩膀说:"有种,哥们儿!此仇不报非君子!"他像想起了什么,在屋子里低着头若有所思地转了两圈,走回到于卫国跟前:"哥们儿,用小白鼠做这个实验不科学,如果你非要做这个实验的话,我可以给你提供一个活的人体。"

"什么?"于卫国大吃一惊,"你指的是谁?"

"刘梅。"陈连喜斩钉截铁地回答。

于卫国不敢相信自己的耳朵。他和刘梅也非常熟悉,至于陈连喜和刘梅的关系,他再清楚不过了。

"为什么要拿刘梅做实验?"他问陈连喜。

"她太黏人了,怎么甩也甩不掉。"

于卫国不再说什么,将一瓶装了X粉的葡萄糖液递给了陈连喜。于卫国后来回想起来,也说不清自己当时的举动,是为了自己做实验,还是要为朋友摆脱麻烦。

"给你X粉的那个朋友叫什么名字?"老张紧接着问。

"叫邓严。"

5. 致命的秋水仙碱

　　提讯邓严的时候，老张就坐在邓严的对面，也不说话，只是用冷眼默默地盯着他看。邓严被看得发慌，低着头不敢正视。冷战就这样持续，几个小时以后，邓严交代了一切。

　　邓严和于卫国、陈连喜是在一个大院里长大的，也是一起玩大的"发小"。三人中，邓严最小，从小就受到其他两个人哥哥一样的庇护。直到"文革"爆发，三个人才各奔东西。邓严到山西农村插队，"文革"结束后恢复高考，他考上了大学，毕业后被分配到北京某科研所做研究工作。

　　邓严本是一个踏实上进的男人，家里有疼爱自己的父母，有贤淑的妻子，每天按部就班地生活和工作，平静而快乐。他没有想到的是，在和于卫国、陈连喜重逢之后，他的人生便被彻底改变了。

　　那一天，应该是于卫国在知青聚会上遇到赵芳不久，于卫国请邓严下班后在邓严家附近的一个饭馆喝酒。喝到晚上9点多，头开始发晕的邓严对同样面红耳赤的于卫国说："咱改天再喝吧。"谁料于卫国把脸凑到邓严面前，用发硬的舌头问："邓严，咱哥们儿有多年没见了，还是不是兄弟？"邓严笑了："这不是废话么？还用得着问？"于卫国也笑了笑："哥有点儿小麻烦，你能不能帮我个忙？""什么忙？"于卫国收起笑容，一只拳头重重地砸在桌子上："我他妈被人给耍了……"

　　于卫国把自己在内蒙古插队，如何交女朋友，又如何被女朋友甩了的事儿跟邓严说了，他求邓严帮他找点儿东西。"找什么东西？"邓严有些不解。"你是在研究所搞研究的，知不知道什么有毒？就是让人吃了，不知不觉就能死，或者得个癌症什么的？"听到"癌症"这两个字，邓严的心不禁一动，就在前两天，自己跟导师一起做实验时，导师提起过X粉可以导致肿瘤甚至癌症的事儿。大约是酒喝多了的缘故，邓严不由自主地说了出来："我倒是听我们老师说过，X粉通过口服、呼吸进入人体内，能扎在肠胃或呼吸道里，之后X粉被人体分泌物所包围，经过机械性摩擦，然后会发生病变，形成肿瘤，最后很可能会转化成癌症。我们老师说有些外国专家也这么认为。"于卫国一把拉过邓严的手："兄弟，哥的仇，就全靠你了。"

几个月过去了，自从受于卫国所托，邓严一直心事重重。他在心里反复和自己作斗争：一边是多年的好兄弟，一边是自己平静踏实的生活，到底给不给于卫国这些东西呢？邓严非常犹豫。1983年5月的一天，邓严和于卫国、陈连喜又在一起喝酒，分手时，于卫国把邓严叫到一边问："上次拜托你的事儿怎么样了？"本来还在矛盾之中的邓严，听到了于卫国的催问，便下了决心："哥拜托的事儿能有什么问题？明天给你送家里去。""兄弟就是兄弟！"于卫国大声笑起来，邓严勉强笑了，陈连喜在一旁虽然不明所以，也跟着笑了。第二天，邓严趁导师不备，从实验室里偷取了10克左右的X粉，交给了于卫国。

邓严的行为令人惋惜：他受过高等教育，有着优越的工作和幸福的家庭，按道理说应该是个安分守己的人，怎么这么容易就干出这种犯罪的事儿？他不是不知道人命关天，否则他也不会犹豫这样长的时间，可最后他还是迈出了这罪恶的一步。他在审讯中交代，是出于哥们儿义气才这样做的。而哥们儿义气竟然比他人的生命、比法律、比自己的人生更重要？从这点说，邓严简直就是愚昧。

1983年9月，于卫国在单位值晚班，邓严和陈连喜一起在于卫国单位的电教楼外的台阶上等于卫国。陈连喜对邓严说："我们用你的东西实验，怎么没有反应啊？"邓严问："怎么回事儿？"陈连喜笑着说："为了帮助于卫国搞人体实验，我已经给刘梅吃了X粉，可是反应不明显。你再给弄点儿毒性更大、更灵的药……"邓严也是知道刘梅的，而且知道陈连喜同时在和两个女人搞对象，陈连喜和那个姓吴的女子"十一"就要结婚，刘梅又缠着陈连喜不放。邓严一下子明白了，于卫国把X粉转给了陈连喜。但邓严一时也想不出什么"毒性更大、更灵的药",事情就这样搁置了下来。

为了不让自己结婚的事败露,陈连喜找各种理由说服妻子办了旅行结婚。但是纸包不住火,1983年底,刘梅和陈连喜的新婚妻子都隐约有所察觉——陈连喜另外有个女人。一方面妻子对他盯得更紧了,另一方面刘梅步步紧逼,要和陈连喜马上结婚。无奈之下,陈连喜假装答应和刘梅在1984年6月结婚。刘梅信以为真,高兴极了,回家就开始准备嫁妆。面对爱自己爱得有些痴狂的刘梅,陈连喜更是决定马上甩掉她。随后,陈连喜多次去找邓严,让他尽快找到能为自己"解决问题"的有效药。1984年1月,邓严在导师的带领下搞一个新课题,有机会接触到了一种叫"秋水仙碱"的药物。

秋水仙碱是一种有毒生物碱,提取自一种叫水茨菇的植物,临床应用可治疗痛风。但如果大量服用将破坏人体的心脏、肝脏以及肠胃等器官,甚至导致死亡。

审讯室里,邓严脸色越来越难看了。

邓严继续交代:"1984年1月,我们单位搞科研,给动物注射秋水仙碱。我从实验室偷出大约有200多毫克的秋水仙碱,送到了陈连喜家。我告诉他一次用1/2或1/3。"

老张问:"为什么是1/2或1/3?"

"我们单位搞科研时按活鸡的重量计算注射秋水仙碱用量,每只鸡注射4毫克秋水仙碱。我根据这个标准计算秋水仙碱使用量。我想人的体重至少有100斤,所以每次用100毫克或者70毫克就差不多。"

经过多次提审,于卫国的口供与邓严的口供完全吻合。同时,老张还多次走访了刘梅和三名犯罪嫌疑人的家属及邻居,得到的情况也佐证了于卫国和邓严的供述。至此,案件已渐趋明朗。有了这些材料,老张已胸有成竹,再次提审陈连喜时,他特意换了身新洗的制服,把帽子平放在桌前,警徽朝向了陈连喜。

"陈连喜,几天没找你了,这几天,你对自己的问题考虑得怎么样?"

"我没问题。"陈连喜依然一副不羁的样子。

"刘梅怎么死的?"老张厉声问。

"得急性中毒性菌痢死的。"

"你的发小可不是这样说的。"老张微微一笑,把于卫国和邓严口供笔录的各一页,放到了陈连喜眼前。

陈连喜的眼睛落到那两页纸的文字上,身子不由自主地一晃。

老张意味深长地说:"现在该你如实交代了。听好了,我先给你讲讲我们的政策……"

一个星期以后,陈连喜交代了自己的所作所为。

6. 案件陷入僵局

陈连喜是干部子弟,从小就有一种优越感。"文革"中,他的父亲受冲击被下放到云南某干校改造,全家也随着父亲去了云南。从城市到农村,从高干子弟到"黑帮子弟",让陈连喜产生了极大的心理落差。在云南农村一呆就是近十年,十年的底层生活让陈连喜受尽了磨难。"文革"结束后,他的父亲官复原职,全家人又回到了北京,陈连喜也被安排进了某国营大厂。他的确是一个有能力的人,很快就走上了工厂的领导岗位。可这时的陈连喜,已经不再是十年前那个尽管有些倨傲却单纯的少年。

他变成了一个玩世不恭的人,自认为已把红尘看破,把及时享乐奉为人生信条。仗着自己的家庭背景和性格魅力,他俘获过许多年轻女子的心,和不止一个女性发生过关系。1981年底,在一次社区舞会上,他认识了刘梅。

他承认,刘梅对自己是真心实意的。刘梅对他百般关心照顾,对他百依百顺;能容忍他的粗暴,容忍他的冷淡,容忍他的颐指气使,容忍他无休无止的要求。于卫国的家就是他们做爱的场所。于卫国自己住一套两居室的单元楼房，每次他俩来，于卫国都找个理由避让出去，等他们完事儿了再回来。

可陈连喜没动过真感情，他不过是和刘梅玩玩而已。

后来他认识了姓吴的女孩，那是一个20岁出头、小鸟依人般的可爱女孩。他很快就喜欢上了这个女孩。1983年4月，他和这个女孩开始商量结婚的事，便向刘梅提出了分手。

刘梅拿出一把刀子说："好。如果我们分手，我就割腕自杀。"

陈连喜夺下刘梅手中的刀，强装出一副笑脸说："我试探你呢。既然你是真心跟我好，我肯定会娶你！"

刘梅哭着说："我已经是你的人了，连喜，你不能骗我！"

陈连喜不敢再提和刘梅分手了，除了怕刘梅出事儿他自己脱不了干系，还有他做过一些不合法的事情，比如虚报公款，刘梅都知道。如果刘梅举报了，他的前程就完了。

他想，只有一条路了：让刘梅不露痕迹地死去。

陈连喜从于卫国那里拿到了葡萄糖液浸泡的X粉。在此后的两三个月里，他都随身带着，一有机会就把X粉掺进刘梅的茶水或饮料里，让她在无知无觉中喝下去，可刘梅身体好好的，没有半点儿癌症的症状。

后来，陈连喜又从邓严那里拿到了秋水仙碱。1984年1月24日晚上，陈连喜和于卫国一起，策划了杀害刘梅的具体方法。

三天后，陈连喜把刘梅约到于卫国家吃打卤面。刘梅还特意到熟食店里买了一大根红肠。饭后，陈连喜拉着刘梅甜言蜜语。他煞有介事地和刘梅讨论结婚的诸多事情：购置家具、买衣服、拍婚纱照、租车、置酒办婚礼……刘梅以为自己的婚姻大事历尽周折终于要梦想成真了，笑容像春天的桃花一样灿烂。而此时在厨房给他们做可可奶的于卫国，已在她的杯子里下足了猛料。吸取了X粉实验中用量不够的教训，这一回，于卫国把邓严拿来的秋水仙碱的一多半都倒了进去,和可可粉、牛奶及糖搅拌均匀之后端了上来:"刘梅,来杯饭后饮品,你最爱喝的可可奶! 我祝你和连喜百年好合,生活比可可奶还甜!"一番话,说得刘梅更加心花怒放,把一大杯掺了秋水仙碱的可可奶都喝了下去……

两个犯罪嫌疑人分别都承认他们给刘梅吃了秋水仙碱,警方在邓严所在研究所的实验室里,也找到了那剩下的半瓶秋水仙碱,应该说这起投毒杀人案的证据链已经完整。然而案子在提交给市检察院起诉后,却被退了回来,市检察院认为证据不足,要求补充侦查。三个犯罪嫌疑人也不承认刘梅是因为服用秋水仙碱而死亡,他们坚持说秋水仙碱的毒性不足致人死亡,刘梅的死因是吃了那根变质的红肠。医院的死亡诊断书支持着他们的说法——急性中毒性菌痢的致病因就是吃了不洁的食物。

案件陷入了僵局。

7. 无尸鉴定

"常规讲就是杀人要见尸,尸体是一个主要的证据。怀疑某某被杀的话,你没有他的尸体作为证据是很难完成这个案件的侦破工作的。"任嘉诚还在平淡地讲述着24年前的这起案子,"老张他们做了很多的工作,包括他听说四川那边曾经有过一起秋水仙碱中毒死亡的案例,就带着刘梅的病历去了四川;后来又听说贵州那边有一个野战医院对秋水仙碱中毒的病例非常有研究,因为当地有一种蘑菇含有这种秋水仙碱,当地人经常误食,中毒事件屡屡发生,这家野战医院接诊治疗过许多这类患者。老张又去了贵州。两地的医疗机构也非常重视,马上组织各种医疗专家、病理专家,拿着刘梅的病历进行会诊,结果给出的结论都是:有可能是秋水仙碱中毒致死。可是你光'有可能'不行啊,你得有一个结论性的鉴定,检察院和法院才可能定罪量刑。如果在规定的期限内，法医还做不出结论性的鉴定，到时候公安机关就必须放人。"

"后来这个案子就到了我们法医鉴定中心，那时我们这儿叫刑科所。"当市局预审处将此案的全部案卷、资料和局长批示转到任嘉诚手里时，已经是检察院第二次要求做"退补侦查"了。那一年，任嘉诚35岁。

"这个案子的难点我当时考虑主要有两个方面，一个方面就是要否定医院的这个中毒性菌痢的诊断，另一方面是要确立刘梅是口服秋水仙碱中毒死亡。这两个方面必须做扎实。"

任嘉诚和同事对刘梅的病历进行了仔细研究，同时搜集了有关中毒性菌痢的临床症状、治疗方案等资料，经过综合分析，法医们在医院的诊断证明里发现了问题，就是刘梅的病历里缺少一项最关键的检验——病源血的检验。另外，按照常规，中毒性菌痢的病人是由于痢疾杆菌感染才发病的，入院治疗首先应该给病人做大便的细菌培养，医院也没有做。那么，是什么原因让医院没有做这项工作呢？

医院的工作人员有些不好意思地解释，刘梅住院的时候正好赶上医院的细菌培养室放假，所以就没有给刘梅的大便做细菌培养。

对这一点，任嘉诚认为："没做细菌培养，就无法确定刘梅是感染了痢疾杆菌，这就意味着医院所做的中毒性菌痢的诊断缺乏最基础的、最直接的支持。"但这只能说明诊断的依据不完全，并不能推翻医院的这个结论。摆在法医面前的仍旧是一个难题。

为了论证这个诊断是否正确，刑科所邀请了多名传染病学专家对刘梅的病历进行了专门的研究。这些专家也提出来几条不符合中毒性菌痢的地方：第一，痢疾大多是夏季通过蚊蝇来传染的，冬季不是中毒性菌痢的发病季节，刘梅在此时感染痢疾是非常反常的；第二，痢疾早已不是什么不治之症，特别是在北京这种医疗条件优越的大城市，发生死亡的可能性微乎其微；第三，根据刘梅的病历记录，医院采取的针对中毒性菌痢的治疗方案完全正确，但这并没有挽救刘梅的生命,说明很可能是诊断有误。

这样,任嘉诚和他的同事用了几个月的时间得出了结论:刘梅的死因不符合中毒性菌痢死亡。但是,要证明刘梅死于秋水仙碱,还需要更加直接的证据。

在无法进行尸体检验的情况下,任嘉诚提出了一个全新的、古今中外都没有先例的方案。

说到这儿,任嘉诚颇有些自豪:"虽然没有了尸体,但是刘梅死前住院治疗的原始病历,对刘梅的症状、病理变化和病情进程记载得都非常详细,那么可不可以用这份原始病历作为一份证据展开工作?这个方案就是以这个原始病历作为基础,模拟秋水仙碱中毒搞一个动物实验。"

又经过反复的论证,任嘉诚和他的同事决定选择狗和猴子这两种动物做这个实验。根据服药量的不同,分成治疗量、中毒量、致死量以及刘梅的口服量四组,然后观察各组动物服药后的不同反应,并按照刘梅原始病历的所有检查项目进行观测检查,记录血压、体温等数据。

结果,服药后的动物出现了高烧、呕吐和腹泻,这些症状与刘梅的临床表现相同。经过40多小时的连续观测,四组动物中,模拟刘梅口服量的这组动物全部死亡,模拟致死量(低于刘梅口服量但高于中毒量)的这组动物也全部死亡。经解剖,中毒死亡动物的心脏、肝脏、肠胃等多个器官都受到了严重损害,这些现象和刘梅死亡时的情况完全一致。

说到关键地方,任嘉诚站了起来,我忽然发现他的腰不那么弯了。"或者说叫完全吻合。"他说,"我举几点,比如说刘梅的病历记载着刘梅在死前肝功检查不正常,我们在死亡动物的病理检查里就看到了肝脏的坏死;病历记录了刘梅心功能不正常,刘梅的心电图显示的是心肌坏死的图形,我们在动物的病理检查里也看到了心肌坏死的情况。通过两方面的对比,我们又组织了一个包括传染病专家、药理学专家、毒理学专家在内的专家鉴定队,对所有的实验数据进行论证,这是一系列数量极其庞大而复杂的数据,最终确立了刘梅的死亡原因不是中毒性菌痢,而是秋水仙碱中毒。"

任嘉诚代表法医出具了刘梅的死亡鉴定书,这份鉴定也成为我国法医史上唯一一份无尸鉴定。这一鉴定得到了检察院的认可。

后来在这起案件庭审的过程中,被告人的辩护律师对这份法医鉴定提出了强烈的质疑。而作为证人出庭的任嘉诚和他的同事,以建立在充分事实基础上的雄辩,说服了法庭。

最后,法院以犯故意杀人罪判处陈连喜和于卫国死刑,邓严因有重大立功表现,被判处无期徒刑。

8. 一切死亡都有冗长的回声

1985年9月8日是陈连喜伏法的日子。法警从看守所押解陈连喜时,发现他在一张纸上写下了题为《别了》的遗言:"永别了,妈妈! 我十恶不赦。再见了,爱人! 我扰乱了你的生活。今生不能再相聚……死神剥夺了我'美丽的生活',请你们把我当作一场梦,从你们心中轻轻地划掉……"

带着诗意的遗言有对亲人的留恋,对生命的渴望,然而,当他向无辜的他人伸出罪恶之手时,他有没有想过他人对生命的珍爱?

于卫国临刑前没有留下只言片语。这个喜欢诗歌的人,在等待执行的日子里,不知有没有再吟咏过那些喜爱的诗篇? 古今中外的诗歌名篇里,有许多是探讨生命和死亡的,可我相信,没有一首诗能给于卫国以安慰。

"一切死亡都有冗长的回声。"这是北岛的一首诗里的句子。

的确,一切死亡,无论是正常死亡还是非正常死亡,无论是自然死亡还是被强行剥夺掉生命,都会给这个世界留下思念或思索。

这起案件也不例外。

兄弟疑案
——一个被永远带走的秘密

在我的法制记者生涯里,曾经采访过不少离奇的案件,也由于工作培养起的对案件的兴趣,又回过头去读了不少破案故事。我国古代有很多充满传奇色彩的断案故事,但是其中有很多情节充斥着因果报应、鬼神相通的迷信色彩,让人明知不可信,却又大快人心。也许,因果报应只是人们对于善恶、是非的一种理想主义的期盼,但谁又能说它完全是迷信呢?

《包公案》里有个故事叫《乌盆记》:刘世昌做丝绸生意,来往于各城镇之间。一日,他到以烧窑为生的赵大家避雨。刘世昌见赵大生活贫困,便赠给他一些银两。赵大却恩将仇报,竟起歹意将刘世昌毒死。

曾借钱给赵大的老人张别古来赵家讨债,突然有一只乌盆惊叫哭泣。张别古惊奇不已,乌盆竟然说话,告发了赵大的恶行。原来赵大杀了刘世昌以后,将刘世昌的血肉掺和在泥里,做成乌盆,刘世昌的鬼魂便附在了乌盆上面。张别古将乌盆带到了包公的公堂之上,乌盆作证,包公杖毙赵大。

其实,古人也不是不能够把破案故事写得真实可信,但如果把功劳都归功于破案的"人"的话,故事就失去了震慑犯罪的教化意义。因为当人面对人的时候,总是心存侥幸,可是当人面对鬼神的时候,却没有侥幸的可能。"离地三尺有神明"、"暗室欺心,神目如电",正因为传说中的鬼神是无处不在的,所以没有人敢心存侥幸。

如今,每当人们形容那些特别会破案的警察的时候,总会加上个"神"字——神探、神捕,似乎把执法者神化,对犯罪分子就更有震慑力。

作为一个法制记者,我还没有看到鬼神帮哪个警察破案追凶,倒是越来越多地看到科学技术的作用。比方说,乌盆虽然不会说话,但是法医会从乌盆里提取血液、毛发,从而发现刘世昌,揪出赵大。

1. 提前结账的神秘客人

北京市公安局法医检验鉴定中心物证室的实验室,是一个很大的房间,桌子上、架子上、柜子里摆放着各种外行人根本看不明白的仪器,和大大小小的瓶瓶罐罐,看起来更像一个医院的化验室。在法医鉴定中心,横挂的条幅给我留下了深刻的印象:"这里是死者为活着的人作奉献的地方!"无疑,这句话为法医工作做了最好的诠释。

穿上白大褂的物证室法医严江伟像一个医生,但是法医的工作和医生不同,这从法医们检验鉴定的对象就可以清楚地辨别出来。譬如这时,严江伟正用他戴着半透明薄胶皮手套的手,往一排托盘里分别放着一些血迹样本、剩菜、两套碗碟和筷子,以及其他一些让普通人感到莫名其妙又毛骨悚然的东西。这些东西,都是几个小时前他和同事从一个凶杀案现场提取到的。他需要从这些东西里提取出嫌疑人的DNA。

提取和检测DNA是严江伟的日常工作。

DNA是存在于细胞内的生理遗传物质，1944年由美国率先发现。到1953年，科学家描述出了DNA的结构：它是与一个多核甘酸列相互缠绕组成的双螺旋结构。研究表明，除了同卵双生的双胞胎外，每个人的DNA都是不一样的，因此，DNA像指纹一样可以用于个体识别，而且相同的概率更低。DNA的特点，在1988年首次被英国警察运用到侦破工作中后，这种以生物物证鉴定作为破案依据的高新技术的神奇作用就开始显现出来。现在，DNA检测技术已经广泛应用于司法科学领域。能否在现场提取到有价值的DNA物证，往往对案件起着举足轻重的作用。

严江伟法医正在做实验的剩饭剩菜是刚刚从一起凶案现场提取的。这起凶杀案发生在北京市海淀区和丰台区交界处的一个中餐馆的包间里。

2005年7月25号的深夜，刚下过一场雨，饭馆外边湿漉漉的。接到报案后，最先进入现场的是刑侦技术队的民警。他们看到包间内有两张桌子，死者躺在里侧桌子的下面，身旁有一把翻倒的椅子。餐桌上摆放着两副碗筷，盘子里的菜还没有吃完，一条沾满血迹的毛巾搭在桌子的一角。屋角的地上有一把羊角锤，羊角锤一边的犄角上也沾着血。现场有大量的血迹，血迹来自于死者头部的创伤。根据头部创口的特点看，应该是钝器击打所致，那把羊角锤就是凶器。但是技术队的民警没能提取到嫌疑人的指纹或脚印，仅仅在包间靠里侧的墙壁上提取到了嫌疑人的半个掌印。很快，北京市公安局法医鉴定中心的严江伟、刘晓维也来到了现场。

刘晓维是位女民警，专门负责尸体解剖、鉴定死者死因。她身材瘦小，看起来比较文弱，在身材高大的严江伟身旁，就显得更加娇小了。如果她身着便衣，很难相信她是一名女警察。

在现场，刘晓维进行的工作，就是通过血迹的分布分析案发的整个过程。她注意到距死者最近的那面墙上的血迹，完全是喷溅型的，证明当时死者是在毫无防备的情况下突然被袭，没有丝毫抵抗。刘晓维认为应该是熟人作案，是两个人在一起交谈或者喝得正尽兴的时候，嫌疑人突然拿出羊角锤进行攻击。死者头部的伤有十几处，打得都比较狠，看来嫌疑人非要置死者于死地。

现场让刘晓维印象深刻的是那块大毛巾和那把羊角锤。这两样东西都让饭馆服务员辨认了，服务员确认不是他们饭馆的。它们是嫌疑人带来的。嫌疑人离开包房前，用大毛巾抹去了自己的所有痕迹。就连菜谱，嫌疑人都用这块毛巾一页一页地擦过。经验告诉刘晓维，嫌疑人留下的东西越多，反而越棘手。因为嫌疑人故意留下的东西，通常是毫无证据价值的，甚至根本就是用来设置疑阵的道具。果然，随后对毛巾和锤子的检验，再次验证了这个经验。两样东西都是新买的，上面只有那个死者的血迹和痕迹，没有嫌疑人的任何痕迹。

"那个人长什么样？"另一间包房里，刑侦支队的周正探长在对服务员小宋做询问笔录。

小宋的眼睛里布满红丝，不是因为熬夜，是因为她第一次看见了满墙满地的血，那种狰狞的猩红刺激了她的神经，反射进了她的眼球，一时半刻不可能消失殆尽。

周正看着小宋的眼睛想："但愿她已经镇静下来，把'那个人'的形象描述得越清晰越好。"

"大约6点的时候，有一个戴墨镜的男的，进来就说要一个包间，但是一张桌子的包间没了，他就要了一个两张桌子的包间，点完菜后就把账结了。在我们这种饭馆，没上菜就先结账的客人非常少见，所以我对这位客人的印象很深。这个人个头很高，国字脸，头发好像是染的，还背着一个鼓鼓囊囊的电脑包。大概过了半个多小时，另一个男的走进包间。我去上菜的时候，戴墨镜的还提了很多要求。他跟我说，没事儿你们就别进来了。过了两个多小时吧，这个男的走了，再过了快一个小时，到晚上10点了，那个男的还没走。我在包间门口站了半个多小时,可是里边的客人一点儿动静也没有,我想客人难道是睡着了?我敲了敲门,走进去想看看怎么回事儿,结果就看见那男的躺在地上……"

周正当了多年刑警。每当发生命案,他知道在现场有两项工作最重要:一是听取法医的勘察结果,依此对案件的性质、犯罪动机做出判断,法医可能还会根据脚印、指纹、遗落的毛发、血迹等痕迹物证推断出犯罪嫌疑人的体重、身高、性别、年龄等情况;二是和其他侦查员一起寻找目击者、知情人,看看能不能获得有价值的线索。

根据服务员小宋的描述,周正判断这是一起有预谋的故意杀人案。嫌疑人提前选好地点,又把自己伪装起来,支开服务员,行凶后镇定离开……周正知道自己遇到了对手。

这不是一起图财害命的抢劫案,因为死者的财物一样不少,钱包、手机都在,身份证、工作证也在。死者叫刘彬,身高1米80,30岁,湖南人,大学毕业,在一家单位做财务工作。周正立刻电话通知了死者的单位。这家单位离案发饭馆很近,单位领导闻讯后很快赶到了现场。

现场已经没有更多痕迹和证据可以寻找了。严江伟和刘晓维把收集到的剩菜、餐具、毛巾、锤子、血迹样本、指纹足印等分门别类整理好,带回法医中心继续检验。

2. 艰难的DNA提取工作

法医在刑警们的眼里属于知识分子,他们穿上白大褂后就更像知识分子而不像警察。刑警队的技术员们,对法医中心的法医非常尊敬,见面都叫老师。严江伟更是刑警心目中的大知识分子,因为这位有着卷曲头发的法医还有着博士学位。

严江伟在长达5年的时间里，一直研究怎样从微量物质中提取犯罪嫌疑人的DNA。这是一个世界性的难题。通常，提取的DNA要达到一定的数量，才能够用于检测。可微量物证本身的特点就是量的微小，提取非常困难。而且，DNA的提取和检测是一项技术性非常强的工作，结果的准确性受到人工和环境的双重影响，比如日光、加热、湿气等，都能破坏DNA。从微量物质中成功提取DNA，还有确定这个DNA是否就是某一人的，有许多难关需要攻克。世界各国的法医都还在对这个课题进行探索。

严江伟一直在进行这方面的探寻研究工作。有一次，他从一只在水里泡了5年的手掌上成功提取出了DNA。死者是一个姑娘，被人碎尸以后扔到了江里。遗骨打捞出以后，只完整保存了这个手掌，其他部位都已经腐烂，无法提取DNA。这起案件发生在外地，外地的同行求助于北京法医中心，因为没有这份证据，就无法证明这个手掌就是那个死去的姑娘的，当年嫌疑犯就曾因为这个原因被法院当庭释放。

当时，外地的同行非常着急，因为这起案子多年未结，受害者和嫌疑人双方的家属对公安局都有很多的怨言。严江伟用了一个多月的时间——这种事情他只能在业余时间来做。"每天晚上，外地的同行就像监工一样!"他这样自嘲。在责任感的驱使下，严江伟熬了几十夜，做了无数次实验，终于证明手掌就是那个被残害的姑娘的，从而形成了完整的证据链。同行把鉴定报告拿走了，严江伟也感觉自己心里像放下了一大块石头。

很难想象法医的工作强度到底有多高。还有一次，民警从凶案现场带来了一口袋的物证，严江伟打开发现竟然是上百个烟头。他们要从这些烟头里提取DNA，这个活儿让物证室的全体法医夜以继日、连续不停地干了好几天。

国外的法医，绝不会这样玩儿命。

国外的物证实验室多半是独立于办案机构之外的。严江伟曾经受法医中心指派到外国考察。一位外国物证专家刚刚接手了一起故意伤害案件。犯罪嫌疑人在凶案现场当场被抓获。这位物证专家需要从被害者身上那件布满1000多个血点的衣服上提取犯罪嫌疑人的DNA。严江伟钦佩他们工作的认真，也暗暗惊讶于他们工作的效率，因为直到他三个月考察结束，这名外国专家只做了一半的血点。这种情况在北京市公安局的法医中心是绝不可能出现的。严江伟和他的同事们知道，自己是科学家，但更是上满了弦的中国警察。

3. 成功提取被害人的DNA

现在，严江伟和他的同事们面临着一个新的考验。

微量物证很容易被跟案件无关的人污染。而在餐馆这种环境复杂的案发现场，他们怎样能够保证自己提取的微量物证不是餐馆服务人员或者是其他就餐客人所留的呢？

案发现场没有犯罪嫌疑人的血迹，也没有留下毛发、皮屑这类能够提取DNA的物证，法医们只得从其他有可能留下DNA的地方想办法。而食用油、饮料还有佐料，都会影响从微量物证里提取DNA的效果，所以菜肴里一般很难提取到DNA。但是，严江伟和同事们还是在现场找到了可以提取到DNA的微量物证。

随后，法医被分成两组，每组对微量物证分别进行DNA的提取和检测。他们要背对背地进行实验，也就是所谓的盲测。因为有可能一个法医提取到的DNA不是犯罪嫌疑人或被害人留下的，而是其他人留在那儿的。只有几个人同时做检测，得出的结果是一致的，法医才会出具一个最终的鉴定结论。

经过连续3天的工作，两组法医从现场的微量物证上分别提取到了两个人的DNA，经过比对，每个DNA各自的序列结构完全一致。法医很快认定其中一个是死者的DNA。剩下的那个DNA，经过充分的讨论，法医认为应该是犯罪嫌疑人留下的。

尽管严江伟没有说什么，但我们看得出来，他和物证组的同事都很兴奋。因为这虽然不是他们第一次从微量物证中成功提取DNA，却是难度最大的一次，证明他们的技术水平已经达到了国际先进水平。至于到底是从现场的哪种微量物证中提取到的DNA，严江伟说了：保密。受到纪律限制，他们不能像国外的科学家那样，在国际专业期刊上发表文章，但是作为一名警察，严江伟有更值得骄傲的自豪感。

4. 悲恸的哥哥出现了

在法医们紧张地进行着犯罪嫌疑人DNA检测工作的时候，周正和侦查员也在忙碌。

2005年7月27号，侦查员在案发地附近的杂货店，发现了与现场遗留的羊角锤一模一样的锤子。杂货店老板辨认，那把锤子就是从他这儿买走的，不过杂货店老板描述的买锤子的人，和饭店服务员描述的，听起来并不是同一个人。周正怀疑这是一起买凶杀人案，买锤子的人图谋杀死刘彬，于是找戴墨镜的男子下手。如果真是这样，犯罪嫌疑人就可能是幕前幕后的两个人。

随后，周正又找到了刘彬的女朋友妍妍。妍妍告诉周正，他们本来约好下班后要去参加一个朋友的聚会，可后来刘彬打电话说不能去了。当时妍妍有点儿不太高兴，问他什么事儿，刘彬说单位有急事儿需要加班。周正分析，刘彬可能是接到了嫌疑人的电话才推掉了和女友的约会，看来这个嫌疑人不但和刘彬认识，而且关系应该是相当好，否则刘彬不会推掉和女友的约会。

就在周正探长想进一步深入案件的时候，2005年7月28日晚上，周正接到了刘彬哥哥的电话，说他已经来到北京，准备处理弟弟的后事。刘彬的哥哥叫刘军，在湖南开着一家公司。他在电话里急不可待地问周正破案的进展。周正简单地告诉他还在侦查中。刘军哽咽着说，父母听到弟弟的死讯后都病倒了，他本来想让弟弟年底辞职专门帮他打理北京的业务，没有想到现在是这样……周正听得出来，这个没有见过面的男人非常悲伤。周正也能够理解，作为兄长，他不但承受着失去手足的煎熬，还要替父母去承受白发人送黑发人的痛苦。但侦查员不能随意流露感情，所以周正没有在电话里对刘军说太多的安慰话，只请他7月29日下午到刑侦队去，需要向他了解更多的刘彬社会关系情况。在电话里，刘军告诉了周正他住在哪个宾馆后，就挂了电话。

5. 哥哥为何杀死弟弟后自杀？

严江伟把犯罪嫌疑人的DNA数据输入了数据库进行比对，没有相同的记录。DNA数据库也和指纹库一样——法医把从犯罪现场提取的指纹输入指纹库，假如犯罪嫌疑人有前科，捺印过指纹，那么经过比对就知道犯罪嫌疑人是谁了。如果指纹库中原来没有这个犯罪嫌疑人的指纹，那么这次指纹入库后，下次嫌疑人再次作案，经过指纹库比对，就会发现他以前还做过什么案子。

现在，法医们已经得到了杀害刘彬的犯罪嫌疑人的DNA数据，但是还不知道他是谁。就这起杀人案来说，法医目前没什么可做的了。但谁都没有想到，让人瞠目结舌的情况这么快就出现了。

2007年7月29日晚上，一具自杀身亡的无名男尸被送到法医中心，严江伟很快提取了这名男子的DNA，当严江伟把这名男子的DNA输入到数据库后，他惊讶地发现，这具无名男尸的DNA，竟然与杀害刘彬的犯罪嫌疑人的DNA完全一致！马上，周正和侦查员赶到了发现无名男尸的现场。

这具男尸是7月29日黎明时分，在一个小区的一座高层建筑下被人发现的。小区外有一条河。如今城市里很难见到这种清澈见底、欢快流动的河流了，尤其在北方，城市里的河流大多水色浑浊、流动缓慢、毫无生气。而这条小河的两岸种满了杨柳、灌木和花草，河边早起晨练的老人还给给小河带来了音乐、歌声和笑语。附近的老人们都在这里打太极拳、练剑、练柔力球以及各种叫不上名来的功夫。突然，人们远远看见警车驶入小区，看到从车上下来的警察在一座高楼前拉起警戒线，用粉笔在地上画人形、拍照摄像……

在赶往现场的路上，周正更加认定这是一起买凶杀人案。他分析是嫌疑人杀害刘彬后，买凶者又把嫌疑人杀死，杀人灭口。而现场民警的勘查结果，和周正想的完全不是一回事儿。现场民警认为这起案件是自杀，因为刑侦技术人员在高层建筑的楼顶上找到了死者跳楼的地点，那里有很多烟头和一个矿泉水瓶子，还有很多零乱的足迹，是死者留下的。侦查员分析，死者曾在此来回踱步，徘徊了很长时间，在跳楼前经过了非常激烈的思想斗争。现场没有第二个人的痕迹，更没有搏斗厮打的痕迹。在跳楼前，死者脱下鞋子，放在了一边。听了管辖地警方的勘查经过，看了现场，周正没有任何理由推翻这个自杀的结论。那么这个人到底是谁呢？为什么要杀人？又为什么自杀？

突然，周正想起下午刘彬的哥哥刘军并没有如约来刑侦队，而自己也没有顾上找刘军。他马上调转车头，直奔刘军住的宾馆，周正有太多的问题想问刘军了。

刘军住的宾馆离刚才的现场并不远。来到刘军房间的门口，按响了门铃，无人应答。打电话给刘军，刘军的手机铃声在房间里响起，无人接听。走廊里沉寂了下来，周正想刘军会不会出现意外呢？他马上叫来服务员打开房门，屋里空无一人。刘军的行李物品、钱包、手机全都在房间里。周正打开钱包拿出了刘军的身份证，看着上面的照片，周正愣了，正是那具无名男尸！也就是说，坠楼的无名男尸是刘军，而刘军就是杀害刘彬的嫌疑人，他在杀害弟弟后，跳楼自杀了！

周正不相信，严江伟也不太相信。随后，严江伟和刘晓维又回过头来比对证据。在饭馆包间里取到的半个残缺掌纹，跟刘军的掌纹对上了；饭馆服务员和杂货店老板经过辨认，也说那个戴墨镜的男子跟刘军很像。虽然前期他们描述得并不一致，但那是因为刘军做了伪装。所有证据都证明，刘军确实就是出现在刘彬遇害现场的犯罪嫌疑人！

现在案件的过程大概有了脉络：7月25日刘军来到北京，先去买毛巾、锤子，然后去饭馆定了包间。接下来，打电话把弟弟刘彬约出来吃饭。吃饭的过程中刘军趁刘彬不备，掏出羊角锤猛击刘彬头部将他打死。在收拾、擦拭现场痕迹后，刘军从容离开饭馆，连夜逃离了北京。等北京警方联系到刘彬的家人，刘军28日又来到了北京，住进宾馆。也许是精神压力太大，也许是要掩盖什么事实，刘军选择了跳楼自杀。那么，刘军到底为什么要杀害刘彬呢？

6. 相信骨肉情深还是相信科学证据？

通常来说，预谋杀人，双方必定有利益冲突或者矛盾纠葛。周正再次找到了刘彬的女朋友妍妍。他非常想从妍妍的口中听到，哥儿俩关系很差，有借钱不还、争夺祖产等矛盾，这样就可以作出判断了。可是妍妍的回答让周正更迷惑了。

妍妍是个很漂亮的女孩，比刘彬小很多。妍妍是北方人，性格直爽，说话直来直去，毫不掩饰自己的真实想法。当她听明白周正的来意之后，斩钉截铁地告诉周正：不可能。

在妍妍眼里，刘彬是个很传统的人。他的家庭观念强，孝顺、尊重长辈和领导，而且沉着稳健，具有很强的责任心，妍妍觉得他是个可以依靠的男人。在他们交往的几年中，刘彬经常和她谈起自己的哥哥。他告诉妍妍，哥哥是靠自己艰苦奋斗才在商界获得成功的。他对哥哥除了爱，还有由衷的钦佩。他也和妍妍谈过许多自己和哥哥小时候的故事，从那些故事里，妍妍知道他们哥儿俩从小就是"上阵父子兵，打虎亲兄弟"。妍妍也见证了这种亲情，因为刘军经常来北京联系业务。具体做什么业务，妍妍并不知道，这不是小女孩愿意关心的事情。妍妍只知道刘军很有钱，对弟弟和她这位没过门的弟媳妇很大方。他们哥儿俩特别亲热，哥哥一来，弟弟就请假陪着他。而哥哥会给弟弟和妍妍买衣服、手机、手表、首饰，请他们去昂贵的酒楼吃海鲜、吃西餐。兄弟之间有说不完的话。刘彬的收入不高，刘军每次来都告诉弟弟，不用给父母寄钱，不用操心家里的事情，他都安排好了。他在老家给父母买了别墅，雇了保姆照顾父母的日常起居。他们的父母，过着优裕而安定的生活。这是一个让当地人羡慕不已的家庭，这是一个名副其实的长子——孝敬父母，爱护小弟。刘军甚至对弟弟成家的事儿在经济上也作出了许诺。

"这么好的一对兄弟，哥哥会杀了弟弟？"妍妍直直地盯视周正的眼睛。

刑警在办案过程中，基本上不相信任何人，因为无数次的经验告诉他们，跟案件有关或者跟涉案人有关的关系人，每个人说的都有可能不是实话，而且你永远想不到他们为什么不说实话。就像日本电影大师黑泽明拍摄的《罗生门》一样，有几个当事人就会有几种说法，因为他们都会掩饰对自己不利的一面。而且，即使和案件或涉案人没有什么利害关系，所作的陈述往往也会带有比较重的主观色彩，所以，对任何一种说法，刑警都要找到相关的佐证才能相信。这也就是法庭上常说的"证据链"。单个证据，总不如一连串互相印证的证据让人信服。同样道理，单个人的证言，总不如许多人的证言更让人信服。

可在这个案子里，所有的证言，都在佐证着妍妍的话不是撒谎。

在周正从刘彬的同事那里取得的六份谈话笔录中，也发现同事们对刘彬的评价都是：为人沉稳，待人热情，工作勤恳踏实，上上下下的关系处得都不错。至于他和哥哥的关系，有的人不知道，而知道的人都说，他们哥儿俩的关系绝对亲密无间，不可能有矛盾。

过了几天，派往湖南外调的侦查员回来了，他们带回来刘军、刘彬的父母写给北京市公安局领导的一封信。在湖南，尽管侦查员一再出示各种证据材料并讲解侦查过程，但是老人们无论如何都不相信刘军是自杀，更不能接受是刘军杀了刘彬的事实。他们坚信一定有一个手段高明的嫌疑人先杀了刘彬、再杀了刘军，把两个现场伪造成了侦查员所说的那个样子。老两口在信里写道，如果专案组不能给他们一个满意的结果，他们就要来北京告状申冤。

侦查员还带回来了从刘家的亲朋好友那里取得的多份询问笔录。笔录写满了一件又一件发生在哥儿俩身上的亲情故事：上学时弟弟挨了别人欺负，哥哥玩儿命似的一个人跟好几个孩子打架，被打得鼻青脸肿也要给弟弟出气；弟弟考第一名，妈妈奖励几块糖，弟弟肯定分一半给哥哥……没有人相信哥哥会杀害弟弟。至于刘军的自杀，倒是有人给出了一个猜测。他们说这一年来刘军公司经营不善，亏损严重，刘军一直特别郁闷，再加上惊闻弟弟噩耗，可能促使刘军自杀身亡……

又过了一段日子，刘彬兄弟的父母还是抱病来到了北京。他们去了市局，去了专案组，也去了北京市公安局法医检验鉴定中心。他们要给自己一对儿子的横死寻找另一种说法。可怜的老两口，一下子就从天下最幸福的父母变成了最不幸的父母，十几天里，头发就全白了，身体佝偻了，走路也蹒跚了。

而无可更改的DNA证据确凿无疑地维持了刘军就是杀害刘彬嫌疑人的结论，尽管还没有找到合理的解释，尽管严江伟和周正对老两口非常同情，但他们没有权力也不能推翻科学和证据，任何人都没有这个权力。

7. 一个被永远带走的秘密

就在刘彬兄弟的父母离京后的那个周末，刘彬单位的几位领导，表情沉重地出现在周正的办公室。周正从直觉上感到，案件的转折点出现了。果然，他们带来了一个和案件密切相关的重要情况：刘彬出事后，单位组织专人对他负责的那部分工作进行处理。由于财务工作的特殊性，光是整理账目就花了好几天的时间。刘彬留下的账目让大家看见了一个无底黑洞。目前已经查实的账目上，单单最近几个月就已经有上千万的资金去向不明！

送走刘彬单位的领导，周正重新整理了一下思路，他做了一个猜测：刘军公司经营不善，急需大笔资金救急，万般无奈向弟弟张口。兄弟情深，刘彬不忍心看着哥哥苦心经营的事业毁于一旦，于是借工作之便挪用大笔资金帮助哥哥。但刘军又把这笔资金赔光了，无法填补刘彬账目的亏空，为掩盖罪行杀害了弟弟。后来又承受不住精神的压力，所以自杀身亡。

这个猜测是不是真的？没有人知道。刘军纵身一跳，带走了所有的秘密。

案件发生3年后，为了这本书的写作，我到这个案子的发案地寻找陈迹。

我来到刘军自杀的那个高层建筑所在的小区。小区外，小河还在不紧不慢地流着，还是那么清澈。杨柳还是袅袅地绿着，不过树干比3年前粗了一圈。小区里仍旧盛开着一簇簇的花，却不是3年前的品种了。我去的时候接近中午，晨练的人们早就散了，河边一片宁静。

我坐电梯上到这座建筑的顶层，再从铁扶梯走上楼顶。

楼顶覆盖着一层厚厚的尘土。这里有多长时间没有人来过了？我的脚印清晰地留在这片尘土上。在这个楼顶的东北方，我一眼就看到了刘彬惨死的餐馆。从这个餐馆转过一条街，就是刘彬生前所在的单位。而刘军自杀前住的宾馆，则在这个小区东边的一条街上。

我忽然意识到，这几个和案件相关的地方原来离得这样近。而生与死，荣与辱，亲与仇，幸与不幸，成功和毁灭，好人和罪犯，不也离得非常近吗？有时候命运一个转身，就会完成转换，连过渡都没有。

所以，应该珍爱自己的清白，珍爱生命。

猎狐
——超级巨骗落网记

　　出生在广东的温瑞芬,拥有一段堪称传奇般的人生经历。据媒体报道,温瑞芬早年赴美留学,后在澳门经营赌博业和房地产业,之后远嫁非洲,成为前扎伊尔共和国(现名为刚果民主共和国)议会主席的夫人,并荣任总统商务专员。扎伊尔政变后,温瑞芬辗转回到香港,与人合作在象牙海岸共和国开采石油和天然气,还涉足钻石和金矿开采业。

　　但如日中天的温瑞芬,却在2006年1月29日被警方拘捕。温瑞芬到底是商界女强人,还是个诈骗犯?让我们从一场盛大的宴会开始了解这个谜一般的女人。

　　2005年12月8日,一场冬日的初雪让北京天空中的浮尘沉落下来,即便在车水马龙的繁华街区,也能感受到空气里散发出来的清新气息。

　　下午4点,钓鱼台国宾馆芳菲苑正在举行一场盛大宴会。与会的有政府官员、专家学者、企业领导,加上新闻媒体的记者,达500多人。在流洒着奢华的厅房里，一位身着黑底红点金丝锦缎旗袍的中年女人，正周旋在众多的来宾中间。她中等身材，圆长的脸盘，秀目不大，顾盼之间却万种风情；乌黑的短发，齐整地梳在耳后，发型简约而时尚，让她显得智慧精干。她的谈吐和表情随着宾客身份的不同瞬息万变，一对不停摇曳的祖母绿耳环，让她在灯光下格外耀眼。她就是这场盛会的女主人——新世界软件有限公司的董事长兼首席执行官温瑞芬。

"新世界软件中国研发中心成立暨产品发布会现在开始。现在隆重请出新世界软件有限公司董事长兼首席执行官温瑞芬女士。"

随着主持人的高声邀请，温瑞芬步态优雅地走上了主席台，她操着一口略带南方口音的普通话，向在场的各界人士隆重宣布：新世界软件中国研发中心正式成立。公司注册资金2999万美元，按当年的汇率计算，折合人民币2.48亿元，是当时国内注册资本最大的软件公司。

温瑞芬慷慨陈词："作为中国人，站在独立软件开发商的位置，我们充分认识到，在充满挑战的软件开发行业，要服务这片广阔的市场，必须要立足于中国。新世界软件中国研发中心的成立，标志着新世界软件立足中国、服务全球的决心，也是为全面提高中国软件业的国际地位而采取的一个重大举措。"

接着，她隆重宣布：由新世界软件有限公司独立研发的ERP——企业资源解决方案飞凰、爱富通正式面世。她这样介绍这两款产品："利用了超级文档与微软Office以及百分之百的先进技术，让企业和政府实现移动办公的梦想。这一种新思维和新技术的实现，使复杂的ERP软件系统变成了一种通用的软件……预期在一年之内，新世界软件ERP的客户装机数量将达到100万，3年之后，新世界软件有限公司将成为SAP和Oracle以外的世界第三大ERP厂商。"

这是何等辉煌的前景！2005年，在国内，做企业资源管理软件最大的两家公司，一家是用友集团，一家是金蝶国际。而新世界软件公司的注册资本高达2999万美元，当时是金蝶国际的5倍多，超过用友集团总资产3倍！

在温瑞芬的描绘里，还有更辉煌的蓝图：在未来的3年里，新世界软件有限公司还将在中国投入3亿美元作为研发费用；并将在北京朝阳建5幢大厦，办公面积会达到138000平米；到2008年6月，新世界软件中国研发中心将建成拥有3万人的研发团队。

这次盛会让中国的IT行业震动了，为这样一个横空出世的超级软件公司，也为这样一个美丽而高贵的IT业女老总——温瑞芬。许多人打听她的来历、背景，而得来的种种消息，却让这个女人变得更加神秘莫测。

就在这场盛大的发布会结束一个月后，2006年1月10日，在北京的一家高级饭店举行的"2005年度中国信息产业优秀企业及产品推介颁奖大会"上，温瑞芬代表新世界软件有限公司，满面春风地领走了"年度新锐精英企业"、"年度ERP软件创新产品"等三项企业奖和三项产品奖。

然而，就在新世界软件公司看似一切顺风顺水的时候，温瑞芬——这个在中国软件业骤然出现的叱咤风云的巾帼英雄，突然消失了。一时间，温瑞芬就像她当初入行一样，再次震动了中国软件业。

不，震动的不仅仅是中国的软件业。

2006年2月，不止一位媒体记者，为了温瑞芬的失踪及原因来到了新世界软件公司在北京的总部——北京朝阳区的一座高档写字楼，但都被挡在了新世界软件公司的玻璃大门外。

"温总不在北京，出差去了。"前台小姐带着职业的微笑，彬彬有礼地对每一位来访的媒体记者说。前台小姐的旁边，站着一位彪悍的黑衣男子。

海外媒体开始有报道，说温瑞芬涉嫌诈骗香港某著名集团巨款，被北京警方刑事拘留。陆续地，这些报道通过转载传入内地。

终于在2006年3月1日，新世界软件公司派出一位"新闻发言人"出面辟谣称："董事长被拘的消息属恶意中伤，温总只是在协助大陆警方了解情况。"

可就在新世界软件公司公开辟谣后不到一周，香港某集团公司郑重声明：北京新世界软件公司的每一分钱都是该集团出的；集团没有任命过温瑞芬为新世界软件公司的董事长；温瑞芬本人也没有按照双方的约定去做事情，而是拿着这笔钱做了一些非法的事情；集团已经决定将此事诉诸法律。

当时还不为人知的是，这家香港集团公司早在2006年1月22日就向北京市公安局经济犯罪侦查处报案，称被温瑞芬骗了2999万美元，并提交了相关的证据。2006年1月29日晚上，刚从外地回到北京家中的温瑞芬被北京市公安局刑事拘留。2006年3月9日，温瑞芬因涉嫌犯挪用资金罪，被北京市人民检察院正式批捕，与此同时，温瑞芬的新世界软件公司账号被冻结。

1. 翻云覆雨手

京广中心曾经是北京最高的建筑。香港某集团董事长郑先生在这座209米高的五星级酒店里，会见过许多名流政要、企业高层。也是在这里，他第一次见到了温瑞芬。

是郑先生的部下李先生把这个女人介绍给他的。李告诉郑先生，温瑞芬是大陆某已故高级将领的女儿，毕业于美国伯克利大学。此次回国，不打算走了，准备在国内发展。由于她的男朋友是微软的一个高层人员，所以她和比尔·盖茨非常熟。她可以把微软的一些项目，比如机顶盒和数字电视介绍给集团。实际上，李和温瑞芬以往也是素昧平生。在2003年7月，李先生在台湾的一位工商界朋友，通过电话把他介绍给了温瑞芬，那时候温瑞芬还在美国。当年8月底的一天，李先生接到温瑞芬的电话，说自己已到北京。他们在亚运村的名园酒店第一次见面。所有关于温瑞芬的情况，他都是听台湾的那位朋友和温瑞芬自己说的。

此时，坐在郑先生面前的温瑞芬，一举一动都散发着动人的魅力，那是一个成熟女人的风韵。她没有多谈自己的情况,想来她是断定了自己的情况李先生都已经告诉了面前的这位身家达数十亿的工商界骄子。她也知道这位大企业家需要什么,那就是不断地开拓新的项目,使集团和家族的财富不断增值。

"您要和微软合作什么?卫星传播数字电视?机顶盒?或是其他项目?都可以。微软可以投大部分资金。我可以介绍你和微软的高层及比尔·盖茨本人认识,给你带来生意上的好处。"温瑞芬对郑先生说。

而在这第一次的会面里,温瑞芬谈得更多的,是自己和许多中央领导的关系。她的态度那样自然,她的言辞那样娓娓,让人不能不信。"哦,对了,"她说,"中央计划近期在香港建立一个农副产品、石油产品和金属产品的交易平台,郑先生你来牵头好不好?我可以帮你联系有关的领导。"

对于这个项目,温瑞芬向郑先生要了200万美元的启动资金。

而之后,温瑞芬只是在北京召开了一次专家论证会,这件事就没有了下文。

2004年3月,全国"两会"期间,在京广中心,温瑞芬又一次见到了郑先生。

这一次,她带来了一台笔记本电脑,一个光盘。她告诉郑先生,光盘里面是一套叫"MBF"的微软商业框架软件平台,是微软公司花了几十亿美元研制出来的,她已得到了微软公司在中国和东南亚独家研发和销售MBF软件的授权,而且她是微软公司全球25个合作伙伴中的第19个。她希望郑先生能投资这个项目。

郑先生从来没有碰触过IT行业,也不了解这个行业。

温瑞芬不着急,她把光盘放进笔记本电脑,演示这个MBF,一边演示一边讲解说:"这个软件有强大的功能,广泛的用途,广阔的市场前景。"演示完,她说:"郑先生,你看到没有,多少人找我想拿这个项目我都没给,我给你拿来了。"温瑞芬用一对浅浅笑着的眼睛,柔柔地又满怀热望地望着面前的郑先生。

郑先生问:"这个光盘可不可以给我留下来? 或者给我拷贝一份? "

"不可以的,这是微软的最高机密,不可以给别人,也不可以复制。"

郑先生完全相信了这个女人,因为她不同凡响的家庭背景,因为她翩翩的风度,因为她如火的热情,因为她如簧的巧舌。他表示愿意合作。

温瑞芬却矜持起来,说:"让我考虑一下啦,国内还有几家公司找我谈合作呢。"

晚上,温瑞芬给李先生打电话,要李先生到希尔顿饭店来。在希尔顿饭店,她对李先生说,她决定正式和郑先生合作。

第二天,李先生又带温瑞芬去见郑先生。双方决定成立一个公司开发MBF项目,由郑先生出资1200万美元。温瑞芬提出,她以MBF软件平台折合800万美元入股,她和另外3家公司共同持有这个公司40%的股份。这时,郑先生的商业经验起了作用——他对温瑞芬提出,只有在拿出微软公司给她的MBF软件平台代理的证明材料,才认可她800万美元的入股。这个条件后来写进了郑先生和温瑞芬的合作协议中。

随后,郑先生委托温瑞芬办理针对这个项目成立的公司。

2004年4月,温瑞芬在英属维尔京群岛注册成立了新世界软件控股有限公司。

过了不久,温瑞芬又向郑先生提出,把MBF的研发重心转到北京,因为在北京推广微软商业框架软件平台(MBF)技术,有更好的市场前景,而且温瑞芬说,在北京的工商部门有好朋友,可以帮忙进行注册。这时候,温瑞芬又提出了新的价码,她说要投入3000万美元才可以算一个国际性大公司。

郑先生被说服了。

在办理手续的时候,温瑞芬了解到,在国内,注册资金在3000万美元以上的公司，要经国家发改委批准，监管环节比较多，于是温瑞芬改向郑先生要了2999万美元。

2004年5月，温瑞芬在北京注册成立了由新世界软件控股有限公司投资的外商独资公司——新世界软件有限公司。很有商业经验的郑先生没有任命温瑞芬职务，也没有授权她成立董事会，只是让她替自己管理。7月，郑先生分两次把2999万美元悉数打入了新公司的账户。

可到了8月，温瑞芬还是没有拿出微软公司的授权文件。于是，郑先生向温瑞芬提出，要她和另外3家公司退出在新世界软件控股有限公司所占的40%股份。8月13日，温瑞芬在转让新世界软件控股有限公司股份的法律文件上签了字。

就这样，郑先生拥有了新世界软件控股有限公司100%的股份。作为新世界软件控股有限公司的董事长，郑先生理所当然地认为，自己全额投资的子公司——新世界软件有限公司的董事长也是自己。

新世界软件有限公司成立后，公司的办公地点几易地址。但这并没有影响温瑞芬广招人马，很快，新世界软件有限公司就有了一支200余人的研发队伍。

2. 信任换来骗局

在很长时间里，郑先生对温瑞芬一直深深地信任。他甚至还以借款的形式，向温瑞芬在美国西雅图的个人账户里打了另外一笔高达2250万美元的巨款。因为温瑞芬对他说，她在国外其他地方进行微软软件的开发，需要资金。温瑞芬还亲自陪着郑先生，到美国、法国和日本进行产品宣传。在日本，温瑞芬和丰田公司商谈合作开发MBF软件平台的事宜。郑先生看到，丰田这样的大公司都乐于和温瑞芬合作，就更相信她了。

而温瑞芬，也真像她所说的，要留在北京发展了。她在北京著名的高档小区凤凰城买了6套房子，她说这些房子是作为员工宿舍用的，而实际上，这6套房子的产权证上写的是她自己和两个孩子的名字。温瑞芬把这6套房子全部打通，为自己和一对儿女装修出一套近千平方米、带私人电影院的豪宅。当然，这一切都是公司出的钱。为买房子，温瑞芬从公司账上提走1765万元；为装修，温瑞芬又从公司账上提走了300万元。

如果温瑞芬就这样四平八稳地把她的软件研发工作进行下去，郑先生也许还不会想到其他什么问题。但是在2005年6月，温瑞芬突然因制作假文件被香港警方逮捕。

这时，一些关于温瑞芬的传闻传进了郑先生的耳朵。其实以前也有人提醒过郑先生，说温瑞芬这个人靠不住，当时，郑先生根本听不进去。而这时，他开始对温瑞芬的人品产生了怀疑。接着，新世界软件公司的一位会计向郑先生反映，温瑞芬把公司的钱汇入了她在香港的公司账上。

郑先生坐不住了，到北京的新世界软件有限公司检查工作。他发现新世界软件有限公司一直以来所做的，并不是他和温瑞芬的合作协议里所签的微软MBF软件的开发，而是一个ERP软件平台的本土化。据郑先生公司的技术部门考察，这是国内许多公司用过的技术，市场前景一般。但让郑先生震惊的是，他发现自己独资投入了2999万美元注册资金的新世界软件有限公司的董事长，竟然不是自己，而是温瑞芬！而温瑞芬擅自任命的董事，自己一个也不认识！

郑先生恼怒了。他要收回自己的合法权益，他派人带上有关文件，去北京市朝阳区工商局，要求把新世界软件有限公司的董事长变更成自己。他还决定撤销温瑞芬自组的董事会和她任命的董事。而北京朝阳区工商局出示的新世界软件有限公司的原始注册资料和工商登记材料，给了郑先生更大的意外：作为投资者的新世界软件控股有限公司，法定代表人和董事长一栏，名字竟然也都是温瑞芬！这份文件上面还盖着新世界软件控股有限公司的公章，还有温瑞芬的签名。可新世界软件控股有限公司的公章，一直保留在郑先生集团负责文件和公章管理的工作人员手里，从来没有拿出去使用过。

而鉴定公章的真假，不在工商局的职权范围内，他们只能依据工商注册的法规告诉郑先生：在材料和手续齐备的情况下，不经董事会同意，不能变更公司的法人和董事长。

2005年11月，温瑞芬回到北京。面对郑先生的质疑，她没有直接对郑先生解释这一切，而是不让郑先生再进新世界软件公司的大门。随后，温瑞芬对郑先生说她愿意出3000万美金收购新世界软件公司，但她一分钱也没有拿出来。也是在2005年11月，香港高等法院对温瑞芬的一起挪用贷款案做出了判决。起诉温瑞芬的是招商银行，9年前，温瑞芬曾以旗下公司担保人身份，向招商银行旗下的投资公司贷款2亿港元。根据双方协议，这笔钱只能用来买卖中国电信的股票，但投资公司不久后就发现户头内的1.1亿港元不知所终。香港高等法院在2005年11月25日下令，温瑞芬需要就担保责任向招商银行旗下的投资公司偿还2.52亿港元本金和利息。

可温瑞芬似乎一点儿也没有被这些官司所影响，仍然情绪高昂地按计划为12月8日将要举行的新世界软件研发中心成立暨产品发布会做着准备。就在发布会举行完的第二天，出人意料的是，温瑞芬在香港把郑先生告上了法庭，要求郑先生归还她在新世界软件控股有限公司所占有的股份，而且要求给予赔偿。

可以想见郑先生的巨大愤怒。

2006年1月，郑先生请北京某会计师事务所对新世界软件公司进行审计，审计结果发现：自2004年6月公司开始运行，截至2005年12月31日，新世界软件公司销售收入仅为一万多元，累计亏损达8740万余元，公司账户上仅剩下折合人民币一千余万元的资金。

看到这样一份审计报告，郑先生震惊到了极点，让他的部属向北京市公安局经济犯罪侦查处报了案。

3. 身份不明的神秘女人

2006年1月30日,温瑞芬在两位女民警的押解下,走进了北京看守所的讯问室。

她脱下了离家时穿的黑裘皮大衣,换上一身很朴素的衣服。她的头发有些散乱,脸上还带着未褪尽的残妆。"警官好!"她对审讯桌后端坐的民警、北京市公安局公交总队的预审员王守俭和另一位女民警微微鞠了一躬,轻轻吐出一声问候,态度温顺而有礼。

照例,每个犯罪嫌疑人要回答的第一个问题是自己的身份、社会关系和简历。

温瑞芬的回答是这样的:国籍葡萄牙,民族汉族,籍贯江西兴国,父亲是已故的中国人民解放军某高级将领。本人1951年生于广州,在广州读完小学和中学,1966年被周总理送到美国留学。先在水牛城大学,1968年转到加州的伯克利大学。1973年从伯克利大学毕业后回到香港,先在一家电子公司担任助理工程师,后来担任了两家公司的总裁。1986年去了非洲的前扎伊尔共和国,给当时的总统做私人经济顾问,兼香港瑞纳集团的总裁。在扎伊尔,她嫁给了当时的议会主席为妻。1997年扎伊尔政变,温瑞芬回到香港继续经营瑞纳集团,2000年初在百慕大注册了一家软件公司……

但是在一张填于1979年,温瑞芬和她的母亲及姐妹、弟弟申请到澳门定居的表格上,人们看到的白纸黑字却是:她的父亲是澳门一家旅行社的客车司机,母亲是一位家庭妇女。她的籍贯广东增城,1962年出生在珠海前山镇,在珠海上的小学和中学……按照这张表上温瑞芬的出生年份推算,她"被周总理送到美国留学"时,年仅4岁!

而且在温瑞芬所有的有效证件上,譬如护照、回乡证,她的出生日期都是1962年。

温瑞芬这样解释这11岁的年龄差:"1985年我去葡萄牙的时候,移民官把我的出生日期搞错了,写成了1962年,我就是1951年在广州出生的。"

那么,留在广东省公安机关的户籍底档里的,她的当客车司机的父亲和家庭妇女的母亲,又怎样解释呢?

温瑞芬说:"我是他们抱养的。"

王守俭说:"将军的子女不认可你,你凭什么说你是将军的女儿?"

温瑞芬回答得倒也干脆:"他们爱认不认,我认可他们。"

她又以退为进:"我的父亲是谁,与案件无关。我为什么要回答?"

王守俭告诉她:"你的身份与你的案件有很大关系。再说,如果你连亲生父母都不认的话,让别人怎么相信你?"

许多年来,温瑞芬都是打着将军女儿的名号和人谈合作、谈项目,才获得了合作者的信任,所以公安机关必须查清温瑞芬的身份。而我想搞清楚温瑞芬的身份,是和我的职业习惯有关。但是,也许除了温瑞芬自己,再没有一个人能确切地知道这个女人扑朔迷离的前半生履历,她经历过的一切、做过的一切和她感受到的一切。

不独将军的子女不认可这个"姐姐",在美国伯克利大学的毕业生名册里,也找不到温瑞芬这个名字。

可以确定的是,温瑞芬的童年和青少年时期,过的是动荡的、并不富裕的生活;可以确定的是,在成功的路上,不管她借用过什么背景、使用过什么样的手段,温瑞芬都一定经过了艰苦甚至是残酷的拼杀。

我注意到澳门是温瑞芬的人生转折地,但在中华人民共和国的看守所里,面对警方的讯问,她绝口不谈这段历史。有一些记者了解的情况是:她在澳门居住时加入了葡萄牙国籍。她在澳门淘到了她的第一桶金。没有人能确凿说出她的第一桶金到底是什么、怎么得来的。有人说她是投资房地产起家,有人说她曾经营赌博业,也有人说她放高利贷等等。还有媒体记者这样写道："温瑞芬时常透露她与港、澳黑社会的关系,常夸耀她与崩牙驹的交情,让人感觉她不好惹……"更有人说,她就是澳门有名的黑社会组织里的"大家姐"。后来,温瑞芬和澳门一个大家族结怨,才"黯然离开澳门,去了非洲前扎伊尔共和国……"

而温瑞芬始终对民警讲述的都是她自己编造的故事。譬如一次提讯,温瑞芬谈到周总理送她到美国留学后的生活,是这样讲的:她当时品学兼优,但没有钱。学习期间,她当过清洁工,也去餐厅刷过盘子。有一个冬天,她失去了工作。这时,遇见了一个美国老太太,老太太喜欢她的为人,也同情她的处境,说可以介绍她到殡仪馆去工作。为了维持学业,她跟老太太去了殡仪馆,从事遗体整容的工作。她认真地学习,很快就掌握了这门技术。但她一个弱小的女子,要搬动西方人高大壮硕的躯体,是何等的吃力。她还要忍受尸体的异味,克制内心的恐惧……

温瑞芬讲得声泪俱下。

恰恰这个故事,王守俭和一起审讯的女民警以前都在报纸上读到过,当然,故事的主人公不叫温瑞芬。于是,王守俭幽了温瑞芬一默:"我听说过这件事。是不是中国留学生在美国都搬死尸啊?"

此后,温瑞芬就再也不提这段了。

4. 一个只剩下空壳的公司

对一个预审员来说,预审工作不仅仅是坐堂问案,而是对犯罪嫌疑人的方方面面都要掌握,找出犯罪嫌疑人最容易突破的防线。一个高明的预审员,他"盯着"的东西,向犯罪嫌疑人提的某些问题,一般人往往看不出目的性,通常犯罪嫌疑人也感受不出来,只有当案件的一切都尘埃落定时,犯罪嫌疑人才会明白,其实就是当时预审员仿佛不经意的提问,让他现出了原形。

王守俭就是一个高明的预审员。其实在温瑞芬被刑拘一个星期后,王守俭就找到了郑先生了解情况,而现在他要听听温瑞芬是怎样讲的。

"1997年我参加两岸三地的一个活动,认识了台湾一位叫马爱珍的女士。2003年她介绍我认识了李先生,通过李我认识了郑先生。郑说他的集团做IT做得很好,可是我看过他们的材料,做得很不专业。后来郑先生给我打电话,说要与我们合作,我们和他就合作了。

"2004年初,郑先生在香港注册了新世界软件控股有限公司,具体情况我不清楚。大概是2004年3月底或4月初,郑先生让我帮他在北京注册新世界软件有限公司,并给了我新世界软件控股有限公司的章和注册证书。

"新世界软件公司主要研发企业管理软件ERP在中国的实施和应用。我把新世界软件公司做得很好,获得了6项大奖。为了把公司做成中国软件业的一面旗帜,我们公司董事会要求收购郑的那60%的股份。郑先生知道我们的产品研制成功后,就要辞掉我们董事会的所有成员。他觉得辞掉我们几个人,就可以收回公司,占据我们的产品。所以,我就在香港高级法院起诉郑侵权、诈骗……"

听着温瑞芬的夸夸其谈,王守俭说话了:"据我们获得的证据,由于你没有履行协议的规定,你在2004年8月就把你在新世界软件控股有限公司的股份转让给郑了。"

"绝对没有这回事儿。"温瑞芬的声音一下提高了八度。

王守俭拿出了一份文件让温瑞芬看,上面有温瑞芬出让自己所占新世界软件控股有限公司股份的英文签名。

"这个签名是假造的。"

后来经过权威部门的鉴定,签名是温瑞芬亲笔所签。

对付这样面对证据也不认账的人,王守俭自有他的办法。他换了一个方向问:"你会不会把新世界软件公司交给郑先生经营?"

"绝对不会! 我们一直和郑争。宁可公司垮了、没了,也不会给郑先生!"温瑞芬几乎是喊着说的。她的礼貌、优雅,随着审讯的深入,消失了。

就在温瑞芬被抓获几个月后,北京朝阳工商局根据证据,确认了新世界软件有限公司董事长为郑先生,并接受了董事会成员变更的申请登记。但郑先生在收回公司的过程中,遇到了来自新世界软件原高管和员工的阻力。一是因为员工们对公司到底是谁的一直受温瑞芬的蒙蔽,二是因为温瑞芬用白来的钱,做了许多拉拢人心的事情。当郑先生费尽心力把公司收回的时候,这家公司只剩下一个空壳。

5. 用术语兜圈子

对温瑞芬案的调查一直在继续。一次,王守俭再次提审了温瑞芬,主要是了解温瑞芬和微软签订的协议到底是TAP还是MBF软件的研发。这是一个从温瑞芬被刑拘之初就问过的问题,当时温瑞芬的回答是:"是TAP的协议,这个协议讲的就是MBF的研发。"

她大约认为预审员不会懂得这样专业的问题,就像当年的郑先生一样。确实,那时候王守俭对TAP、MBF、ERP这些专业术语还不那么了解,所以他只是问,不打断也不反驳,明知道温瑞芬在编故事,也很耐心地听着。

他耐心地听温瑞芬讲她是如何知道TAP这个协议的——"这是比尔·盖茨2000年对我讲的,他说他们要做这个。到2002年,微软正式与其他公司签协议,到目前为止只签了25家,而且已经不再与其他公司签订这个协议了。"

他耐心地听温瑞芬讲她和微软签订这个TAP的程序:"要与微软关系不错,才可以签订这个协议的。当时是我亲自去的。米歇尔在那里负责,他手下有十多个人,我需要和每个人去谈,才能和他们签订协议。"

王守俭不动声色地问："有没有其他方式，可以与他们签订这种协议？"

"别的方法根本不行，微软不会签的。"

"这25家和微软签订同样协议的公司，都是这样签的吗？"

"都是这样的。"温瑞芬坚定地回答。

两个多月后，当温瑞芬仍然用同样的回答来忽悠的时候，王守俭揭穿了她："TAP协议不等同于MBF软件的研发。TAP只是一个框架性协议，没有具体内容。如果要研发MBF，或者与微软共同合作MBF的有关项目，是要签订具体的项目协议的。"

温瑞芬故意装作不解："是吗？"

王守俭继续戳穿她："TAP是个什么协议，你心里明白。这个协议没有你讲的那么神秘，微软可以和任何一家公司签订这样的协议，并不是特指某些人、某些公司。而且，这个协议也绝不用大老远跑到美国去和微软的人一个一个谈话才能签，在网上就能签。微软和全球许多家公司签有这样的协议，就因为它只是一个没有具体内容的框架性协议。"

温瑞芬开始耍赖了："我只是因挪用资金罪被审查，其他的情况，我不会回答。"

王守俭告诉她："我们是因为你涉嫌挪用资金对你审查，但在审查过程中，必然要涉及其他问题。你这起案件还有许多问题，我们都要逐个进行了解。这是我们的职责。现在我们再说你在2004年4月5日和郑先生签的协议。这个协议中规定：你应促使微软公司就TAP和MBF与新世界软件控股有限公司签订相关的合作协议，你履行了吗？"

温瑞芬说："这个问题和这起案件没有任何关系。我已在香港法院起诉了郑先生，你们可以到香港法院去拿相关的材料。"

"这个协议是本案的一部分。你在哪儿起诉，跟我们无关，我们要查的是事实。我再问你，你能提供与微软的MBF协议吗？"

"这个协议与你们的管辖无关，与本案无关。"

　　"这个协议和本案有着重大的关系。没有MBF，就不会有新世界软件控股有限公司，就不会有新世界软件有限公司，就不会有你和郑先生的合作。而且，如果真的没有MBF，你的行为就不再是涉嫌挪用资金，而是涉嫌诈骗，这能说没有关系吗？"

　　"我和郑先生讲的，就是TAP协议。"

　　"你和郑先生讲的是不是TAP，许多人都可以证实。你心里应该最明白TAP和MBF这两个协议的区别。你不仅没有和微软签订MBF协议，你与郑先生合作协议中的其他项目，你也没有做到。"

　　王守俭又问："你们研发的ERP软件和微软有什么关系？"

　　"和微软公司的产品没有直接的关系。我们研发的ERP运行平台叫JPF。"

　　"你们研发的ERP软件能否在微软的MBF平台上运行？"

　　"不行，这是两个概念。"

　　问题渐渐触及到案件的核心了。在一开始，王守俭问温瑞芬和微软签订的是TAP协议还是MBF协议、MBF是否等同于ERP的时候，温瑞芬还只是把这当作一般的了解情况，但现在，她感觉到这是判定自己有罪还是无罪的关键之一了。

6. 消失的2999万美元

　　还有一个关键问题，就是新世界软件有限公司巨额资金的去处。

　　2999万美元，按当时的汇率，折合成人民币是2.4亿多，仅仅一年多的时间就所剩无几，这些钱都到哪里去了？

用温瑞芬的话说,付办公用房的租金了,付办公用房的装修费了,给公司购买软硬件和办公用品了,买车了,给员工发工资了,给员工买宿舍用房了……

"这些都是有账的。"温瑞芬强调,"我们每动用单笔超过一万美元的资金,都要通过董事会签字。我不会挪用公款的。我没有从公司借过钱。"

可新世界软件公司的账上显示,公司为温瑞芬支付个人房屋装修费共计人民币304万余元,为温瑞芬个人支付律师费共计人民币306万余元;温瑞芬使用公司的钱,在某商贸有限公司一次为自己购买的奢侈品就达到人民币172万余元;温瑞芬还一天内多次从公司提款,最多一天达12次。经统计,温瑞芬从公司借款总额为人民币1979万余元。

"是公司欠我的钱!"温瑞芬为自己辩解,"我做业务时,有时先由我垫付给对方,公司再还给我。到现在,我替公司垫付了有700多万美元。"

王守俭告诉她:根据公安机关调查到的证据,公司不欠她的钱。

也许温瑞芬不会想到,北京的民警会了解得这么多。她感觉自己这次很可能赖不过去了。

以前,温瑞芬不止一次被抓过,和香港警方、澳门警方、法庭都打过交道。她不止一次地以将门之女的身份、与中国高层的密切关系来逃脱或减轻惩罚,这是她的王牌。面对大陆公安机关,她也打算使用这两张牌。

但将门之女这张牌,现在不好使了。王守俭明确地告诉她:"我们讲你不是将军的女儿,是有根据的。你讲将军是你父亲,是没有根据的。你要尊重事实。"

"你们就编吧。"温瑞芬狠狠地说。明明是她给自己编了无数的故事,却把"编故事"的帽子扣到别人头上,好像这样就可以证明自己是清白无辜的了。

"你们不就是每月几千块钱收入的小警察吗?比你们大的官我见得多了。我温瑞芬不是没有能力,你们办不了我的,你们要小心点儿!"

王守俭冷笑道:"你见过的官再大,你的能力再大,也大不过法。"

温瑞芬变得狂暴起来，一连几堂，她都拒绝在讯问笔录上签字。

这一点并不影响案件的审理进程。王守俭知道，这个案子的关键，不在温瑞芬的口供，而在于证据。在讯问室里，不知多少次了，她一小时前承认的，一小时后就不承认了；今天承认的，明天就不承认了。就是在证据面前，她也不认账。

王守俭相信，即便她在预审时对所有的问题都承认了，到了检察院和法院，也可能完全推翻。对于公安机关来说，最重要的就是取证。

王守俭和他的同事去了微软中国公司。微软中国公司根本不知道有MBF这样一个项目。后来，他们打电话给在美国的微软总部，才知道MBF是怎么回事儿。同时他们也知道了，2005年年底总部就停止了这个项目的研发。微软总部给公安机关出具的证明文件是：在现有的公司档案中，找不到任何授权新世界软件公司或者温瑞芬进行独家开发MBF项目的有法律约束力的文件。

王守俭和他的同事也查阅了郑先生与温瑞芬签署的所有协议和来往的法律文件，新世界软件控股有限公司和新世界软件公司所有的注册资料及公证书等材料，还有新世界软件控股有限公司的董事会会议记录。他们向几十位有关人员取了书证或做了证言的笔录，也了解了审计公司对新世界软件公司的所有财务凭证进行的审计。

他和同事还去了澳门和香港。在香港，他们看到了新世界软件控股有限公司的印章，那是一枚圆形的印章。而温瑞芬在工商局出示的新世界软件公司的印章，以及盖在公司章程和委托书上的印章都是方形的。他们还获取了温瑞芬用新世界软件公司的钱为自己支付律师费及其他费用的书证。

在温瑞芬抗拒讯问的时候，王守俭说过："如果你继续乱编事实，随着案件的调查，证据搜集得越来越充足，对你就越来越不利。"现在，形势对温瑞芬真的越来越不利了。

有一天在被提讯后，温瑞芬忽然对王守俭说："王警官，我这事儿你能不能帮个忙？费用这块儿好说。"

王守俭装作很认真的样子问："你有多少钱？"

"最多时我有57亿美元的资产。"

王守俭想起来了，不久前公布的福布斯财富排名榜上，某上榜大企业家的资产刚好是57亿美元。他说："那好，你拿出30亿吧。"

温瑞芬似乎有些意外，呆了一呆说："你也太狠了吧？"

王守俭的脸上露出一抹微笑："你拿出30亿，出去后还可以接着骗，很快就能回到57亿嘛！"

温瑞芬知道自己上套了。

王守俭变得严肃了："告诉你，我一分钱也不会要你的。你的出路只有一条，就是我和你说过很多遍的：好好和公安机关配合，老实交代问题，争取法律的宽大处理！"

2006年5月22日，北京市公安局将温瑞芬案移送到北京市人民检察院第一分院。

在检察院，预审时犯罪嫌疑人的口供要重新审查，证人证言要重新审查，物证也要重新审查。而面对检察官，温瑞芬像刚开始面对预审警官一样重复着自己编织的故事，时而温顺如兔，时而撒泼逞凶，时而哭哭啼啼，时而横眉立目。

7. 最后的交锋

2007年6月25日上午9点半，北京市第一中级人民法院公开审理温瑞芬案。北京市检察院第一分院以诈骗罪对温瑞芬提起公诉。

随着审判长的命令，温瑞芬被法警带到了被告人席上。

一年多的羁押生活，让她洗尽了铅华。她身着看守所的灰色马甲，头发在脑后松松地挽了一个发髻，两鬓已经有了缕缕白发。

她首先给法官和公诉人深深地鞠了一躬。

温瑞芬的神情，看上去有些黯然。但当她发现庭审现场还有许多媒体记者，诸多的摄像机、照相机对准她的时候，立刻挺直了身体，扬起了头，让自己变得不羁而高傲。

庭审一开始，审判长便询问她能否用中文进行答辩？她的回答是："Do my best（我尽量）。"根据她的要求，法庭为她聘请了英文翻译。

控辩双方都进行了充分的准备。这个案子的案卷，由A4纸装订而成，一共100多卷，装满了3个箱子，铺满了审理这起案件的马惠兰法官所在办公室的地面。

控辩双方进行了激烈的辩论。温瑞芬的律师为温瑞芬做的是无罪辩护，向法庭提供了拟证实温瑞芬无罪的34件证据。公诉人，北京市人民检察院第一分院的崔玉检察官，则指控温瑞芬犯诈骗罪，向法庭提供了证实温瑞芬有罪的51件证据。

听到公诉人对自己诈骗罪的指控，温瑞芬非常激动，像演讲似的对法庭说了这样一番话："这就是捏造一个我诈骗的故事。我是一个有能耐的人，我在国际社会的交往，我所有的工作，我没有丢过民族的脸，我温瑞芬在港澳生活过，在欧洲、美国读书，在刚果也生活过。这里有一份文件，清楚地表明了我的身份。我在总统身边是一个红人，我在他身边16年，你想，我需要去诈骗吗？"

而实际上，温瑞芬触犯的正是诈骗罪，诈骗罪在客观上表现为"使用欺诈方法骗取数额较大的公私财物"，欺诈行为从形式上来说包括两类：一类为虚构事实，另一类为隐瞒真相。在本案中，温瑞芬虚构她与美国微软公司的合作，骗取郑先生的钱财，所以她的行为已经涉嫌诈骗罪。

再激情的表演也有落幕的时候。2008年1月24日,北京市一中院对温瑞芬一案做出了一审判决:温瑞芬犯诈骗罪,判处无期徒刑,并没收个人全部财产。

判决书很长,近1.8万字。判决书逐条列出控辩双方的意见和证据,然后依据庭审举证、质证查清的事实,逐条对辩方提出的证据予以驳斥。

在判决书上签字的时候,温瑞芬哭了。她在成为前扎伊尔共和国议会主席的妻子之前,还有过两次婚姻。那两次婚姻为她留下了一对儿女。如果说她对这个世界还有一份真感情,那就是对儿女的爱和牵挂。而她的两个孩子,将长期失去母亲。

温瑞芬的落网,验证了那句古话:多行不义必自毙。有媒体记者历数过温瑞芬的一个个骗案:以投资非洲金矿为名,骗取国内一些大机构数亿元资金;利用湖北的一栋大楼,骗取了6000多万元;骗招商银行2亿多元;骗郑先生2亿多元;骗非洲某家杂志;骗佛山某外贸公司;骗澳门马氏家族……就在她被抓之前不久,她还以拥有神华煤业代理权之名义,骗了香港某公司6000多万元。

江湖上有一句话:出来混,欠账迟早要还的。这句话用到温瑞芬身上,无比地合适。

寻子疑云
——70小时破获特大绑架案

对于很多人来说，孩子意味着一切的一切：爱，责任，希望，生命的延续和完整的人生，等等。而绑架案，不但意味着要和绑匪斗智斗勇，更要和时间竞赛。因为，只要人质没有脱离危险，每一秒都有可能发生不测。基于这两点，绑架儿童案总是那么揪心、紧张和惊心动魄。

2007年5月8日上午，徐培兴就遭遇了这种噩梦。8岁的儿子欢欢被人绑架，绑匪声称有人出8万美元要孩子的命，并开出了1000万元的巨额赎金……从案情分析，是了解徐培兴的人干的。那么，到底是谁和他有着如此的深仇大恨？

北京市朝阳区道家园1号。

北京市公安局朝阳分局的办公楼就座落于这里。中午时分，初夏的阳光穿过刚刚浓郁起来的树叶，洒在公安局门前的柏油路面上。

重案四队的队长王东，捧着一个饭盒从公安局的大门走了出来，左右四顾寻找着什么。没过多久，两只猫咪不知道从哪个角落里钻了出来，轻盈地跑到王东的脚旁。王东把饭盒里的食物倒在地上的一张旧报纸上，笑微微地看着两只猫儿大快朵颐。

不知道从什么时候开始，公安局威严的门庭成了流浪猫们的聚集地，每隔一段时间，都会出现一只或几只猫儿在门前徘徊。民警们任务繁忙，但只要有人在局里值班，猫儿们便饿不着，每个民警在午饭的时候，都会想到门口的小家伙们还在挨饿。

王东现在喂养的这两只小猫，一黑一白，似乎把公安局当成了自己的家，已经在这里流连了一个多月了。民警们给它俩起了个外号叫"黑白双煞"。

王东眯着眼睛，满意地看着这两只猫品尝着"美味"，在他看来，这短暂的闲暇难能可贵。这个时候，手机响了，王东按了接听键，没听两句，脸色不禁变得凝重起来……

电话报告的内容是：一件绑架案数小时前在北京朝阳地界发生。分局刑侦支队命令王东马上带侦查员赶到太阳宫派出所。

太阳宫派出所的接待室里，正在接受民警询问的报案人是国内某大型服装集团的董事长徐培兴。他的身边，是一个比他年轻得多的女人，衣衫不整，头发凌乱，脸色惨白，不停地擦着眼泪。这个女人是徐培兴的妻子宋玲。

喜欢逛商场的女人们，很多都知道那个以小女孩头像为标志的服装服饰品牌。这个品牌的专柜遍布全国各大城市的大型商场。作为这个品牌的创始人，无论在行业里还是社会上，徐培兴都是一个低调的人。可10年前，一场官司却让徐培兴的名字上了报纸法制版的头条，成了街谈巷议的热门话题。和他打官司的是与他结婚20余年、曾经并肩创业的妻子。

在这场官司之前，徐培兴和妻子发生了严重的感情危机。他放弃了自己在原来企业的所有权益，只要求拥有品牌的商标，但妻子坚决不同意。在这场纠纷发生的全过程中，他的两个已经成年的女儿，始终坚定地站在母亲一边。法院最后的判决是，商标归他的妻子所有，徐培兴新成立的公司要改换新名。就这样，徐培兴和妻子的婚姻走到了尽头，女儿也和他成了陌路人。

许多人都疑惑，到底是什么让徐培兴心甘情愿交出全部产业呢？但所有当事人对这一点都是守口如瓶。这场官司尘埃落定后，徐培兴就从媒体的视线里彻底消失了。想不到10年之后，他会出现在太阳宫派出所里，带着他的第二任妻子宋玲，为他们8岁的儿子欢欢被绑架向警方报案。

1. 突遭绑架

2007年5月8日上午发生的一切，对徐培兴一家来说是一场噩梦。

早上六点多，宋玲像往常一样，驾驶着自己的黑色皇冠轿车从家出发，送儿子欢欢上学。行驶到朝阳区外经贸大学的北侧路时，一辆黑色捷达轿车从她的皇冠车右侧超过，把她的车别了下来。从捷达车上下来两个穿警服和两个穿保安制服的人，对着她厉声喊道："检查！"

宋玲满怀狐疑地打开车门。突然，一个穿警服的人一把把她拽下车来，接着这几个人一齐动手，把她拖进了捷达车的后门，按在了后排座上。接着，那个拽她下车的人奔向她的皇冠车，坐进驾驶座。两辆车一前一后，迅速开动了起来。

被一边一个穿保安制服的人紧紧挟住胳膊的宋玲又惊又怕又急。她意识到，自己被绑架了。儿子欢欢还在自己的皇冠车上，也就是说，他也落在了绑匪的手中。她不知道这些人要把她和儿子带到哪儿去，也不知道他们要对自己和儿子做什么。车到路口拐了个弯，向南再向西，在长辛店路段上了京石高速路，在河北省的涿州出口驶下高速路，在涿州县城转了一个圈，继续上了京石高速南行。车过了保定收费站，一个人把宋玲的眼睛用黑布蒙了起来，还把她的两只胳膊反绑了起来。

不久，车似乎又过了一个收费站。一路上车里都很静。宋玲一再央求不要伤害她和孩子，但几名男子始终一言不发。几人之间也不说话。偶尔会有个电话打进来，接电话的人也只是嗯嗯啊啊地应着。

宋玲的眼睛被蒙上后，她对周边的一切就更难判断了，惊惧在加倍。她感觉道路很平整，车以很快的速度行驶着，但她的世界却陷入了停滞。不知又过了多长时间，一个男人对她说话了，是外地口音，可她判断不出来具体是哪个地方的："有人花8万美金要你儿子的命。你要想保住儿子，就在三天之内给我们拿来1000万人民币，否则就撕票！"随后车停了下来，宋玲被拉下车，被绑在一棵树上。还是那个男子的声音："你的车就在附近。听着，不许报警，你要是报警，孩子就没命了！"接着是汽车发动的声音。

车开走了，宋玲拼命挣扎，挣脱了捆绑她的绳索。扯下眼罩，强烈的阳光从头顶直射下来，宋玲一阵眩晕。她环顾四周，发现自己被放到了一片小树林里。看看腕上的手表，此时已经是中午12点。她想找自己的车，却没有发现。她趔趔趄趄顺着林间小路走出去，发现是在京石高速路石景山段金源路的边上。她迫切希望能给丈夫打一个电话，可自己的手机和包都在皇冠车上。她走了大约一公里的路才拦下一辆出租车，让出租车司机开足马力向丈夫的公司驶去。

2. 兵分三路追踪嫌疑人

徐培兴在见到宋玲焦急、恐惧表情的一刹那，就知道肯定出了什么大事儿了。儿子失踪的消息，让他如同挨了一闷棍。8岁的男孩欢欢，出生后一直是他的心肝宝贝儿，如果出了什么意外……徐培兴不敢往下想了，经过短暂的思索后，他还是决定报警。

在所有的绑架案里，犯罪嫌疑人都会威胁被绑架人的亲属不许报警。可在绝大多数情况下，报警是当事人唯一正确的选择。从多起绑架案中，我总结出一个共同点：犯罪嫌疑人是毫无规则可言的，所以绑架案件一定要报警。

敏感的当事人身份，1000万元的巨大赎金数额，"5·8"绑架案引起了市局领导的高度重视。太阳宫派出所的会议室里，除了王东队长和他的重案四队，朝阳分局主抓刑侦的副局长杨建国到了，刑侦支队的支队长隗甫杰、副支队长孙建民到了，北京市公安局刑侦总队的侦查员也赶到了。这是几张互相都很熟悉的面孔，当初著名演员吴若甫被绑架，就是这几位破的案。吴若甫本来已经绝望了，因为他知道之前的人质都已被撕票，而且犯罪嫌疑人还给他煮了一碗饺子，准备送他上路，所以当刑侦队员破门而入的时候，他还以为自己是在做梦……为了对冒着危险解救他的刑警们表示感谢，吴若甫后来还坚持买了几件防弹衣送给这几位侦查员。

专案组在太阳宫派出所的会议室紧急成立，经过讨论，寻找那辆黑色的捷达，然后通过捷达车寻找犯罪嫌疑人，再寻找被绑架的孩子，成了大家一致认同的破案思路。

可是因为事发突然，又被巨大的惊吓所笼罩，宋玲没能记住捷达的车牌号。那么，是不是可以通过宋玲的皇冠车寻找这辆捷达？这两辆车不是一直互相跟着么？

经过详尽的讨论，侦查员决定兵分三路。一路到宋玲和孩子最初被劫持的外经贸大学北侧路和宋玲挣脱绳索的石景山金源路一带做调查走访；一路以外经贸大学北侧路为起点再次进行走访；还有一路留在太阳宫派出所，向徐培兴夫妇了解他们所有的社会关系和矛盾。

3. 何处来的深仇大恨?

在会议室旁边临时辟出的一间房里,宋玲一直在哭。徐培兴表面上看起来比较镇定,可办案人员都知道,他的内心肯定也忍受着痛苦的煎熬。

徐培兴在45岁的时候才得到这个儿子。就是为了这个儿子,他才和自己的结发妻子及亲生女儿恩断义绝,付出了亲情和事业的双重代价。

徐培兴出生在一个因改革开放而迅速富起来的江南小城,发达的市场经济改变了当地人很多,却没有改变传宗接代的传统观念。在当地,没有儿子的人家,即使再富有也会被一些人指指戳戳。而徐培兴的妻子给他生的是两个女儿。

在为改变贫穷的生活而全力拼搏的时候,他顾不上要儿子的事。况且,他的妻子和渐渐长大成人的女儿,是他事业上的有力帮手和合伙人。可企业做得越大,家产积累得越多,要一个儿子的愿望就越加强烈。后来,徐培兴有了婚外情。他无法忘记他的结发妻子得知他有了婚外情之后的愤怒和悲伤;他无法忘记他对妻子提出离婚的要求后,两个女儿投向他的仇恨目光;他尤其无法忘记为了企业名称和商标的所有权与妻女打的那一场官司。法庭上,妻女们对他是何等的冷酷无情。他明白,这是妻女对他的一种报复。

渐渐地,10年过去了,当年曾经在家族和社会上掀起的巨大波澜,早已归于平静。他和前妻及女儿,在各自的人生轨道上行走,已经是井水不犯河水。他本来希望自己的人生从此平静下来,可现在,被他视为命根子的儿子,居然被人绑架了。嫌疑人对他的妻子说:"有人出8万美金要你儿子的命!"谁会跟自己有这样的深仇大恨?他一直在想,可没有想出来。

4. 嫌疑人的电话

挂钟敲响了下午6点的钟声。

距离警方接到报案已经过去了5个小时，而欢欢落入犯罪嫌疑人手中已经过去11个小时了。以往侦破的绑架案中，嫌疑人一定会不断地向人质家属索要赎金，可是这一次，11个小时的时间里，嫌疑人没有任何消息。1000万元，犯罪嫌疑人要出这么一个庞大数字，这当中是不是有其他的隐情？

到外经贸大学北侧路和石景山金源路一带做调查的侦查员回来了。他们一无所获——既没有人看到早上劫人的一幕，也没有人看到中午停车放人的一幕。

时间一分一秒地流逝。表针每一秒钟的跳动，都让侦查员们感觉揪心。绑架案在侦查员的心中分量特别重，因为在这类案件中，侦查员是在和犯罪嫌疑人抢夺生命，容不得任何懈怠。同时，为了被绑架者的生命安全，在侦破和解救的过程中，每一步都必须缜密、准确，不允许有半点儿的疏忽和差错。

专案组一接手这个案子，就意识到孩子的生命处在极大的危险当中。因为欢欢已经8岁了，什么都懂了，所以即使嫌疑人拿到1000万元，说不定也会对孩子下毒手。侦查员们的心，分外焦灼。可是他们不能对孩子的父母说出这一点，甚至，他们不能对孩子的父母表现出自己的焦灼。

"一定是比较了解他的人干的，否则选择路线不会这么精准，也不能张口就开出1000万的价钱。"专案组的指挥员对犯罪嫌疑人的身份进行分析，"现在也不能排除徐培兴的前妻和两个女儿，不能排除这当中因爱生恨的可能性。所以，也得从侧面了解他前妻和两个女儿目前的状况。"但后来了解的情况是，徐培兴的前妻和女儿近几年长期在国外居住，国内的生意全部交给职业经理人来打理。所以，徐培兴前妻和女儿作案的可能性很小。

晚上10点多钟，北京下起了小雨。春天的雨，本来给人的感觉是温暖的，可这个晚上的雨,却让侦查员们感到阵阵凉意。整整15个小时过去了,犯罪嫌疑人还是没有反应。被劫持的孩子现在在哪里?犯罪嫌疑人会怎么对待孩子?

快11点时,徐培兴的电话突然响起,一个男子告诉徐培兴,孩子很安全,他们只图财不害命,让徐培兴赶紧筹钱。话不多,犯罪嫌疑人很快挂断了电话。

就在此时,在保定收费站调查的侦查员传来消息,他们发现了在5月8号上午10点54分的时候,宋玲的皇冠轿车从收费站进了保定,在皇冠车前面通过收费站的是一辆黑色捷达,没有车牌号。5分钟后,这辆捷达又从相反的方向进入收费口向北京方向驶去。

这辆车的出现,让侦查员看到了破案的第一缕曙光。

5. 锁定犯罪嫌疑人

天快亮了。会议室里就剩下孙健民副支队长、徐经峰政委、王东队长和内勤女民警张姝。王东和孙健民各自蜷缩在沙发上睡着了,徐经峰窝在靠背椅上打着呼噜,小张姝趴在电脑桌上,身上披着一件衣服。

小雨淅淅沥沥地下了整整一夜,2007年5月9日清晨,天空放晴了,阳光穿过会议室的大玻璃窗照射进来,他们一点儿也不知道。派出所的民警端着早饭来看过他们两回了,看着他们熟睡的样子,实在不忍心将他们叫醒。可是,他们还是被手机的铃声叫了起来。

派往北京市公安交通管理局的侦查员传回来了重要情况:全市所有的黑色捷达车的资料中,有一辆比较可疑。这辆车的车主叫孙勇,男,北京人,家住北京市石景山区。孙勇的照片立即被传回到专案组指挥部,孙健民副支队长让还没睡醒的张姝赶紧拿给隔壁的宋玲辨认。经过一天一夜的煎熬,宋玲已精疲力竭,但是当她见到孙勇的照片时,立刻清醒了。当时正是孙勇把她从车上拽出,随后驾驶着皇冠轿车将欢欢带走的。

徐培兴也看了,他拍着脑袋说:"我怎么觉得这个人也有些眼熟呢?"虽然眼熟,却一时想不起来在哪儿见过,一种不祥的感觉让徐培兴打了一个寒战。

侦查案件的思路更加清晰了。刑侦总队和朝阳分局重案队分别派出十多名侦查员,一部分赶往保定——那辆皇冠车进了保定没有回来,孩子有可能在保定;另一部分人员去孙勇家附近蹲守——如果孙勇在北京,很可能会回家。抓了孙勇,如果孩子在保定,就可以在最短的时间里把孩子解救出来。

6. 密捕重点犯罪嫌疑人

孙勇的家在一个上世纪80年代建成的老旧社区里。在去这个小区之前,侦查员们先去了当地的派出所。从片警那里了解到,这个两室一厅的房子是孙勇租的,住着他和老婆孩子一家三口。

在孙勇家所在的楼下,侦查员看见了那辆黑色捷达。暗中拍的照片传回了专案组指挥部,请宋玲再一次辨认。为了万无一失,王东队长请宋玲回忆一下这辆车的内饰。

"车座套是白底黑点的绒布,风挡右上角的年检标识有破损,车的操作台上放着一瓶蓝色的香水……"宋玲一边努力地想,一边慢慢地说出来。

信息传回给前方的侦查员。侦查员装作遛弯,叼着烟卷不紧不慢地从那辆黑捷达旁边走过,往车里一瞥,车内的景象和宋玲描述的完全一样。

基本可以肯定,这就是那辆作案车了。

指挥部向侦查员发出命令:在捷达车的附近等候孙勇。

一整个白天,孙勇没有出现。同样一整个夜晚,孙勇也没有出现。这个家伙难道觉察到了什么,跑了吗?

是不是让居委会的干部,或是别的什么可靠的人,找个借口到他的家里探个虚实?

　　不可以。因为无论他的同案犯是在他的家里,还是在他家附近,都会暴露情况。整个侦破的过程中,任何的打草惊蛇都会危及孩子的生命。所以,必须保证在孙勇事先没有任何觉察的情况下实施密捕。

　　一天一夜,从侦查员的眼下走过了许多个孩子。有男孩,有女孩,有的被抱在妈妈怀里,有的骑在爸爸脖子上,有的奔跑跳跃,有的嬉笑打闹,这情景更让侦查员们内心感到一阵阵焦急,欢欢到底在哪里呢?

　　5月10日上午9点40分,孙勇,这个让侦查员们等候多时的人,从他家的单元楼门里出来了!

　　侦查员的眼睛立刻亮了起来。

　　孙勇的手里提着两个装着东西的塑料袋,走到垃圾桶前扔了。接着走到他的捷达车旁,从车里取出两个装着东西的塑料袋,走上楼去。

　　又过了一个多小时之后,他第二次从楼上下来,开着他的捷达车走了。

　　侦查员尾随着孙勇,看见孙勇将车开进了一家洗车房。工人开始给他的车打泡沫、冲洗,他一直待在车里。如果这个时候上前抓捕,很可能会惊动他,弄不好他会驾车逃逸。侦查员决定耐心等待。工人洗好了车,孙勇将车开出了洗车房。一个工人对他喊:"孙老板,喝杯茶,刚沏的!""好嘞。有啥好茶叶?"孙勇一边嘻哈地应着一边下了车。他一点儿不知道,紧盯着他的侦查员已经悄然逼近了。孙勇刚在洗车房外一把椅子上坐定,便发现从左侧飞快驶来一辆车,车还没有停稳,两名侦查员便冲了过来,迅速把他的双手反剪到身后。几乎同时,从右侧驶过来的一辆车上,也跳出来一名侦查员,掏出手铐把他的双手铐住。还没等周围的人反应过来,孙勇已经被抓获了。

　　这时候,是5月10日中午12点16分。

　　突审时,孙勇交代家里没有其他人,侦查员随即对他的住所进行了搜查。

侦查员从衣柜里起获了那两个被孙勇提上楼的塑料袋,里面有一套警服和两套保安制服、发令枪改造的手枪3把、子弹90发,此外还有警灯和伪造的警察工作证。可以进一步肯定,孙勇就是"5·8"绑架案的嫌疑人之一。

孙勇马上被押回专案组。

7. 审讯室里的交锋

审讯室里,王东队长目光如剑,直视着墙角蜷缩成一团的孙勇。

没必要兜圈子了。"孩子在哪儿呢?"王东单刀直入地问。

"什么孩子?"孙勇还想装傻。

"被你们绑走的孩子。"

"我没绑孩子……"

王东把起获的两个塑料袋扔到孙勇眼前。

"这些东西不是我的。"孙勇试图继续抵赖。

"是谁的?"

"是我朋友的。他借我的车,车还回来后,我发现了这两个口袋,就拿回家了。"

"你朋友是警察吗?"

"不是。"

"不是?不是警察哪来的这些警服和警用品?"

孙勇不说话了。

侦查员换一个问题再问:"你朋友叫什么?"

"就知道他外号,叫耗子。"

"住哪儿?"

"不知道。"

"怎么跟他联系？"

"他跟我联系。"

王东队长冷笑了几声，那张黑脸更凝重了，凝重得让人害怕："你连你朋友叫什么、住哪儿、电话是多少都不知道，你怎么放心把车借给他？我给你说明白了吧，抓你就是为孩子被绑的事儿。绑人的车、衣服，都在你这儿，你怎么解释？"

孙勇闭上眼睛，身子也瘫倒在了地上。民警把他提了起来。

王东加快了审讯的节奏："在这儿只有一个出路，就是尽快说实话。你现在唯一的选择就是赶紧把孩子在哪儿说出来。孩子安全了，你才可能有立功表现。知道吗？"

孙勇开始一点点交代了。他承认这起绑架案是他一手策划的。同案人里，一个是他外甥，叫宋卫星，一个叫王希军，还有一个叫王尾巴，是王希军找来的。他们都是河南省周口市鹿邑县人。

他交代了他们是把宋玲绑在石景山的小树林里以后分的手。另外3个人带孩子开着宋玲的皇冠走了，他开自己的捷达回家。他的分工是向孩子的家属要赎金。

但孙勇确实不知道孩子现在究竟在什么地方。他说孩子可能被3个同伙带到了河北省石家庄市，因为之前他和他们约好，如果赎金到手，他们就在10日下午4点，在石家庄中心医院停车场会面。如果到时间孙勇没来，3个同伙就带孩子回河南老家。

这时已经是5月10日下午近两点。时间万分紧张，情况万分急迫。专案组指挥部马上派出另一组侦查员赶往石家庄，同时命令在保定的侦查员也去石家庄。

8. 不怕贼偷，就怕贼惦记

对孙勇的审讯仍在继续，这起千万元绑架案的谜底也一点点浮现出来。

20多年前，孙勇是北京一家汽车制造厂的技术工人。为了多挣些钱，30岁时孙勇从工厂辞职，小打小闹捣腾起了汽车零配件的买卖。几年后，孙勇在石景山自立门户，开了一家不大的汽车修理门市部，自己做起了老板。

孙勇有过春风得意的日子。他本来就对这个行业熟悉，业务也不错，加上人很活络，生意一直很好。最兴旺的时候，他雇过6个工人。

孙勇认识徐培兴就是在这个时期。有几年时间，徐氏集团有很多的车都在他那里修理、保养。徐培兴和他妻子的座驾，都是高档进口轿车，修理、保养自然是去专门的4S店，但也在他这里洗过。他只见过徐培兴本人一两次，至于他的妻子，一次也没有见过。

时间长了，孙勇开始慢慢了解了一些徐氏集团的情况。司机们一般都是见多识广，而且喜欢聊天。点上一根烟，坐在专门为顾客预备的椅子上喝着浓浓的热茶等着取车的时候，也是司机师傅们开侃的时候。集团的新闻，生意场上的秘笈，老板的阔绰以及风流逸事，都是永远也说不完的谈资。

当车洗完或修完，司机们掐灭烟头，把车开走了，对自己说过的关于集团和老板的长长短短，他们转眼就忘了。可他们怎么也没想到，这些话却被这个总是满脸堆笑的汽车修理门市部的小老板牢牢记在了心里。

2005年底，孙勇门市所在的街道拆迁，他的修车铺关张。此后，孙勇卖过树苗，卖过液化气，还开过黑车，可总是入不敷出。更糟糕的是，他迷上了赌博，家里多年的积蓄就在哗哗作响的牌桌上如流水一样淌了出去。到2007年初，他欠下了几十万元的债务，连孩子上学的钱都拿不出来了。

这时，孙勇想到了大老板徐培兴。他找到来北京打工的王希军，说出了绑架徐培兴儿子的计划。

想发财想得眼睛都绿了的王希军，一口答应。孙勇又找了自己的外甥宋卫星。王希军也拉了一个叫王尾巴的老乡入伙。

2007年春节刚过，孙勇就开始暗中跟踪徐培兴一家，足足跟踪了近3个月。2007年5月8日，孙勇伙同王希军、宋卫星、王尾巴绑架了欢欢。

9. 斗智斗勇，引蛇出洞

内勤张姝走进审讯室，在王东队长耳边轻声说："周口警方把王希军、宋卫星、王尾巴的照片和有关资料传过来了。"王东队长指示张姝，把这几个人的照片立刻发到赴石家庄的侦查员的手机上去。只要这几个人出现，马上就抓，解救孩子。

侦破工作却进行得并不那么顺利。

经过两个多小时，下午5点民警赶到了石家庄，找到了中心医院，并在停车场发现了宋玲被劫走的皇冠车，可车里没有人。他们把自己的车隐蔽起来，一边在皇冠车附近蹲守，一边等待北京指挥部的进一步指令。

北京太阳宫派出所的会议室里，又一场案情讨论会正在举行。

按照孙勇的交代，犯罪嫌疑人应该是把孩子带回鹿邑了。现在关键的问题就是时间。必须争取时间！时间关系着孩子的生命！指挥部决定让北京刑侦总队的侦查员从北京直接到鹿邑。他们带上了孩子的母亲宋玲。

两个小时后，案情又有了新的变化。

傍晚7点多的时候，孙勇的手机响了，是王希军来的电话。此前孙勇表示一定戴罪立功，配合民警破案。王东命令孙勇接听电话。

"钱给没给啊？"王希军问。钱，是王希军最关心的事情。

孙勇回答说："姓徐的说了，一定要先保证孩子的安全。孩子在哪里？"

"宋卫星和王尾巴看着呢。"王希军很狡猾，不肯说出具体的地点。

接着，他说出了一个新情况："我这会儿正往周口赶，坐夜里的长途汽车上北京。那么多钱，怕你一人不好弄，明儿个我跟你一块儿找姓徐的取钱。"

很明显，王希军是怕钱被孙勇一人独吞。而送上门来的王希军让侦查员们非常兴奋。

5月10日晚上9点，刑侦队的侦查员赶到了鹿邑，在周口警方的配合下，开始了对犯罪嫌疑人的侦查。3个犯罪嫌疑人，虽然都是一个县的，却不是同一个村。在偏僻的乡村，很少有外人来，每一个在村里出现的陌生人都会引来关注的目光。而且很难知道村民之间，谁和谁有什么关系，只有进行秘密打探。打探的结果是：3个犯罪嫌疑人都没有回过自己的家，3个村子里，也都没有出现过任何一个外来男孩的身影。

这个情况被迅速传回了北京的专案组，北京专案组决定再调民警进行增援。

10. 果断出击，抓获二号嫌疑人

2007年5月11日。在黎明前的黑暗里，从石家庄赶来的两组侦查员，和刑侦队的侦查员在鹿邑汇合。而在北京，两辆汽车一前一后来到了位于大兴的新发地长途客车站。其中一辆是孙勇的捷达车。

一辆又一辆进京的长途汽车进站了，在下车的旅客中没有发现王希军。可从时间上算，王希军乘坐的车应该早到了。

王东队长让孙勇给王希军打电话："你到没到？在哪儿呢？"

王希军不说，只反问："你在哪儿？"

"我就在长途站。开的是我的捷达车。"

王希军挂断了电话。

王东开始紧张了，心剧烈地跳起来。他估计王希军已经到了，而且一定在车站附近观察情况。如果让王希军看见孙勇已经被抓，一定会让同伙把孩子毁了！

王东队长思考了一会儿，命令所有的蹲守人员和车辆撤离长途车站。

抓捕方案也做了相应调整：让一个和孙勇身材、长相相近的侦查员坐在捷达车的驾驶座上，另一个侦查员带着枪趴在车后座，把捷达车停在长途车站附近的一座过街天桥下；其他侦查员押着孙勇藏在离捷达车不到100米的地方。

这时，王希军又给孙勇打来电话，孙勇说："我大黑夜的来接你，你跟我兜什么圈子啊？"

电话突然断了。再打过去，王希军关机了。

5月凌晨的天气还很凉，可王东的内衣却被汗水浸湿了。他的心提到了嗓子眼儿，他的脸沉得像铁铸似的。难道让王希军这小子发现了？如果抓不到王希军，后果不堪设想。

天快亮了。马路上的车多了起来，早点铺里的灯也亮了，卖菜的小贩推着小车出现在了街头，遛早的人也出来了。时间变得对侦查员们越来越不利。突然，侦查员发现一个男子从捷达车的正前方向捷达车慢慢走来，还不停地四处张望。走到车跟前，却突然加快脚步向车的后方走去。王东让孙勇辨认那人是不是王希军，由于距离远，孙勇看不清。但凭直觉，王东判断，这个人就是王希军！他看到捷达车里的人不是孙勇，要逃跑了！

抓捕的信号立刻发出。又急又累的侦查员们，红了眼睛的侦查员们，前后夹击，以最快的速度制服了王希军。

果然是王希军！经过突审，王希军交代，孩子藏在老家自家院子的地窖里。

11. 成功解救被绑架的孩子

在鹿邑，搜救行动随即展开。

黎明时的村庄，鸡鸣打破了静寂。

侦查员们按照王希军的交代，去寻找他家那个房子扒了还没有盖的院子。他们那样轻巧，连狗都没有惊动；他们那样迅疾，转眼就进入了这个已经长出了荒草的小院。

他们看见了院子中间的地窖。刑侦总队张利民支队长轻声命令："拿枪的先上！"

手电的强光倏然照亮了地窖，两名犯罪嫌疑人还在酣睡中，没有完全清醒就被铐上了手铐。

侦查员扑向孩子，把孩子抱出了地窖。

村口，等在汽车里的宋玲把毫发无损的儿子紧紧地搂在怀里。

在北京的专案组办公室，听到儿子被安全解救的消息，徐培兴笑了，紧接着又哭了。从他的嘴里吐出一长串话语，却没人能听懂他说的到底是什么，因为那些话都是含混的、不连贯的、词不达意的。说着说着，"扑通"一声，他跪在了指挥员的面前。

12. 70个小时煎熬换来的笑容

人们又看到了王东脸上的笑容。笑容让他的面部轮廓显得柔和了许多。

留在家里坐镇的指挥员，虽然知道孩子已经被安全解救，可还是想早点儿看到欢欢。

2007年5月11日晚，京石高速北京河北交界处警灯闪烁。

一排列队齐整的特警, 站在北京一侧。他们的身后, 是一排长长的切诺基吉普车队。朝阳公安分局刑侦支队领导来了, 朝阳公安分局领导来了, 市局刑侦总队领导来了, 市局领导也来了。准备送给凯旋归来的侦查员的鲜花, 在夜色里散发着清香。

9时许, 三辆警车在蒙蒙夜色中, 从河北方向穿过涿州市治安检查站进入北京。到达北京河北交界处后, 8岁的欢欢从其中一辆警车中跳出, 一只手牵着母亲, 另一只手拉着北京市公安局副局长傅政华的大手, 响亮地喊了声"谢谢叔叔", 小眼睛笑得弯了起来。那是多么天真无邪的笑容啊!

欢欢拉着妈妈的手上了爸爸的车, 徐培兴紧紧揽着自己的儿子, 一直没有松开。在经历了近70个小时的骨肉分离之后, 他们一家人又回到了生活的正轨中。

2007年11月29日, 北京朝阳法院对孙勇等四名被告人进行判决。孙勇被判处有期徒刑13年6个月, 王希军被判处有期徒刑14年, 宋卫星和王尾巴均被判处有期徒刑12年。对于判决结果, 四名被告人均表示不再上诉。

这起索取千万赎金的绑架案就此结束。而久久徘徊在我心里的, 除了侦查员为此案付出的辛劳, 还有就是欢欢被解救后, 他的爸爸妈妈相视时那欣慰的一笑。在这一笑里, 我感觉到了人世间最珍贵的情感——亲情。

和前妻以及女儿的纷争, 让徐培兴的情感遭受到了一次重挫, 重新建立起新家庭的他, 也许比一般人更知道家庭的平安对一个人来说有多么重要。据说后来徐培兴也努力去争取前妻和女儿的原谅, 我没看到这个曾经的家庭重新聚首时的那一幕, 但即使只是想想, 也会感觉很温暖。

这起绑架案给我的另一个感触是, 和生命相比, 金钱是多么的微不足道。我相信徐培兴即使是倾家荡产, 也会选择挽救儿子的生命, 好在民警及时出手。相信徐培兴有这次经历后, 会更加明白生活和生命的真谛, 这种感悟, 比他的千万财富更珍贵。

北漂艺人，命归何方？

王宝强，一个曾经在北京电影制片厂门口"趴活"的群众演员，因为一次偶然的机会，迅速成为当红影视明星。王宝强无疑是幸运的，但这样的幸运并不会隆临到每个在北影厂门口"趴活"的群众演员身上。大多数怀揣艺术梦想的北漂艺人都在残酷的现实中挣扎着……或痛苦，或麻木，或放弃梦想，或苦苦坚持……

刘旭就是这样一位北漂艺人。他有着一对大大的眼睛，一副浓浓的眉毛，一张圆圆的脸，充满男子汉的英气。但当我看到他的照片时，他已经悄然离开人世。

北京市朝阳区人民法院奥运村法庭审判厅门外，刘旭的母亲孙容脸色苍白，长发凌乱地梳在脑后，眼睛里爬满了血丝。这位失去了儿子的母亲一动不动，也不说话，眼睛始终仰望着天花板，眼神是那么地空茫。

刘旭是一位在北京漂泊的东北艺人，以在娱乐场所"走穴"演出为生。2007年5月20日，他的尸体在一家高档娱乐场所的消防水井中被发现。随后公安部门认定，他属于溺水死亡。可是刘旭为什么会在俱乐部的消防水井中溺水而死？他当晚在这家俱乐部里都遭遇了些什么？几个月的时间里，他的死亡一直蒙着一层层神秘的谜团。

不幸发生后，刘旭的小姨孙芹作为诉讼委托人，带着已经变疯了的姐姐，专程赶到北京，把发现刘旭尸体的某俱乐部告上了朝阳区人民法院。2007年9月5日，这个案子第一次开庭。

1. 在北影厂门口"趴活"的日子

在北漂艺人的圈子里，许多人都认识刘旭。他是辽宁人，出生于1980年3月。他的父亲是一名坦克兵，母亲是一家工业设备安装厂的工人。刘旭从小就喜欢唱歌跳舞，上小学的时候，他常常在班里和学校参加演出，做联欢会的节目主持人。他12岁的时候，父母由于感情不合离婚了。父亲把家里所有的财产都留给了他们母子，孑然一身离开了家。

在母亲的呵护下，刘旭一天天长大。他对艺术的热爱没有因为家庭的变故受到影响，反而随着年龄的增长变得越来越强烈。刘旭天生就有艺术细胞：他不但擅长唱歌和表演，还弹得一手好吉他；在十八九岁的时候，他就自己作词作曲，写出了第一首歌。

刘旭始终不能忘记父亲，童年时代稀少却弥足珍贵的父爱，一直深深留在他的记忆里。在可以靠表演挣到钱的时候，刘旭重新找到了父亲。虽然父亲不肯再踏入他们的家门，但逢年过节，他会去看望父亲，平时父子间也时不时通个电话。

2003年，23岁的刘旭怀揣梦想，来到北京寻找发展机会。

刚来北京的时候，因为找不到演出机会，刘旭常到北京电影制片厂门口"趴活"。不论春夏秋冬，北影厂门口总聚集着许多像刘旭一样追求艺术梦想的人。当年, 王宝强就是其中的一位。

有人做过统计, 从全国各地涌到北京来混影视艺术这碗饭的人, 有近13万人。而北京影视市场除专业人员外, 业余人员连一万人也用不了。为了渺茫的成功机会, 也为了挣点儿饭钱, 刘旭经常一早就守在北影厂门口, 直到天黑才离去。

一个初冬的早上, 他刚走到北影厂门口, 就看见旁边有几辆中巴车, 一个光头的人正招呼等在那里的一些人排队上车。

"喂,你! 站着干吗? 你去不去啊? "光头指着刘旭大声喊道。

"去哪里呀? "

"去拍外景! "

刘旭一听就上车了。

中巴车把刘旭和其他人拉到了距北京城几十公里外的荒郊, 负责服装道具的人让大家脱下厚厚的外套, 穿上又薄又脏的戏服。刘旭和一群年轻的小伙子扮演土匪, 其他人扮演老百姓。导演说, 今天拍的是一个战乱时期的大场面, "老百姓"在前面的荒地里和山丘上"四散逃跑", "土匪"在后面追撵。

刘旭和同伴们在高低不平的荒地里拼命奔跑, 初冬的北京已经非常寒冷, 郊外的风吹得只穿着单薄戏服的他们直打哆嗦, 导演不喊过, 他们就得一遍又一遍重来。同伴们不停地埋怨, 而刘旭没有, 他的心被拍电视剧的新奇和喜悦填得满满的。等中巴车把他们送回北影厂门口时, 天已经黑了。

那个光头给每人发了20元钱, 有的人不满意, 跟他大声争吵起来。刘旭才知道, 光头和剧组的人熟悉, 负责"组织"大家去演戏, 然后从中扣钱获利。

除了偶尔拍戏, 刘旭大多数时间都是在失落中度过的。北影厂门口每天都有几百人等活, 剧组每次需要的人也不一样, 不是每次都能挑中他。而且拍一次戏, 只有二三十块钱的收入。于是, 吃饭就成了问题, 住宿则更是个难题。在北京, 这两项都是一笔很大的开销。这批北影厂外的特殊人群, 就这样挣扎着。刘旭住过地下室, 吃的是卖给工地民工的盒饭——这种盒饭最便宜; 也挨过饿，一整天就吃一个馒头。后来，他在离北京城区20公里外的大兴郊区，租下了一个大杂院里的一间旧平房。为了工作，每天都要花两个小时倒三次公共汽车，辗转奔波到城里。

2. 生活的春天刚刚到来

刘旭坚持了下来，并渐渐有了一些人际关系。2005年，他认识了在北京某演艺俱乐部担任主持人的牛丽。牛丽经常介绍一些艺人去俱乐部演出，这些艺人多数都是北漂一族。

牛丽和刘旭非常聊得来，为了帮助刘旭，她给刘旭提供了不少演出机会。慢慢地刘旭不用再去北影厂趴活了，固定在牛丽工作的俱乐部里担任歌手。这家俱乐部是一所多功能休闲俱乐部，到这里的客人可以选择就餐，也可以选择K歌，但多数人还是来看表演的。每天晚上八点，俱乐部都会安排一场热闹的演出，有模特表演、人蛇共舞，还有主持人幽默的"脱口秀"表演。

最初，刘旭在这儿的工作是一些串场演出，也就是最初级的"跑龙套"：在一段热闹的表演结束后，他穿插着给客人唱几首歌，缓解一下客人的心情。虽然不是什么重要表演，工资却长了不少，每个月都能拿到2000多块钱。

从此，刘旭算是踏进了半个演艺圈，至少身边接触的朋友都是在俱乐部里演出的。没多久，刘旭有了女朋友，叫李馨，也是从东北来京闯荡的年轻人。李馨比刘旭小两岁，16岁便只身离家，2005年的时候，23岁的李馨已经在北京闯荡了7年之久。李馨性格外向，擅长交际，经常穿梭于北京大大小小的演出俱乐部之间。这种到处演出的举动，在圈内叫做"走穴"、"赶场"，谁走的穴多，就说明谁的能力大，收入也越高。刘旭认识李馨时，正赶上李馨在这家俱乐部里跳舞，两个经历相同的年轻老乡一见面，就有了志同道合的感觉。

当2007年5月下旬那个阴沉的下午,警察找到李馨,告诉她刘旭的死讯,并且向她了解刘旭的社会关系和可能的死亡原因时,她一下子傻了。

她当时想的是,他会不会是背着自己认识了什么人? 被人谋害了?

"我和刘旭挺相爱的,本来打算结婚的。"李馨告诉警察,眼泪扑簌簌掉了下来。在她的记忆里,刘旭的性格是独立的,又是快乐的。由于从小在单亲家庭中长大,刘旭对家庭的向往非常强烈,他曾多次和李馨想象、筹划过他们的小家。

直到今天,李馨仍然无法从刘旭的死亡阴影中走出来。

3. 停不住对梦想的追逐

在俱乐部这种"小演艺圈"里,人际关系尤为重要,一些朋友找到了新的演出机会,没准儿就能帮身边的朋友一把。刘旭通过李馨和朋友的介绍,增加了不少演出机会,他的艺术才华更充分地发挥了出来。

有了女朋友之后,刘旭的责任感更重了,毕竟男人要有一定的经济基础。但是有什么办法呢? 作为一个只能到处走穴的艺人,不管在舞台上多受欢迎,工作总是时有时无,没有任何保障。

刘旭打算签一家演艺公司,做一名真正的艺人。但是刘旭到演艺公司一打听才知道,像自己这种丝毫没有名气的艺人,是需要自己拿包装费的,最起码也得100万。

母亲孙容从来都是刘旭最坚定的支持者。可是,刘旭这几年的积蓄,再加上孙容半辈子的积蓄,只够100万这个数字的零头。刘旭找到过父亲商量签约的事儿,父亲也愿意帮忙,但是父亲50多岁下了岗,把全部存款拿出来,也只是杯水车薪。

签约不行，刘旭想到了进修。2006年5月底，北京电影学院开始招生了，刘旭也报了名。但考试当天，他看到电影学院里里外外黑压压挤了上千人，就感觉希望渺茫。

他跟身边的考生一聊，发现不少人都有专业基础，或有提琴、钢琴、萨克斯管等音乐特长。他们都做了精心准备，并经过专业老师的辅导。刘旭看看自己，没有专业基础，没有什么独特的专长，没有背景，没有根基，没有钱，条件显然差得很远。

他连考场的门都没进就离开了。

经过这两次经历，刘旭的心又回到了从前。他安下心来继续在京城各个娱乐场所间奔波，去演出，去挣钱，去寻找也许会遇到的成功机会。

4. 在演出路上离奇失踪

2007年的春节，刘旭是回老家过的。正月初八重返北京时，他把母亲也接来了。

在北京打拼的这几年，刘旭在大大小小的娱乐场所尝试过各种角色。他唱歌，给人伴舞，演小品，做主持人，他的机智和幽默赢得了不少人气。做主持人的收入比较高，一般一场演出有近500元，这让他的经济状况大为好转。为了让母亲住得舒服一些，刘旭退掉了大兴的平房，另租了一处离市区比较近的一室一厅。

2007年3月14日下午，一位朋友给刘旭打来电话，说某俱乐部的一位演员临时有急事，晚上无法出演，舞台总监让他推荐个替代的演员，问刘旭可不可以晚上去赶个场。

刘旭一口答应了下来。他很高兴，因为这家俱乐部是京城知名的高档商务会所，不少商务人士都在这里谈生意、休闲，以前他还没有机会到这里表演，希望通过这次"救场"，能让自己今后多一条演出的渠道。下午6点多，刘旭吃过晚饭，洗了澡，往手提包里装好了演出服和伴奏带。

出家门时，他亲亲热热地对母亲说："妈，我去一个俱乐部演出，唱几首歌就回来。您甭惦记，我11点前一定到家！"

走出家门，他碰到了一个熟人。他欢欢喜喜对熟人说："我到某俱乐部演出去了。"

可是当晚，刘旭却没有出现在这家俱乐部的舞台上。

刘旭离奇失踪了。

这一夜，急坏了他的母亲孙容。

儿子是快快乐乐离开家的，告诉她11点前就能到家。可都到12点了，她还没见到儿子，却接到了一位名叫张离的陌生女子的电话，说刘旭今晚没来演出，她也打不通刘旭的电话，问刘旭去哪儿了？

孙容马上给李馨打电话找刘旭。当时李馨正在一家俱乐部演出，听到孙容着急的声音，非常担心，因为她也不知道刘旭的下落。随后，孙容和李馨分头给刘旭的朋友打电话，但所有的朋友都不知道刘旭的下落。孙容焦急地等到天亮，刘旭还是没有回来，就到派出所报了案。

上午，李馨到刘旭家来了。李馨领着孙容，从租住地一路找到俱乐部。他们希望在沿途的某一地，遇到刘旭正迎面向她们走过来，一场虚惊就此结束。可刘旭丝毫没有踪影。她们向俱乐部的工作人员询问刘旭，工作人员说，不知道有这样一个人。

接到刘旭失踪的消息，孙家的亲戚赶到了北京。他们穿街走巷散发寻人启事，还在报纸上连续刊登了6天寻人广告。孙容和亲属们连刘旭可能路过的下水井都看过（他们却没有想到刘旭会在另一口水井里）。所有能找的地方全找了，所有能想到的办法都试过了，最终还是没有刘旭的消息。

2007年5月中旬，北京的天气开始转热。5月20日，一个晴朗的日子，这家俱乐部的一名管道工对位于俱乐部后部演员通道一侧的消防水井进行检查。打开井盖，竟然看见井里泡着一具尸体！管道工吓坏了，一失手，井盖磕在地上，碎成了几块。

当即，俱乐部向派出所报了案。

北京朝阳分局刑侦支队技术队到达案发现场时，来广营派出所的民警已经把现场保护起来了。警方在消防水井中发现一个黑色手提包，包内装有一个索尼牌MD随身听，一件白色T恤和和一条白色裤子，一个防身电击器，外加一个黑色钱包，包内有192块钱。尸体打捞上来后，发现是一具男尸，左肩上有"墨色空间"的文身字样，尸体已经高度腐烂。

警方经过比对，发现这具男尸和两个月前孙容报案时所称男子的体外特征十分相似。经过调查，确定死者就是刘旭。在2007年3月14日这天晚上，这家俱乐部并没有发生过打架等治安事件，警方经过调查，排除了他杀的可能性，没有刑事立案。

5. 激烈的庭审争辩

2007年9月5日下午2点，法庭对此案进行公开审理。刘旭的小姨孙芹和聘请的律师作为原告的委托代理人出庭。被告俱乐部委派了一位律师出庭。旁听席上，坐着至少二十家媒体的记者。记者们关注刘旭疯了的母亲，关注此案的审理结果，更关注法庭能否搞清楚刘旭的死亡之谜。

原告律师首先进行陈述。原告律师说："警方对刘旭死亡的调查结果，认定刘旭是失足掉进消防水井中溺水死亡，这是由于该俱乐部的管理疏漏所造成的。刘旭接到演出工作后，到达了俱乐部，他准备从俱乐部后边的演员通道走进后台。在演员通道旁边有一座假山，假山前挂着一个门帘，门帘不远处就是消防井。但因为是第一次去这家俱乐部，再加上当天是晚上8点多钟，天色已黑，通道上不仅没有标志，也没有任何照明设施，刘旭本应该从通道左转上楼，但是通道右边假山前的门帘，让他误以为是上舞台的小门，结果坠入水井中。"

"两米多深的消防水井，孩子就掉进去了，他刚过完27岁的生日，就没有了，太可怜了！"坐在原告律师旁边的孙芹哭着说。

"而且当天，"原告律师接着陈述，"刘旭作为该俱乐部邀请的一位演员，在他失踪后，俱乐部没有查看监控录像，也没有进行积极的寻找，延误了刘旭的抢救时间，这也是导致刘旭最后死亡的一个原因。据此可以认为，刘旭的死和俱乐部有直接关系，其中最重要的就是俱乐部对消防水井疏于管理，没有盖盖。"

"刘旭是他母亲孙容唯一的儿子，刘旭的死亡使孙容失去了生活动力。白发人送黑发人，辛酸无以言表。目前孙容已经因为儿子的死亡而精神失常。"原告出示了3份证据：一份警方出具的刘旭落井死亡的证明，一份医院出具的孙容精神分裂症的诊断证明，还有一份是刘旭的亲人随警方到溺亡现场察看后，凭记忆画的事发现场草图。原告当庭提出要求俱乐部赔偿死亡赔偿金、被抚养人生活费、精神损害赔偿金等共计84万余元。

轮到被告质证了。

俱乐部的委派律师，一上来就否定了刘旭和俱乐部的关系。

"据了解，刘旭从来就没有和俱乐部签订过演出合同，也不是俱乐部邀请的演员，因此，俱乐部对刘旭的死不用承担任何责任。"接着，被告律师谈到了出事的井，他特别强调："这口消防水井所在的位置，和通往舞台后台的小门并不在同一条路上，原告提供的事发现场图和实际不符，而且水井一直盖有井盖。刘旭是怎么掉进井中的，俱乐部也觉得十分蹊跷。既然警方已经排除了他杀的可能性，那么刘旭会不会是自杀呢？"针对原告对刘旭失踪后俱乐部不作为的指控，被告律师又辩解道："俱乐部根本就不知道刘旭这么个人，怎么可能去寻找刘旭呢？"

被告律师对于通向演出场地的通道内是否设有警示标志、照明设备是否完好等问题避而不谈，还认为医院开出的孙容患精神分裂症的证明，不能证明孙容的病与儿子的死有必然的联系。这话激怒了孙芹，她腾地站了起来，指着俱乐部的律师大声斥责："没了儿子就像摘了她的心一样，能没有关系吗？你们俱乐部事后从没有慰问过我们，咋这么没人性呢！"孙芹还说："刘旭绝对不可能自杀。他在北京的事业发展得正好，刚把母亲接过来，要养母亲一辈子，怎么可能自杀呢？"

俱乐部的律师面无表情地表达了俱乐部方面的意见：法官必须要对此案的疑点进行调查，俱乐部不同意在莫名其妙的情况下，赔钱给刘旭家属。

孙芹无法按捺内心的愤怒。除了愤怒，还有沮丧，因为俱乐部对他们出示的所有证据都不予认可，而他们再也拿不出更多的证据了。她向法官提出一个申请：调阅警方卷宗。

法官同意了。

事后证明，这是一个决定最后审理结果的极其关键的决定。

法官还决定将联络刘旭到俱乐部演出的中间人张离追加为本案第三人。

6. 短暂的幸福

当法庭里原被告激烈地为刘旭争论的时候，法庭外，刘旭的母亲孙容像她刚到时一样，仰着头坐在过道的一条长椅上，大睁着也许什么都没有看见的眼睛，呆呆地一动不动。她仿佛一点儿不知道门里发生着什么，或许也不知道她置身的这个世界上都在发生着什么，她的意识里只剩下一个人，就是她的儿子。她又开始呓语了："那不是孩子穿着演出服回来了吗？"

"孩子不在这儿站着嘛，咋不跟我说话呢？"

她布满皱纹的脸上露出了一种古怪的笑容："我昨天跟旭儿唠嗑唠了一晚上……"

这个可怜的母亲，她的灵魂全部被儿子带走了。在她幻想和儿子的唠嗑中，她都和儿子说了些什么？是说那段母子相依为命的日子吗？

孙容的前夫是军人，很少顾得上家，儿子从一出生就跟着她。在和丈夫离婚时，她执拗地坚持自己一个人带孩子。孙容的生活一直紧紧巴巴的。为了让儿子过得好一些，她十几年没有给自己添过一件新衣服。儿子从小喜欢吃肉，每次买个一斤半斤的肉，她做好了，自己不动一筷子，全尽着儿子一个人。看着儿子吃得狼吞虎咽的，她喜欢；儿子大些了，懂事儿了，把肉强夹到妈妈的碗里说"妈妈不吃我也不吃"的时候，她喜欢；每当坎坷的时候、烦恼的时候，儿子就唱歌给她听，听着儿子的歌声，她喜欢。

在小城市，一个离异的单身女人往往会受到有形无形的轻视和各种各样的议论，可为了孩子，离婚十几年来，她一直拒绝再婚。

对艺术的追求，是刘旭生活中最大的动力和快乐。而孙容则尽自己的全力支持着儿子，虽然力量如此微薄。当录音机对于普通家庭还是奢侈品的时候，孙容就给儿子买了，花去了她自己大半年的积蓄。懂事的刘旭看到母亲的艰难，大专没毕业，就辍学走穴去了。

儿子的生活是真正的夜生活，他每天晚上五六点钟从家里出去，常常到凌晨一两点钟工作才能结束，回到家经常是三四点了。这个圈子又是个鱼龙混杂、人际关系极其复杂的圈子，所以孙容经常晚上睡不着觉，担心儿子受人欺负，担心儿子的安全，也担心儿子学坏。

让她欣慰的是，儿子还是原来那个单纯、健康、快乐的孩子。2003年，刘旭决定到北京发展。她舍不得儿子离开自己，但没有阻拦，默默地替儿子收拾好行装，把儿子送上了火车。

后来她工作的工厂倒闭，她也来到了北京。可北京的生活费用太高，靠儿子那不稳定的微薄收入，维持两个人的生活很困难，她不想给儿子增加负担，又回了老家。

从那以后，和刘旭通电话就成了孙容生活里最重要的内容。从电话里，知道儿子在北京渐渐打开了局面，她喜欢；知道儿子有了女朋友，她喜欢；有一天儿子终于有经济能力接自己到北京一起生活了，她更喜欢。

来到北京后，她在儿子为她租的房子里见到了他的女朋友。说实在话，她并不喜欢在娱乐场所谋生活的女孩子的做派，但她还是和善地接待了这个叫李馨的女孩。她从来不干预儿子的感情问题。她对自己未来的儿媳妇只有一个要求，就是对自己的儿子好。她盼望儿子能够赶快结婚，有一个美满的家庭，自己也可以了却一桩心事。

她能理解儿子迟迟不结婚的原因：像儿子这种没有稳定工作的北漂人，在创业阶段，结婚根本不能考虑。儿子虽然有时一晚上能赶两三场演出，可是收入并不那么稳定。客人是最挑剔的，就像手握遥控器的电视观众一样，一旦觉得没有新鲜感就会换台。俱乐部为了生意，经常需要换一些新面孔，儿子丢掉工作也是常有的事儿。

这天是刘旭的27岁生日。按照老家的风俗，她为儿子做了长寿面，煮了印有红寿字的鸡蛋。那个晚上，儿子恰好没有演出，她和儿子都喝了酒。儿子举着酒杯感谢她的养育之恩，向她献上深深的祝福。儿子对她说："妈妈，您这辈子为我受了这么多的苦，现在该是我报答您的时候了。我一定好好努力，给您一个幸福的晚年！"酒没有让她醉，儿子的话让她醉了。

可是，刘旭27岁的生日才过去7天，她仅仅和儿子团聚了17天，儿子就失踪了。

在等待和寻找刘旭的日子里，孙容的精神开始恍惚了。她一天一天地不吃饭，也睡不了觉。从老家来的亲属住在招待所，把她也接了过去。只要公用电话一响，服务员叫其他客人接电话；或者服务员一敲门，她就立刻惊得跳起来，大喊："是不是孩子有消息了？"她一直存着幻想："孩子这么好，即使遇到坏人，没准儿什么时候又放他回来了。"

警方在确认了俱乐部消防井下的男尸就是失踪的刘旭后，没有直接通知孙容，而是通知了孙芹。背着孙容，孙芹和其他亲属去公安局了解情况。他们看到了存放在殡仪馆冰柜里被井水泡得面目全非的外甥的遗体，几乎昏厥。他们商量了，无论如何不能马上告诉孙容，而是选择在处理了外甥的身后事后，把孙容"骗"回了老家。

在最终得知儿子死讯的那一天，孙容把自己关在屋子里哭了整整一夜。一夜之间，这位母亲的一头黑发变成了一头白发！她疯了。

无论多少赔偿，都无法让孙容回到从前的生活了，但赔偿多多少少可以给孙容带来一些经济上的保障。可不幸和对不幸的同情不能成为判决的依据。在刘旭怎么会落入井底还笼罩着厚厚迷雾的情况下，孙容能够胜诉吗？

7. 谁是凶手？

主审这起人身赔偿案的宋培海是北京市朝阳区人民法院奥运村法庭的法官。宋培海个头不高，人瘦瘦的，办案时话并不多，可说出来的每一句话都有极强的逻辑性。在奥运村法庭里，宋培海以办案细腻著称。

这起人身赔偿案判决的关键在于：被告人到底有没有过错？有多大的过错？遇难者自身有没有过错？有多大的过错？

对于刘旭的溺亡，宋培海也有迷惑。因为像刘旭这样身高一米八的大个子，即使不小心掉进了井里，应该也不会在瞬间失去知觉，为什么没有人听到刘旭的呼救声呢? 另外, 按照被告方的说法, 这口井不在演员通道上, 管道工在检查消防井时, 井盖又是盖着的, 刘旭又是怎么掉进井里的呢?

警方的卷宗从公安局调来了, 好几大本, 摞起来有近一尺高。警方的调查是细致的, 俱乐部、演出公司、刘旭的家属和朋友……方方面面, 一共二十余个证人的证言, 每份笔录都长达十几二十页, 还有警方自己的现场勘查结果。

宋培海把厚厚的卷宗一页一页、一行一行细细地全看了。

宋培海看到卷宗笔录里记录着: 该俱乐部后部通往舞台后台的小门和挂着透明门帘的假山, 虽然并不在一条通道上, 却在同一个方位。

宋培海看到卷宗笔录里记录着: 该俱乐部后部的演员通道到假山一带, 非常偏僻, 平时来往的人很少, 更不要说晚上。

宋培海看到卷宗笔录里记录着: 那口就在假山前的消防水井, 深度是两米五六, 平时水位要保持在一米九左右。水井的口又很小, 刚刚使一个人能掉下去。这么一种情况下, 如果一个人掉下去, 他是无法自救的。

宋培海看到卷宗笔录里记录着: 演出当晚, 该俱乐部在通道上并没有安装任何照明设施。

宋培海看到卷宗笔录里记录着: 俱乐部工作人员说消防水井在事发前经常存在不盖盖的情况!

这个证言, 和俱乐部的工作人员在法庭上的陈述不一致。可警方案卷里的证人证言, 是在案发后第一时间记录到的, 可信程度应该更高。

这些互不相关的人的证言, 这些点点滴滴的情节, 串联成一个坚强的逻辑, 让宋培海法官初步读出了刘旭走向死亡的因果, 但还需要进一步的取证——中间人张离就是其中的关键。

8. 冰冷的水井，最后的归宿

第二次庭审在2007年9月25日。这天是中秋节，可孙家没有月饼也没有团聚的酒宴，更没有一丝欢乐的气氛。孙芹作为本案的委托代理人再一次来到北京，留下神志不清的孙容，在幻想中和儿子继续唠嗑。

联络演出的中间人张离来到了法庭，当庭做了陈述："我是这家俱乐部从2006年3月到2007年5月聘用的舞台总监，负责管理舞台演出和演员。演员经常要换。当天，因为一个演员来不了，有人推荐刘旭。那天的演出时间是从晚上9点开始，10点45分结束。演员们都是自己赶到俱乐部，从俱乐部侧面的一个专门的小通道上楼。

"具体的路线是先从一个小门进去，里面是一个大厅，厅的北边有一个玻璃门，进去从北边楼梯上到二层，就到演出后台了。刘旭以前没去过这家俱乐部，去之前我没告诉他怎么进去。

"晚上8点15分左右，我接到他的电话：'张姐，我到了。'我说我在路上，堵车，我10分钟后到，让他在二层的门口等我一会儿。

"可我在那个门口没有见到他。演出前半小时，我不停地给他打电话，话筒里的声音却始终是'您拨打的用户无法接通'。以前演出从来没有人误过场，后台也特别着急。我就打电话找介绍刘旭来的朋友，介绍人给他打电话也无法接通。挂断介绍人的电话，我让我们的工作人员在俱乐部里找了个遍，没能找到人。演出结束后，我还一直给他打电话，到晚上11点多以后，他的手机就变成'您拨打的用户已关机'了。"

为此，张离还给刘旭发过一条短信："你到底在哪儿，速跟我联系，不管什么事儿，你得给我解释清楚。"张离说没有人能想到，那时刘旭其实就在俱乐部，泡在冰冷的井水中。

张离的出庭证明了刘旭当晚的确是受邀去这家俱乐部演出的。刘旭自杀的可能被排除了。

然而，被告律师仍然全盘否认俱乐部对刘旭之死负有责任。针对张离的证言，被告律师表示："俱乐部只与张女士的公司有演出合同关系，至于刘旭是不是张女士公司请的演员，和俱乐部无关。"

被告律师同时向法庭提交了一份新的证据：一张标有尺寸的事发现场平面图和22张照片，以此反驳第一次庭审时原告提供的事发现场图。在这张新的图上，表明演员通道和消防水井的距离有17米远。被告律师在图上比划着说："舞台后门离演员通道很近，而水井离演员通道很远，刘旭为什么会去那里呢？"

孙芹一张一张看过被告提供的照片后，非常激动："你们后来拍的照片不对，跟我们当初去现场时不一样，俱乐部把现场进行了改造。我们认为法院应以警方第一时间在死亡现场勘查的情况为准，这在案宗里都有记录。"

又是一场激烈的庭辩。

而在真实的、具有法律意义的证据面前，事实变得清楚了：第一次到俱乐部的刘旭，在一个漆黑的环境里走错了路，失足掉下没有任何防护设施的水井，可能呼救过但无人听见，最后因无法自救死亡。

9. 无声的"凶手"仍潜伏在城市

2007年12月5日，宋培海法官第三次对此案进行了公开审理，这次，刘旭的家人没有到庭，出庭的只有双方的律师。

当天，法院对此案做出了一审判决："根据现有证据，可以排除刘旭系他杀、自杀导致死亡，可以认定刘旭系因夜间失足坠入被告俱乐部后部的消防蓄水池内导致溺水死亡。"

法院认为："在建筑物内从事经营活动的经营者，对在此建筑物内活动的公众负有安全保障义务。如果经营者没有在合理限度范围内履行安全保障义务,造成他人人身损害,应当承担相应的赔偿责任。

"另外,被告在设施和管理行为方面存在失误。被告本应采取一些措施,例如,设置指路标志、开启照明设施、在蓄水池口设置警示标志、确保蓄水池口大理石板没有质量瑕疵并随时处于覆盖周正状态,还有封闭消防蓄水池口北侧假山的石门,消除为进入石门而必须从蓄水池口上方通过的危险、在蓄水池口四周设置围栏等。被告本可采取多种措施避免损害后果发生,如果愿意去防范这种缺陷并不困难,比如加一个围栏,或者给消防水井盖上盖子、上上锁,其成本并不高,但被告却未能采取任何一项有效的措施来消除危险。

"因此,被告未能尽到经营者的合理安全保障义务,导致刘旭在被告所有的建筑物内发生溺水事故而死亡,被告应该承担赔偿责任。被告称刘旭对其自身死亡后果也有过错和责任,第三人也应该对原告的死亡承担责任的说法,因未提交任何证据证明其主张而不予采信。"

朝阳区人民法院一审判决被告俱乐部于判决生效后十日内赔偿刘旭母亲死亡赔偿金等各项损失共计70万元。

一审后,这家俱乐部不服判决,上诉到北京市第二中级人民法院。2008年5月,二中院经过审理,驳回了俱乐部的上诉,维持了一审判决。

感谢法院的判决。感谢宋培海法官为这个案子付出的心血。这个判决结果,体现了法律对生命的尊重。但是无论多少金钱,也无法弥补一个年轻生命的毁灭,以及对他的家庭造成的伤害。我恳请每个小区、每条道路、每个单位的物业管理者能够盖好那些早就应该盖好的井盖,能消除那些早就应该消除的安全隐患,您的举手之劳也许挽救的是一个家庭的命运。

但是就在我写这些文字的时候,2008年的10月,在石景山区的一个小区里,又有一名4岁女孩的生命被没有盖盖的水井吞没……

我想,这个世界上最不能被原谅的过错就是对生命的忽视。

医院婴儿谋杀案

　　任嘉诚叼着那只没有点燃的香烟，眼神仍然凝聚在窗外。采访他已经很多次了，总会看到这位著名法医的固有招牌式动作。在静想了一会儿之后，他开始讲述这个案例……

　　事情发生在1984年10月1日。

　　当方文庆一个小时前离开县医院婴儿室的时候，他绝对想不到，这是自己最后一次看到刚出生的儿子活着的样子。而那宝贵的最后一眼，还是隔着婴儿室的玻璃看到的，当时儿子正挥舞着小胳膊乐呢。虽然婴儿的妈妈就是本院的妇产科大夫，但方文庆也不能随便出入婴儿室。在儿子仅有一天的短暂生命中，方文庆只是在妻子蔡鸿华哺乳的时候，才有机会仔细端详这个鲜活的小家伙。方文庆印象最深的，是儿子的嘴角旁边有一个小小的、浅黄色的、月牙形胎记。

　　噩耗从来都是突如其来，当医院打电话传来儿子死亡的消息时，方文庆原本喜悦的脸顿时僵住了，意识也随之模糊起来，像车裂般往不同的方向拼命地撕扯着：是恶作剧，别当真；这是真的，千真万确；跟你开玩笑呢；你儿子已经死了；他还活着；一切都不存在了……方文庆拼命地想甩开那些试图缠住他的声音，但无能为力。借着最后一点儿男人的理智，方文庆决定去医院。他嘱托打电话的人，让医院先不要把这件事儿告诉还在住院的妻子蔡鸿华。放下电话，他不知道先迈哪条腿好。跌跌撞撞出了门，他不清楚是自己的腿软还是脚下的地软，踩上去像棉花，两行泪水顺着脸庞滚落。如果儿子真的死了，那该怎么办？

在楼道里，方文庆遇到了和妻子同在妇产科上班的护士柴燕萍，她就住在自己家楼下，正抱着2岁的儿子开门。方文庆很想问问她，知不知道自己儿子的事儿，可恍惚间想到今天是国庆节，柴燕萍放假，可能不会知道。方文庆习惯性地向邻居点了个头，也没看到她的反应，就走下了楼。

方文庆走出门，只觉得北京那天的天气很好，太阳大大的很耀眼。以后的二十几年，他始终记得那天的太阳。

1. 生命中不能承受之痛

医院距离方文庆的家并不远，步行只需15分钟。蔡鸿华每天就是走着上下班。自从进入预产期，蔡鸿华就住进了医院，于是方文庆每天都要在家与医院之间走上几个来回，可以说闭着眼睛都能走到。可是那天的路，却漫长得仿佛没了尽头，而方文庆的两腿也重若千斤。他想走快点儿，他恨不能马上看到自己的儿子安然无恙；又想走慢点儿，他实在害怕看到的是真相……

自从结婚以后，方文庆和蔡鸿华就一直想要个孩子，可是妻子的肚子始终没有动静，一晃5年过去了，两个人都已迈入而立之年，妻子这才怀上，二人的全部精力都集中在了这个未出世的孩子身上。扳着手指，数着日子，总算熬过了十月怀胎，盼来了瓜熟蒂落的那一天。方文庆还记得蔡鸿华进产房之前，拉着他的手，乍惊乍喜的表情就像个新娘子，她动容动情地对方文庆说："老公，再见面，我们就是三口之家了！你是爸爸，我是妈妈……"方文庆很肯定、很用力地点了点头。由于是剖腹产，不必经历生产前的痛苦折磨，两口子心里都感觉很轻松，准备享受孩子出世的快乐。那种感觉还在眼前，怎么儿子就会死了呢？绝不可能！

医院的住院部已出现在方文庆的眼前，一幢五层的楼，很是普通。方文庆的记忆里，每扇窗户都在反射着强烈的阳光，晃得方文庆的眼睛什么都看不清了，仿佛眼前一片白雾。而曾经无比熟悉的这栋楼，这时无情地散发出刺骨的寒意，方文庆的脊背一阵阵发凉。

耳边恍惚传来了婴儿的哭声，是真的有婴儿在哭，还是方文庆的幻觉？他不知道。一心想要个孩子，他们得到了一个孩子；最好生个男孩，一生下来就是个男孩。天随人愿，方文庆和蔡鸿华高兴地接受着医院同事们的祝贺。儿子真是给我长脸！方文庆心满意足。但是现在，命运怎么如此弄人？

方文庆直奔婴儿室，走到半路遇见一个医生，把他领到了抢救室。慌乱的方文庆，竟然没有注意到抢救室病床上那白床单下小小的一片隆起，直到医生指给他看，才意识到这一片隆起可能就是自己的儿子。掀开白床单，一切就会揭开，但那一丝希望，也会在顷刻间破灭。方文庆不想揭开白床单，也不敢揭开，偏偏那个着急的医生问也不问一声，就把床单打开了。

"这是你的儿子吗？"医生的声音分不出远近，也分不出从哪里传来的，方文庆甚至觉得不像是从面前的那张嘴里发出的，一切似乎是梦境。

是的，躺在病床上、白床单下的，就是方文庆的儿子，嘴角边有个小小的、浅黄色的、月牙形胎记。方文庆看着自己的儿子，和一个小时前看到的没什么不同，又有很大的不同。儿子的眼睛不再是迷糊地睁着，而是紧紧地闭着；嘴巴不再是不停地咂摸，而是呆呆地张着；脑袋也不再好奇地左右转动，而是僵硬地歪在一边；稀疏淡黄的头发，每一根都直直地竖着……

方文庆下意识地伸手想抱起儿子，可颤抖的双手在半空中划了道弧线，终于还是停住了。他知道,他再也抱不回儿子了,孩子已经不属于这个世界了。幻想骤然破灭,侥幸也不复存在。当他对医生说"是,是我儿子"的时候,他感觉自己的身体被掏空了,自己的一部分也随儿子去了。一阵令人窒息的沉默后,方文庆突然大放悲声。一个30多岁的大男人,哭得像个孩子。

2. 仅仅一小时,父子阴阳两隔

"儿子,你怎么会死呢? 这么突然! 一个小时前你还好好的! "方文庆边哭边念叨着。

自从老婆怀孕后,方文庆就一直在想着给孩子起名字,可是因为不知道是男是女,也就没什么方向性,两口子各想了几个名字,有男孩的也有女孩的。等到生下来确定是男孩后,方文庆就一直在琢磨男孩的名字,还没定下来到底用哪个,孩子却再也不需要名字了。

"我儿子是怎么死的? 到底怎么回事儿? "方文庆哭着问面前的医生。

医院方面给出的解释是孩子突然病危,经过抢救无效死亡。方文庆不依不饶,追究孩子的死亡原因,但他没有大吵大闹,因为这毕竟是妻子蔡鸿华工作的地方。医生表示,要想知道死亡原因,必须进行解剖,做病理分析。方文庆咬咬牙,点头同意了。

医生再次带走了婴儿,方文庆又没来得及好好看看,只有月牙形的胎记不停地在眼前晃动。

稳定了一下情绪,方文庆决定这件事不能告诉蔡鸿华,她刚刚生产完,又是母亲,如果这时候知道怀了十个月的孩子,生下不到30个小时就死了,肯定受不了这个刺激。

方文庆特地去找了妇产科主任,请他帮忙对蔡鸿华隐瞒婴儿死亡这件事儿。主任立刻就答应了，还安慰了方文庆半天。听着别人的安慰，方文庆反而觉得心里更难过。一个小时以前，他听到的都是对他喜得贵子的祝福，那时，他是位快乐的父亲；而此刻，他却是被同情、被安慰的对象，父亲这个称谓也成为了过去时。

妇产科主任立刻叫来了科里的主任医师和护士长，让他们悄悄告诉科里的人，蔡鸿华儿子的事儿，不许对蔡鸿华说一个字。众人都答应了，然后用同情的眼光看看方文庆，默默地离开了。

可是就算每个人都不对蔡鸿华说，她自己也会要求见孩子，也要给孩子喂奶呀。妇产科主任给方文庆出了个主意："就对她说孩子突然得了急性肺炎，必须送到儿童医院治疗，她现在刚做完剖腹产手术，至少一个月才能出院，这样起码可以瞒她一个月。"

方文庆已经乱了方寸，全没了主意，只得接受这个建议。为此，妇产科主任还特意陪着方文庆去了一趟蔡鸿华的病房，向她解释情况。方文庆也假装着没有大事的样子，劝妻子别着急，自己会每天去看孩子。方文庆这才知道，原来每个人在危急时刻都是好演员，都很会说假话。蔡鸿华虽然有些担心，但是情绪还算平静，没忘了嘱咐方文庆赶紧买些奶粉、奶瓶给孩子送去。方文庆露出假笑点了点头。

蔡鸿华还说："要是忙不过来，这几天就别给我送饭了，我在医院吃就行，照顾好孩子要紧。"

方文庆心里难过，点着头出去了。

妇产科主任一直把方文庆送到医院大门口，不停地安慰他，说医院一做出病理检验结果，就立刻通知他。

"这个案件就是有一个新生儿突然死亡，新生儿的父亲对新生儿的死亡持有怀疑。"尽管时隔20多年，作为负责这起案件的法医，任嘉诚依然清晰地记得案件的经过，以及他和孩子的父亲第一次见面时的情景——丧子之痛让一个壮年汉子悲痛欲绝。

3. 是谁害死了孩子?

这一天是1984年10月3日,还在国庆假期内,刑警队副队长李高成正在刑警队值班。忽然进来一个男人,说是要报案,并说他刚刚出生一天的儿子不明不白地死了。

李高成按照工作要求,对这件事做了记录。根据那个人的口述,他叫方文庆,31岁,在县属某机关单位工作,是个司机;他的妻子叫蔡鸿华,30岁,是县医院妇产科的医生。两人结婚5年,于9月30日上午生下一个男婴,可在10月1日下午,他就接到医院的通知,说孩子已经死亡了。

"你为什么会觉得孩子死得可疑啊?"

"因为一个小时以前我去看他,他还冲我笑呢,怎么才过了一个小时就死了呢?"

"医院给了死亡原因了吗?"

"他们说是肺炎。肺炎得咳嗽,得发烧呀,可一个小时以前我去看他时,我儿子还没有这些症状呢,总不可能在一个小时里就得了肺炎,而且这么快就死了吧?"

"你说医院做过解剖?"

"是,说是肺里有羊水,引起了肺炎。"

"如果你觉得孩子不是死于肺炎,那他是怎么死的?"

"我觉得他就是被人害死的,有人故意干的。"

"你有什么证据这么说吗?"

"没有……"

"你得罪过什么人吗? 或者你爱人跟什么人有矛盾吗?"

听到这个问题, 方文庆困惑地皱起了眉头, 思索了片刻, 摇了摇头。

"你爱人不是在那家医院工作吗? 你还觉得有问题?"

方文庆再次困惑地摇了摇头: "我也说不好。"

李高成合上了记录本, 同情地看着眼前的方文庆。李高成那年33岁, 有个6岁的儿子, 能够感受到失去子女的痛苦, 但是对于这件案子, 他没办法使用同情心。

"那这么说, 你是既没有任何证据, 也没有怀疑对象了?"

方文庆不置可否。

"根据你的讲述, 我们没办法立案。"

"为什么?" 方文庆的语调中充满了不解和失望。

"刑警队不能只凭你的一面之词就立案。" 李高成说。

突然, 方文庆的情绪激烈起来: "我没证据, 你们去查呀! 警察是干什么吃的? 我儿子肯定是被人害死的, 我能感觉到……"

李高成由他把话说完, 只是看着他。方文庆感觉到了自己的话语缺乏打动人的力度, 停了下来。

"我明白你现在的感受, 肯定挺难过的," 李高成语气温和地说着, "但是你还是要冷静, 人往往在悲伤的情况下会产生错觉, 情绪失控。"

方文庆更激动了: "我没失控, 我儿子就是让人害死的! 他不可能在一个小时里就突然死了! 他还冲我笑呢, 我儿子……"

李高成站了起来: "你先回去, 再好好想想, 如果有新的证据再来。"

方文庆知道自己再怎么说也没用了, 他缓缓地站了起来, 在李高成的劝说下离开了刑警队。

"根据我们刑侦办案的程序要求, 首先是立案。你报案只是一个怀疑, 你说这个小孩的死亡不是医院所诊断的病死, 那么就得有证据, 没有证据是不能立案的。"对于当时为什么不能立案,任嘉诚这样解释。

看着步伐蹒跚的方文庆,李高成替他感到难过,毕竟都是三十几岁的人,谁受得了这失去孩子的打击呢? 但看着悲伤的方文庆,他也只能摇了摇头,因为他真的是爱莫能助。可当他将这个略显神经质的男人送出刑警队大门时,他怎么也没想到,两天后方文庆又回来了,而且用一种出乎意料的方式。

小小的塑胶口袋里,一个白色的布包,方文庆知道里面是他刚刚出生一天的儿子的尸体,这是他亲自从医院领回来的。他抱着口袋从医院一路走回家,走了15分钟,又像走了一整天,因为他感觉很沉重、很累。

从刑警队回来的第二天,医院的人问他孩子的尸体怎么处理,已经做完解剖了。方文庆也不知道为什么,说他要领走,也许是舍不得就这么扔下孩子不管吧。孩子才来到这世上一天,就这么走了,还来不及看清这个世界,还来不及适应周围的空气,还来不及多喝两口妈妈的奶水,还来不及穿上父母精心挑选的衣服……

塑胶口袋放在桌子上,方文庆实在不知道该把它放在哪里。家里有早就准备好的婴儿小床,本来是等把孩子从医院一抱回来就要放在小床上的,不过现在却觉得别扭,可是桌子也不是孩子该呆的地方。

有几次,方文庆都想把口袋打开,看看里面的儿子,他知道只要打开口袋,就能看到嘴角旁小小的、淡黄色的、月牙形胎记。可是他又不敢,不敢看到一个僵硬的孩子,紧闭的双眼,苍白的嘴唇。而且他的心里知道,孩子经过了解剖,他更害怕看到红色的一团血肉,那样会彻底破坏儿子在他脑海中的可爱形象。

直到黑暗侵袭了整个房间、看不清塑胶口袋了,方文庆才知道夜晚已经降临了。在黑暗中,方文庆哭了起来,哭得那么无力,又那么沉痛,一个平时乐观开朗的大男人,一下子像变了一个人。

"还是埋了吧,不能永远放在桌子上!"擦掉眼泪,方文庆对自己说着。

蔡鸿华还完全不知情,剖腹产后,肚子上的刀口实在很疼,再加上自己一个人在医院里,方文庆也不来看她,她的情绪确实有些不好。

"难道是儿子出什么事儿了?"有些时候,蔡鸿华也会这样想,但她立刻打消了这个念头,并且安慰自己,"不会有事的……"

好在妇产科的同事对她很关心,经常来看她,给她送饭送水。蔡鸿华没想到自己的人缘这么好,心里打算等出院以后一定要好好感谢她们。

方文庆来了,蔫头耷脑的。

蔡鸿华立刻问:"孩子怎么样了?"

"情况已经稳定了,放心吧。"

"什么时候能接回来?"

"这个……还不一定呢,再等等看吧!"

蔡鸿华放心了:"几天没见了儿子,我真想他啊!"

方文庆勉强笑笑。

蔡鸿华奇怪地问:"你怎么没精打采的?"

方文庆急忙掩饰:"我没事儿,挺好的!"

"是不是每天这么两头跑,累着了?"蔡鸿华还是很关心丈夫的。

方文庆摇头。

"我这没事儿,同事们对我挺照顾的,你要是累了就回去休息吧。"

方文庆愣了一会儿,点点头,站起来走了。

蔡鸿华幸福地闭上眼睛。

4.通过细节发现蹊跷

1984年10月5日,星期五。县刑警队又赶上李高成值班。

下午刚过,刑警队门口就传来一片吵闹声,李高成急忙出去看是什么情况。

一个中年男人在门厅里又哭又闹,几个刑警围在旁边看着他,不知道是怎么回事儿。李高成认出来了,这个哭闹着的人就是两天前来报案的方文庆。而方文庆看到李高成,就像见到亲人一样,紧紧抓住他的手不放。

方文庆苦苦哀求:"你一定要帮我,我的儿子死得可怜!"

李高成把方文庆带进办公室。

"我不是跟你说过了吗,你这种情况没法立案。"李高成说。

"我儿子才活了一天,他死得冤呀,不可能无缘无故地死,一定是被人杀死的!"

"你有什么证据了吗?"

"没有,可是我只要一闭眼,好像就看到我儿子冷冰冰的脸,听到他痛苦的哭声,好像在对我说,他是被人害死的。"

"你得振作起来,日子还要过下去,孩子以后还能再生。"

"警察同志,求求您,帮我查查吧!求您了!"

李高成为难地说:"能帮我肯定会帮你的,但是……"

李高成的话没说完,方文庆"扑通"一声跪在了他面前,脸上的表情执拗而绝望。

"你要是不给我立案,我就跪在这儿不起来,永远不起来。"

"你起来,这样像什么?"李高成有些无奈。

"不,就不起来,永远不起来!"

"不是你跪在这儿,我们就能立案的,这是有程序规定的。"

"至少你们帮我想想办法呀,我儿子死得有问题!"

李高成试图把方文庆拉起来,可他就是不肯起来。

李高成想了想说:"这样吧,我先简单地查一下。"

"怎么查？"方文庆立刻来了精神。

"我给你安排法医验尸吧，如果你儿子死得真有问题，也许能查到。"

"验尸？"方文庆觉得这没准儿是个办法，立刻就同意了。

"可以站起来了吧？"李高成问。

方文庆急忙站起来，嘴里不停地说着谢谢。

"你儿子的尸体在哪儿？"

"我已经给埋起来了。"方文庆满脸的沮丧。

"那怎么办？你愿意再挖出来吗？"

方文庆点头说："只要能查清楚我儿子是怎么死的，叫我干什么都愿意。"

"他是10月1日中午去给小孩的母亲送饭，送完饭以后，顺便到婴儿房，去看了一眼他的孩子，当时他的孩子很好，而且还笑呢。"任嘉诚说。方文庆第二次报案时对这个细节的陈述，让李高成也觉得事情有蹊跷。

"只要是犯罪，那么在犯罪行为过程中，必然要留下犯罪的证据。"任嘉诚说。

5. 验尸发现三大疑点

方文庆一面焦急地等着验尸的结果，一面继续欺骗着自己的妻子。

当时在法医界已经赫赫有名的青年专家任嘉诚，是李高成亲自跑到法医中心请来的。李高成被这位伤心父亲对儿子的爱深深感动了。

在停尸间惨白的灯光下，任嘉诚戴上了口罩和塑胶手套。他仔细地检查着，不放过任何一个细节。很快，任嘉诚发现了第一个疑点。在婴儿的左耳朵下的颈部，有一小片红色的瘀血，看形状就像拇指痕迹。难道婴儿是被掐死的？可如果真是被掐死的，喉部为何没有压迫的痕迹，而且按照拇指印记的位置与方向，这样掐住脖子的动作也很怪异。任嘉诚边说边用手比划着自己的脖子。如果不是他用手如此演示着，我们一下还真很难想象出那块瘀痕的位置与形状。

由于这个案件涉及专业的医学常识，法医成为了寻找证据的关键人。

"首先是要获取小孩的临床病历，小孩在出生以后，他的生产过程，以及对他产后进行了什么护理、治疗，都应该了解清楚。医院诊断小孩是病死的，那么这病死的结论成立不成立，首先应该根据病历来确认。"这位对法医学深深挚爱的老法医，只要一说到法医和实践，情绪就更加高昂。

"在这份临床病历中，记录了这名婴儿从出生到死亡的几十个小时内所发生的一切。"任嘉诚仔细阅读和分析着其中每一个细节。对于法医来说，病例中的每一处疑问都有可能成为破案的关键。任嘉诚看到了婴儿解剖后的病理报告，发现了第二个疑点。在这份医院出具的尸检报告中写着：因为在肺组织切片里检验出羊水成分，因此判断婴儿死于吸入性肺炎。但任嘉诚认为，医院得出的死因诊断依据并不充分。他说："吸入性肺炎，肺里边应该有炎症，我们叫炎细胞浸润，或者体征上有发烧、发热等等，但这个婴儿的肺里没有炎症，体征也没有发热、发烧的记录。"

只在婴儿的肺组织切片中检验出羊水的成分，而没有发现其他临床特征，任嘉诚认为这样的结论过于草率。为了寻找确凿的证据，任嘉诚决定对婴儿的尸体再次进行检验。

对尸体进行检验是法医的一项重要工作，它包括尸表检查和尸体解剖。法医首先要在尸体的表面进行仔细的检查，因为任何一个细微的伤口都有可能揭示重要的线索。经过仔细检验，法医在婴儿的胳膊上又发现了异常，打针留下的注射针孔比病历记载的多了一个。

任嘉诚说："多出来的针眼，我的印象是在小孩的左臂。因为打了几针，打了几种药，在病历里都有明确的记录。"

至此，验尸结果提出来三个疑点：一、婴儿颈部下方出现拇指状不明瘀伤；二、婴儿肺部没有病毒感染，并非死于肺炎；三、婴儿左臂的注射针孔比病历记载的多了一个。基于这三个疑点，警方认为婴儿很有可能是非正常死亡，于是决定正式立案侦查。

刑警队很快组成了专案组，由李高成带领潘怡平等刑警进行侦破工作。

方文庆听到立案调查的消息后，心里的疙瘩终于松开了一点儿，但随之而来的问题是：到底是谁杀了他的儿子？目的又是什么呢？

6. 寻找犯罪嫌疑人

很快，民警出现在了医院的走廊里，一时间整个医院都人心惶惶，因为有传言说刚刚死去的这名婴儿是被人害死的。

出乎李高成意料的是，院方的领导很欢迎他们前来调查，因为这次事件传开以后，医院的声誉和业务都受到了影响，最近一段时间都没有产妇到这里生小孩了，甚至一些准备在这里生产的孕妇，也纷纷办理了转院手续。所以，医院方面也希望事情能够尽早查清楚。

听了医院领导的话，李高成对这件案子更加重视了。首先要查的就是针眼的疑点。刑警们也查看了死亡婴儿的病例，上面只记录了两次疫苗注射。"那第三个针眼是哪里来的呢？是抢救的时候，医生根据需要而打的吗？"李高成问院方。

参与抢救的医生很肯定地告诉李高成，在对婴儿进行抢救的时候，他们根本没有进行任何的注射。

为了确切得知那第三针到底注射的是什么，法医从三个针孔里分别提取出有效物质进行化验。经化验，图表共显示了三个峰值，也就是说这三针分别注射了不同的药物。经进一步检查，其中两处的残留物分别和两次疫苗的注射相互印证。那么，剩下的这第三个峰值又代表了什么物质呢？法医部门当时的仪器，无法测定其成分。但是，随着标本被送到北京大学医学实验室进行鉴定，案情渐渐趋于明朗。通过当年最先进的频谱仪器，很快，最终的分析结果出来了，这第三针的物质成分是"西地兰"。

西地兰是一种强心剂，经常在抢救的时候使用，但使用过量会加重心衰。如果给一个新生儿注射一支成人用量的西地兰，那就远远超过了小孩子的承受能力，会造成婴儿快速地心衰死亡。

至此法医断定，婴儿是被注射了过量的西地兰而导致死亡的。同时，法医还联想到尸检时发现的另一个疑点，婴儿颈部肌肉出现的少量瘀血症状，很可能是犯罪嫌疑人给婴儿注射西地兰时留下的另一个罪证。

"颈部的瘀伤，我当时分析可能是在给小孩打针的时候，怕小孩哭闹被别人发现就捂嘴，捂嘴的姿势就是这种。"任嘉诚怕我看不清，再一次认真地演示着这一动作，"大姆指正好在这个位置，一用力，小孩很娇嫩，造成肌肉的少量出血。"

至于婴儿肺部有少量羊水，任嘉诚对这个情况的解释是，采取剖腹生产的孩子，通常在肺里都会存有少量的羊水。但可以肯定的是，婴儿的肺部没有病毒感染，绝对不是死于肺炎。

由此，法医出具了一份尸检报告，报告中指出，婴儿死亡的原因不是吸入性肺炎，而是被注射了西地兰导致死亡。也就是说，注射过量的西地兰才是婴儿死亡的真正原因。这份法医鉴定推翻了医院原有的判断，孩子父亲的猜疑被不幸言中——这是一起精心策划的谋杀案。

"那么，请问，本院是否有西地兰这种药？"李高成问道。

"有！虽然是妇产科，但有时抢救孕妇，也需要用到西地兰，所以这种针剂还是有储备的，只是很少而已。"院长肯定地说。

"嗯。如果很少的话,是不是应该很好查验?"李高成若有所思地问。

"应该很容易清点。"院长点头。

"对了,我还有个问题。这种药在哪儿可以拿到?"李高成忽然想起了什么。

"在药房及护士站的药柜里都有。"

"那什么人可以拿到?"

"这个很容易吧?几乎每个医生或者护士就能拿到。"

"看来,我们得清点一下西地兰的库存了。"

这家医院中存放的西地兰本来就不多,经过清查发现确实少了一支西地兰。随着调查的深入,侦查范围越来越小,犯罪嫌疑人的身份逐渐浮出了水面。因为婴儿房昼夜都有护士值班,陌生人无法接近,由此推断,凶手很可能就藏匿在医院内部。根据这些线索,一个人纳入了侦查员的调查范围,她就是婴儿死亡时值班的护士小杨。

7. 紧张的小杨

方文庆一面关心着调查的进展,一面继续哄骗着妻子蔡鸿华,完全没有心思去上班了,每天不是去医院,就是在家里发呆,最让他受不了的,就是如何面对自己的妻子。

这一天,他刚从医院回到家,走进楼道,碰到了同事王军。王军的妻子就是妇产科的护士柴燕萍,当初他们的婚事还是方文庆和蔡鸿华牵的红线。

两个人站在楼道里,各点上一根烟,抽了起来。

"怎么样了?"王军问。

"唉,警察还在查。"方文庆吐出一口烟。

"真是有人故意干的？"

方文庆点点头。

"要说你也没得罪什么人呀？"

"我想了这些天了，我没有，我爱人也没有呀，在医院跟谁都挺和气的。"

"也许不是故意冲你，只是赶巧了。"

"单位怎么样？是不是都在说我的事儿？"

王军犹豫一下说："是有不少人在议论，都是没影的事儿。"

"一天查不出凶手，我这心里就是不安生。"

"这也难怪，你想要儿子，也好几年了，好不容易……唉！"

这几句话正戳在方文庆的心坎上，眼圈忍不住又要红了。

"你爱人怎么样？"

"她还不知道呢，没敢告诉她。"方文庆抽了抽鼻子。

王军点点头："是呀，当妈的哪受得了这个！这要是我媳妇，准得跳楼！"

烟抽完了，方文庆把烟头扔在地上，轻轻地踩灭。王军也把自己的烟头踩住。没有继续站下去的理由了，虽然方文庆也很想找个人聊聊，可是又不想用自己的悲伤情绪去影响别人。两个人互相点了个头，各自回家去了。

医院的会议室临时改成了刑警队的询问室，李高成和女民警潘怡平坐在会议桌后面，看着对面的小杨。护士小杨显得有些紧张，两只手紧紧地攥在一起。

潘怡平温和地说："你别紧张。"

小杨点点头。

李高成问："10月1日下午，是你在婴儿室值班？"

小杨低声说："是。"

"就你一个人值班吗？"

"就我一个人，那不是国庆放假嘛！"

"方文庆你以前认识吗？"

"见过几次，他是蔡医生的爱人。"

"他们的孩子死亡之前，有没有别人来过婴儿室？"

"没有。"

"有什么不寻常的情况吗？"

小杨看看对面的刑警，摇摇头。

"是你发现那孩子情况不对的吗？"

"是我。"

"你怎么处理的？"

"我就赶紧通知了值班医生，把孩子送去了抢救室。"

"你知道谁能从医院里拿走西地兰吗？"

"很多人都能拿到。"

调查一直在继续，刑警队员们前前后后一共询问了135人，几乎是把医院里所有人都问了个遍，却没有发现任何新线索。随后，刑警队员们又地毯式地搜索了医院所有角落，同样没有发现那只遗失了的西地兰药瓶以及注射过的针头。

但李高成始终相信，在他们所询问的人中，肯定有一个是嫌疑人，而且这些人中，也肯定有人说了假话，问题是怎样才能查到嫌疑人呢？李高成觉得有必要对关键人物再次进行询问，这次还是从护士小杨开始。

这次询问，护士小杨显得更加紧张了，两只手仍然紧紧地攥在一起，捏得指甲盖都发白了。

"你紧张吗？"

"我……不紧张……"

"可是我觉得你紧张，上次你紧张，这次更紧张！"

"我不紧张，一点儿也不紧张！"小杨用紧张的声调说着。

"在我们面前紧张的,往往只有一种人,你知道是哪种人吗?"

小杨紧张地摇头。

"犯了罪的人,他们面对刑警的时候最紧张。"

"我没紧张……"

"你的意思是你不紧张,所以你没犯法?"

"当然了,我紧张什么?哈!"小杨紧张地干笑。

"我有一个办法能让你不紧张。"

"什么办法?"

"把你知道的说出来。"

小杨紧张地左右看。

"婴儿死的时候,婴儿室到底发生了什么?"

"我不知道。"

"上次你可说的是什么都没发生。"

小杨陷入了沉默。

"你是不是还想隐瞒什么?"

"不,我说,我都说,其实那天下午我值班的时候,有一个人来过。"

"谁?"

"也是妇产科的护士,柴燕萍。"

"她来干什么?"

"那天她放假,我也不知道她来干什么,还带着她两岁多的儿子。"

"你上次为什么没说呢?"

"因为……她在医院资格比我老,而且我来这里工作还是她介绍的,再说我觉得不会是她杀人,就没说。"

"她来了以后,有什么事儿?"

"她来了以后,她儿子就开始哭,她就给了我两块钱,让我带她儿子去买冰棍,我在值班,本来不想去,她说帮我看着婴儿室,我想不会有事儿的,就带她儿子去了,等我们买完冰棍回来,她就带着孩子离开了。"

"她走了以后,方文庆的儿子怎么样?"

"没过多长时间,就开始犯病了。"

李高成和潘怡平对望了一眼。

"还有别的要说的吗?"

"我觉得,不会是柴燕萍干的……她和蔡医生的关系很好,而且她和她爱人结婚,还是蔡医生给介绍的呢。"

"好,谢谢你配合,你出去以后,不要把对我们说的内容告诉别人。"

8. 水落石出

刑警队如此大张旗鼓地在医院调查,住院的蔡鸿华多少也听到了一些风声,她开始有所警觉,难道是自己的儿子出事儿了?

蔡鸿华问了几个人,可是没人告诉她实话,她反而越来越担心了。终于把方文庆盼来了,她劈头盖脸地一通发问。

"是不是咱们儿子出事儿了?"

"不是,当然不是。"

"那这么多警察来干什么?"

"我也不知道。"

"明天把儿子抱回来,让我看看。"

"这个……儿子还没好呢。"

"那好,明天我去看儿子。"

"你放心吧,别瞎想了!"

"见不到儿子，我放心不了。"

方文庆实在被逼不过了，也知道不可能再瞒下去了。

"咱们的儿子……"方文庆痛心地说，"死了！被人杀死的。"

蔡鸿华张大了嘴巴，盯着方文庆。

方文庆躲避着她的目光说："你别着急，已经好几天了，警察就是来查这件事儿的。"

蔡鸿华昏了过去，楼道里响起一片匆忙的脚步声。

李高成采用了一个心理战术：刑警队员们继续询问医院的每个医生和护士，但就是没有再次询问柴燕萍，用这种方法给嫌疑人造成心理压力。越是不问她，她越会胡思乱想。同时，有刑警暗中监视着柴燕萍的一举一动。

过了一段时间，刑警队员观察到，柴燕萍的举止越来越不正常。李高成认为时机到了。柴燕萍被带到了刑警队，李高成和潘怡平一起对她进行讯问。

潘怡萍严肃地问："柴燕萍，10月1日下午，你是否到过妇产科的婴儿室？"

"是，我去过。"柴燕萍简短地回答，貌似平静。

"你到婴儿室来干什么，那天你不是没班儿吗？"

"那天我是放假，可我儿子在家闹着要出来，我也没地方带他去，就顺路跑到医院来了，然后就去了婴儿室，想和小杨呆一会儿就抱儿子回去。"

"继续说，后来发生了什么？"李高成有力地插问。

"后来……我刚带儿子进婴儿室，他就开始哭闹，我就让小杨带他去买冰棍儿了，我给了小杨两块钱。"

"你为什么不自己带儿子去，反而让小杨带他去？"李高成追问。

"因为……我上楼之后，觉得走得腿有点儿酸，而且小杨挺喜欢我儿子的，我儿子跟她也不陌生，我就让她带我儿子出去了，我留下替小杨值班。"柴燕萍边说边下意识地用手捋了捋刘海，随后故作轻松地笑了笑。

"等小杨走了以后，你做了什么？"

"没有！我没有杀她儿子！我和蔡医生关系那么好，我和我爱人结婚还是蔡医生当的介绍人呢，我为什么要杀她的儿子？你们没有证据，不要乱讲话！"柴燕萍语速忽然急促起来。

"那么，你能证明你没有杀死方文庆的儿子吗？你可有作案时间和条件！"李高成问道。

"你胡说！我为什么要杀蔡医生的孩子？"柴燕萍声调高了一截。

"这就是你该向我们坦白的部分！"李高成说这句话的时候，两只鹰一样犀利的眼睛盯向柴燕萍。柴燕萍眼神里闪现出一丝惊惧和躲避。

柴燕萍半晌无言，忽然站起身来，声音颤抖地喊道："我要见我丈夫！"话音一落，腿一软竟倒在地上。

在这个时候，嫌疑人见家属是不合规定的，但为了加快案件的侦破，民警同意了。

很快，王军来到了刑警队，他还完全不明白是怎么回事儿。

"怎么了？燕萍！警察说你要见我，到底出了什么事儿？有事儿我们干吗不回家说？"一种不祥的预感向他袭来。

柴燕萍看着老公，没等说话就泪如雨下了。

"老公，我对不起你，对不起儿子……"

"到底发生了什么，你快告诉我！"王军急切的目光都快喷出火来了。

柴燕萍狠狠地抹了一把眼泪，稳定了一下心神，一字一句地对王军说："老公，你听着。我可能回不去家了，以后家里所有的事儿都得你一个人承担了。你一定要照顾好我们的儿子，疼爱他、管教他，把他养大成人。这是最重要的，我相信你能做到，因为你是他的爸爸！"

"燕萍，你……怎么？永远不回家了吗？"王军意识到了问题的严重性，有些害怕了。

柴燕萍并未理会王军的提问，继续说着："还有我爸我妈，也拜托你多照顾,他们年岁大了,身体又不好,我不能在他们跟前尽孝了……对了,邻居二姐,我上个月跟她借了30块钱,你一定记得还给她。还有我们科张姐的钱,我借了20块,你也替我还了吧……"

柴燕萍说着说着开始语无伦次,不知道自己要说些什么。她已经预感到自己要受到法律制裁了,再不说恐怕就没机会和老公这样说话了。王军默默地听着,两人彼此看着,流下了眼泪……

"你的条件已经满足了,该对我们说说你干的事儿了吧?"李高成冷冷地问。

"10月1日那天下午,是不该我上班,我就是去杀那孩子的。值班的护士被我支走后,我就拿出前一天就准备好的西地兰和针管。给孩子打针的时候,我怕他哭叫,就用手捂住了他的嘴……"

案情终于大白。

9. 谁都不能相信的起因

刚听到这个消息,方文庆难以相信,因为两家的关系非常不错,他和妻子还是柴燕萍两口子的结婚介绍人呢。

方文庆激动地拍打着柴燕萍家的门。开门的是王军,两人的见面十分尴尬。

"为什么?她为什么要这么做?"方文庆嘶吼着。

王军一边躲着方文庆的目光一边说:"我也不知道,她没有跟我说这些,我还是从警察那里听到的呢。"

"我们家没得罪过你们家呀!"

"其实有一件事儿,柴燕萍始终耿耿于怀。"

"什么事儿?"

"你现在在单位里给领导开车，其实当年单位本来要送我去学开车的，后来不知道为什么换成你了，她一直觉得是你抢了我的位子。"

　　方文庆愕然地说："有这种事儿？我根本就不知道原本是要让你去的，当初送我去学开车，也是领导的决定呀，我什么都没做。"

　　"其实我也不在意，可柴燕萍心里不舒服。"

　　"就为了这个不成为理由的理由，她就要杀我儿子？！"方文庆大吼。

　　王军没有说话。

　　这起案件让我深深感受到了宽容是何等重要。如果不是心胸狭窄、睚眦必报，也许这起惨案就不会发生。当年，孔子的学生子贡曾问孔子："老师，有没有一个字，可以作为终身奉行的原则呢？"孔子说："那大概就是'恕'吧。"

　　"恕"，用今天的话来讲，就是包容。学会包容他人、包容自己、包容这个社会，我们每个人会活得更轻松、更平和。

10. 无法释怀的憾恨

　　经过审理，法院最终以犯故意杀人罪判决柴燕萍死刑，缓期两年执行。

　　后来，据说王军向柴燕萍提出了离婚，因为他不知道该怎样面对妻子的另一个身份——杀人犯，而且杀害的是无辜的婴儿！而方文庆和蔡鸿华从那以后也没有再生孩子，或许是他们的身体不再具有生育功能，或许是他们的心灵已千疮百孔无以为继，或许他们终究无法释怀那满腔憾恨。然而，不管怎样，他们会一直冰封在丧子之痛的阴影中，直到老去……

　　而在采访这起案件的过程中，除了方文庆和蔡鸿华深切的丧子之痛外，还有一句任嘉城说的话给我留下了非常深刻的印象。

　　任嘉诚说："只要是犯罪，就会留下痕迹，就会被抓获！"

花园别墅地下的秘密

有房才有家，因为房子不仅是一处钢筋水泥构筑的私人空间，更是人们对生活的期望。房子关系着安全感，关系着谈婚论嫁，关系着婚姻幸福，关系着孩子的教育，总而言之，房子与幸福紧密相连。

付扬和爱人金珊的家位于北京市的某花园别墅。1997年，他们买了两栋100多平米的别墅，打通了连在一起，总面积300多平米，还有一个600多平米的院子。付扬和金珊的家装修得很有品位，就像美国电影里那样：布艺的沙发，白色的家具，大到窗帘，小到纸巾盒都是一水儿的小碎花加蕾丝边儿。这座房子天生就有阳光眷顾，光束透过蕾丝的缝隙，一缕缕地洒落在地板上，形成点点光斑，温暖而慵懒。院子里有假山，有葡萄架，还有几尾稍胖的小鱼在小池塘里悠闲游动。

这样的"豪宅"任谁都会流口水，但是在2006年9月的一天之后，所有的一切都改变了。

当时，付扬和金珊想在院子里加盖一间房子。那天上午，工人开始挖地基。按照设计图纸，要加盖的房子有20平米左右，地基要挖成4米见方的。可是工人刚挖进去一米就觉得不对劲儿，再挖几下，出现的一幕让在场的所有人都惊呆了——土坑里出现了两具已经有些腐烂的棺木，棺木里成殓的人已经化作白骨，露了出来。

当片警小陈带着技术队的民警赶到现场的时候，付扬家的周围已经聚起了不少围观者。大家都在窃窃私语，有人说这是以前的命案，得好好查查；有人说这是死人对活人下的逐客令；有人说不就是没挖干净的老坟么，算个啥？

"我首先想到的就是报警。"付扬对小陈说，"可千万别是以前的命案，有人被杀了然后埋在我这儿了。"

"我看命案的可能性不大。"旁边出现场的技术民警已经拍完照了，"有可能就是以前的老坟。我们把照片拿回去再分析分析，这地方就先别动了。"

送走了民警，付扬点上了一支烟，眉头紧锁。在他旁边的土坑里，两口薄棺，一具白骨躺在那里，和他对望着。两个工人挂着铁锹站在旁边，脸上的惊恐还没有退去，又多了几分茫然。

付扬叹了口气："哎，我这买的是阳宅啊！怎么转眼间就变成了人家的阴宅了呢？闹了半天，我给人当了这么多年的守陵人啊！"

1. 棺材从何而来

第二天，付扬找到了小区的物业。棺材的由来，他一定要弄明白。

接待付扬的不是物业的人，而是开发商的营销经理，一个个子不高的男子，姓方。果然，这个小区的开发商和物业还没分家呢。

付扬脸上的表情已经从无奈转为了气愤，因为方经理说这件事他们早就知道。原来，这座花园别墅所在的这块地，真的曾经是一片坟场！

"当年我们把这块地买下来做项目的时候，已经到村里去贴过通知了。"方经理说，"但是好像来迁坟的人不多。"

"那你们就不会把这件事做得人性化一点儿么？毕竟是动人家的祖坟啊，哪能这么草率，没人迁坟就不管了吗？"付扬有些激动。

"这个事儿，我们处理得确实有欠妥当。但是作为开发商，谁会说自己的地不好啊？谁会说自己的房子不好呢？您说对吧？"方经理不愧是开发商派来的代表。

"这个小区里这么多户人家，如果当初知道自己要买的房子是盖在坟地上的，别说掏钱买了，就是白给我估计也没人要啊。"

…………

第一次交涉，伴随着付扬的拂袖而去结束了。

随后，付扬又去了一个地方——马房村。从邻居口中得知，这座花园别墅的地就是马房村的，在开发商买地之前，那片地曾经是马房村的自留地。在村口的治安岗亭里，付扬见到了任大爷。任大爷是马房村土生土长的老人，祖上一直在这里居住。当任大爷得知付扬家院子里挖出棺材这件事儿的时候，脸上的表情显得很复杂。

"那是几十年前的事了。那块自留地我们一直没种庄稼，就一直那么空着。我记得以前村里的孩子老到那边去玩，也没人管，那个草啊，长得有这么老高呢。"任大爷用手在自己胸前比划着。

"后来呢，怎么就成了坟地？"付扬关心的是这个。

"听我慢慢说啊，你们这些年轻人怎么那么着急啊？"任大爷继续回忆，"我们村里老人死了之后，本来都是埋在兴寿那边的。那边有山有水，风水好。后来七几年吧，村北头老赵家的老家儿走了，老赵是个孝子，但是腿脚不利索，去兴寿麻烦啊，就找人把他爹妈埋在自留地那边了。"

"没人管么？"付扬问。

"谁管啊？埋就埋呗！老赵家这么一埋啊，老张家、老李家也都跟着埋了。

没几年，那块地就成了我们村的坟场了。后来的小孩也都不敢去那儿玩啦！"任大爷抽了口烟，仿佛又回到几十年前，自己和村里的年轻人一起在草丛里奔跑玩耍。

付扬往村里望了一眼，这阡陌纵横的小村子里，藏着任大爷大半辈子的回忆。

"后来不是有开发商来了么，其实在那之前村里还挖过池塘呢。"任大爷接着说，"那池塘大概有50亩地吧，也挖出不少棺材来。后来又过了几年，书记跟我们说有开发商来了，咱们那块没用的地一下子也就值了钱了，挨家让把自己家的坟都迁走。"

"对啊，这村子也不是很大，大家都把坟迁走不就得了么？"付扬又开始无奈了。

"哪是说迁走就迁得走的啊。"可能在任大爷看来，付扬问的问题都称不上是问题。"那么多年了，这村里有搬来的，有搬走的，上哪儿找人去？再说句不好听的，有不少人啊，我看他们连自己家坟头在哪儿都不知道。"

任大爷的话，后来得到了村委会主任的印证。面对付扬的疑问，村委会主任只说10年前确实有过通知迁坟这件事。

"花园别墅那片地有一千亩，当时很多坟头年代久远都不明显了。而且我们这村里的坟地，哪有什么墓碑啊，就是个小土堆，很难认出来。"村委会主任给出了这样的解释。

"那这通知贴出来，有人去迁坟么？"俗话说，穷搬家富迁坟，付扬就不信这马房村没有一户讲究的人家。

"有讲究的，人家当时都直接葬到陵园了，没有埋在村里的。"村委会主任又说，"迁坟的也有，但是很少很少。"

听了这话，付扬不禁想知道，这花园别墅的地下，到底还埋着多少人呢？

2. 第二次交涉

付扬是一个很有效率的人。两天后,他的那个"家"已经是个空屋子,不住人了。付扬和金珊,带着他们的女儿在小区外面租了一间公寓,暂时住在那里。金珊心里很委屈,但是在丈夫面前她丝毫没表现出来。两天里她一直在打包装箱,自从发现棺材后,家里的生活顿时变得一团糟。

不管什么事儿,放在别人身上都是看个乐子,真到了自己身上才知道难受。付扬这两天确实挺难受的,每天一闭眼就是棺材,根本睡不着觉。但作为一家之主,他不能乱。

付扬家在小区的路口,按说不少人出门进门都要从他家门口经过。但是现在,大家都在回避这个地方。有人安慰付扬说:"阴阳宅,必发财。"付扬听了很不高兴,用他的话说,这是站着说话不腰疼。

当然,在这两天里,事情也有了进展,虽然是很小的进展。公安局那边有了反馈,付扬家院子里挖出的棺材和尸骨,确实属于以前的老坟。民警的工作做到这里算是告一段落了。

看样子,付扬只能再找开发商了。

在物业楼的小会议室,方经理首先否定了付扬提出的第一个问题。

"您说在坟场上破土动工,这话确实不太好听。"方经理说,"我们是正规的开发商,土地开发工作也有严格的流程规定。当时的情况是,如果我们在工地上发现棺材,都要及时地妥善处理。您家院子里的棺材,也不是我们主观故意要留给您的。"

付扬努力地让自己平心静气:"但是,这事儿放在谁身上谁都会觉得不舒服。当时给我挖地基的工人就不干了,说挖出棺材来晦气。那我在棺材上面住了快10年,是不是已经满身晦气了?"

"您可别这么说,付先生。"这个方经理,说话的语气和措辞一看就是标准的搞服务业的，"您约我来谈，我来了。您这种情况，说实话在咱们小区是头一个，我们领导也想听听您是什么意思。"

"挖出来棺材的，我是第一个，但是这并不能代表别人家院子里就没有，对吧？"付扬的要求看来是想好了，"首先，在我们业主买房的时候，你们开发商没有如实告知土地的情况，这个告知义务，你们没尽到。这个上次咱们都说了，你们也应该换位思考一下。"

"同时，我也站在你们的角度考虑了一下。"付扬继续说着，"毕竟我们是第一批买房的，而且我自己买了两套，我的几个朋友也是在这儿买的，你们的陈总我也认识，也算得上是朋友。"

这层关系方经理应该是不知道的。

"我的意思是，房子我不要了，给我退了。"付扬终于说出了自己的要求，"也不按现在的房价了，你们就原价把我的房子收了，这件事儿就这么完了。我的两栋房子一共164万，加上100万的装修，260万，你们还是收回去吧，我不想住了，也没法再住了。"

接着，付扬说："北京的房价10年来是怎么疯涨的，大家有目共睹。如果按这么一个算法，我显然是亏了，而且是亏大了。"听到付扬这么说，方经理一直面露难色，他说要找老总汇报后再和付扬谈。

3. 入土为安

付扬又回到了他家那座"凶宅"。

老这样也不是个事儿。付扬订了三口棺材，下午就到。院里的施工早就已经停工了，被挖出来的棺材和白骨还在坑里，付扬找人用塑料布盖了起来。好像是有这么一说：见光是对逝者的极度不尊重。

"为什么是三口棺材? 不是挖出两个来么?" 工人不解地问。

付扬苦笑道:"我多预备一个出来! 现在我什么事儿都往最坏处想了,万一再有呢,索性多买一口棺材。"

付扬买的棺材虽然算不上是上等,但是总比院子里那两口要好得多。马房村的老人死后薄棺入土,虽然被不慎掘出,但如果真的能重新成殓下葬,对他们和他们的后人多少也算是一种补偿和安慰。这一点上,付扬很坚持。不管事情如何解决,先让逝者安息。

其实对于迁坟这件事儿,在民间是很有讲究的。俗话说"穷搬家,富迁坟",说的是要把先人的陵寝迁到风水更好的地方去,而且迁坟也是有一套程序的。首先,迁坟过程中按习俗要避免阳光照射,墓地上可用黑布遮挡。另外,不能在白天迁,应该在凌晨或者太阳没升起的时候进行。要穿白衣服,过程当中不能乱说话,更不能发笑,不能佩带攻击性的符咒和护身符。还有一种说法是,迁坟的时候要由年轻的长孙来执行,不能有女性参与。

而埋在付扬家院子里的这几位坟主姓甚名谁都不清楚,那些讲究更是无从谈起。太阳快落山的时候,一辆卡车停在付扬家门口,下来了几个工人,把土坑里的遗骨用塑料布卷好,装进了新的棺材。

4. 无辜的孩子

"怎么样了? 都处理好了么?" 随着外面卡车启动的声音,付扬回到屋里,金珊很关切地问。

"那四个工人,我给了他们每人一个红包。"付扬说。

"我拜托他们务必把这件事儿办好。"付扬补充道,"这就要看他们自己的良心了,不过我还是比较相信那个工头的。"

金珊终于忍不住问付扬还有什么打算。付扬说，这就要等开发商的回复了。但是无论如何，这个房子是绝对不能再住了。也许他会把房子卖掉，也许会出租。

"看来也只能这样了。"金珊点点头，"该去接孩子了，咱们一起去吧。"

"好吧，你开车。咱们还得想想给孩子做心理辅导的事儿。"付扬想到了这个很严重的问题。

确实，棺材的事儿让付扬和金珊的女儿小优很害怕。小优才6岁，他们不希望这件事儿给女儿以后的生活带来阴影。

"她是个很独立的孩子，从4岁开始就自己一个房间睡觉了，但是现在必须跟我一起才能睡着，而且夜里老醒。"金珊心疼地说。

正说着，车子停在了学校的门口，一个穿校服的短发小女孩走了过来。她很安静，上车之后叫了爸爸妈妈，就再也没说一句话。

5. 记者招待会

接下来的一周里很热闹。

首先是付扬家挖出棺材事件的节目在《法治进行时》播出了，接着就是无数的电话打到了栏目组。

"我是某某报社的某某某啊，上回咱们在朝阳法院一起采访来着。我问问你们那个棺材的片子，那个事主怎么联系……"

"我是某某电视台的某某某啊，我们领导看了你们报的别墅挖出棺材的片子了，我们也想做一下……"

那边呢，付扬正在筹划着开一个记者招待会，因为开发商的态度让他很不满意。这个结果，付扬早就料到了。开发商一口咬定他们没责任，要退房是绝对不可能。

同时,付扬还要考虑要不要去法院起诉的问题。他唯一担心的是,这房子都买了八九年了,现在才去起诉恐怕不太好办。在咨询了律师之后,付扬得到的答案是,这个案子绝对在诉讼时效之内。因为一般案件的诉讼时效是两年,这个两年是从权利人知道或者说应该知道自己的权利受到侵害时算起。也就是说,这个案子的诉讼时效应该从上个星期付扬在院子里挖出棺材的时候算起。

时效问题解决了,付扬又该以什么理由告开发商呢? 律师给出的建议是,在《民法通则》里面有一个"诚实信用原则"。付扬或许可以试着通过这一条来打官司,主张自己的权利。

我们是多么渴望房地产开发商们能主动地、诚实地介绍每一处房产的情况啊,但是从目前看,侵害消费者知情权的行为普遍存在。如果不是出于偶然,付扬也许永远不会发现地下的玄机。

6. 无言的结局

付扬很忙,他的生意遍布北京城,经常要一个一个店地来回跑。最近再加上自己家里的事,付扬已经快成了超人。他需要时间来再跟开发商谈谈,需要时间来找律师,需要时间来开记者招待会,需要时间来接待各路记者。

最后的结果就是,记者招待会不用开了,因为几乎所有想来的记者都已经各显神通地找到了付扬的家,而付扬也是耐着性子接受了所有的采访。用他的话说,每接受一个采访,他就气愤一次,这段时间没干别的,光生气了。好在各店的经理都很争气,生意上没怎么受影响。他说忙完了这件事儿,他要去一趟西藏。

接下来就是媒体铺天盖地的报道。这好像是付扬在让自己解气,开发商那边怎么也谈不拢，而人的郁闷总要找一个途径来宣泄。这一点非常可以理解。但奇怪的是，花园别墅的其他业主好像除了看热闹之外就没有别的动作了，当然，换做是谁，知道了这样的事也不敢把自己家的花园也挖开来看看。万一挖出什么东西，吃亏的还是自己，所以大家也就都一起揣着明白装糊涂，走一步算一步了。

大概一个月后，天气已经开始冷了，又没有来暖气，这是一年当中最难熬的一段日子。

和付扬已经有一段时间没联系了，我只知道他没有去起诉，后来也没再去找开发商，至于原因，他不想说，我也就没多问。我的日子依旧在忙碌中度过，采访，写稿，编片子，再联系采访……如此周而复始。

一天，打开邮箱，收到了付扬的一封E-mail。里面有一张照片，是布达拉宫。

徐滔记者：

当你看到这封信的时候，我想我依然在西藏，有可能在阿里，有可能在山南。今天上午，我到冲赛康市场买了一大块酥油，去拉萨城里的各个寺院敬佛。

一周前我离开北京，独自来到西藏。金珊和小优，我把她们在新家已经安顿好了。我一直觉得挺对不起她们母女，作为一家之主，我没有好好地保护她们！而这次来西藏，一是圆我一直以来的愿望，还有就是，我想给自己，也给小优多积点儿德。

花园别墅的房子我已经卖掉了。买主是我的邻居，一位大姐。当然，房子的情况她很清楚，我也再三地跟她强调了。大姐说无所谓，她儿子马上从美国留学回来，需要一处房子。当然，市井点儿地说，在房价飞涨的今天，我肯定是小赚了，但是你也知道，我仍然无法安心。

开发商最后也给了我一个说法,这里不方便透露,所以我决定不去起诉了。大家都是做生意的人,不能把事情做得太绝,既然他们最后做出了让步,我也就给大家都留下余地。如果这件事真的闹起来,全小区的邻居都去找开发商,他们的生意肯定是没法再做了。

这段时间我还做了一件事儿,就是给潭柘寺捐了一尊金佛。有空的话你可以去看看。通过和潭柘寺的大师聊天,我觉得受益匪浅,不光是这次的棺材事件,也包括如何做生意、如何做人。

拉萨的天空很纯净,呼吸着这里的空气,让我多少觉得自己身上的铜臭味儿少了一些。希望在距离天空最近的地方,我的灵魂能得到彻底的放松和洗礼,也祝你工作顺利。

付扬

看得出来,这起事件改变了付扬的生活,改变了他对一些事物的看法和态度。我很庆幸付扬是个通情达理的人,很会办事儿,也很会做人。开发商最后是如何妥协的,我至今仍然不知道,但是我想,付扬不告诉我,一定有他的道理,有他的顾虑。

趁着北京城还有最后一抹秋色,也许我该去趟潭柘寺,看看付扬捐的金佛。

我想祈福的是,业主们能早一点知道那些他们早就应该知道的事情。

回首十年　感悟成长

1. 成长记录

➡️ 大学报名第一天。

➡️ 刚参加工作没多久，当时在《北京您早》工作。

➡️ 早期现场采访中。

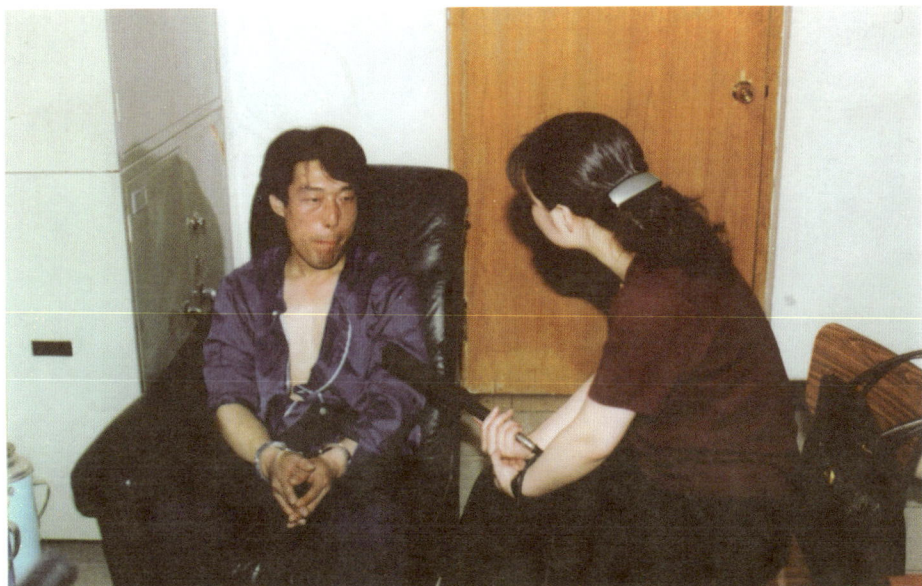

➡ 采访杀死八名女子的犯罪分子赵连荣。

➡ 2004年除夕，审片工作照。

➡ 2005年春节特别节目《骗局揭秘》的拍摄现场。

→ 2008年《法治进行时》春节特别节目拍摄现场。

→ 工作间隙。

⬤➝ 我的灿烂来自观众的支持。

2. 风雨十年

➡ 1999年12月27日，《法治进行时》第一期播出。

➡ 2005年8月，台风"麦莎"经过北京，栏目组在楼顶拍摄外景。

→《法治进行时》特别节目《尘封档案》录制工作照。

→ 2004年，国际禁毒日特别节目录制现场。

➡2004年2月3日，吴若甫被绑架案解救现场。

➡2001年5月13日，西站劫持人质案现场。

⟶ 演员吴若甫和参与解救的警察一起做客《法治进行时》。

⟶ 《法治进行时》栏目组全家福。

3. 荣耀瞬间

🔴 2004年，雅典奥运会火炬传递。

🔴 2006年，担任都灵冬奥会火炬手。

🔴 2008年，作为媒体代表，我成为北京奥运会火炬手。

→2002年，荣获中国中青年记者最高
奖——范长江新闻奖。

→2006年9月3日，荣获"中国电视主持人25年25星"称号。

→2007年5月，荣获中国青年最高荣誉"中国青年五四奖章标兵"称号。

→2007年，荣获中国播音主持最高奖——金话筒奖。

⟶ 荣获2007年新浪网络盛典年度最佳法律博客。深深感谢北京电视台这样优秀的平台，感谢每一位同事，感谢每一位网友。

⟶ 中国新闻奖是中国新闻界作品评选的最高奖项。2008年，《法治进行时》荣获第十八届中国新闻奖新闻名专栏奖。

4. 活动剪影

🔴 2005年，参加禁毒宣传。

🔴 2007年，和禁毒教育义务宣传员一起参加国际禁毒日的活动。

→ 2007年7月，参加北京市政法系统迎奥运万人誓师大会。

→ 2007年9月，我和阿丘一起主持2007年中国警察汽车拉力赛。

● 2007年12月，参加录制CCTV12法制晚会。

● 2007年，参加全国广播影视系统先进事迹报告会。

➡ 2008年元旦，主持奥运志愿"微笑圈"国际版发布仪式。那天天气很冷，但志愿者的热情和笑脸让我们感到了温暖。

➡ 2008年1月，主持北京青联联欢活动。

🔴 2008年1月10日，我和张国立主持首都政法系统春节联欢晚会。这是我们连续第5次合作。

🔴 2008年1月12日，我和中央电视台的芮成钢主持"牵手幸福——2007中国地产慈善之夜"，为贫困母亲募捐。

➡ 2008年1月18日，主持中国红十字会大型捐赠活动。

➡ 2008年7月15日，我和白岩松、陈建斌、春妮一起主持奥运文化节晚会。

→ 2008年7月，我和佟铁鑫一起被聘为"首都治安志愿者形象大使"。

→ 2008年，参加中央电视台12·4法制宣传日活动录制。

5. 徐滔的另一面

➡ 上大学的时候，时兴穿很宽大的外衣，脚蹬牛皮靴，潇洒随意。想起那句广告词，年轻就是对味。

➡ 青葱岁月。我很喜欢这条蕾丝边儿的裙子。

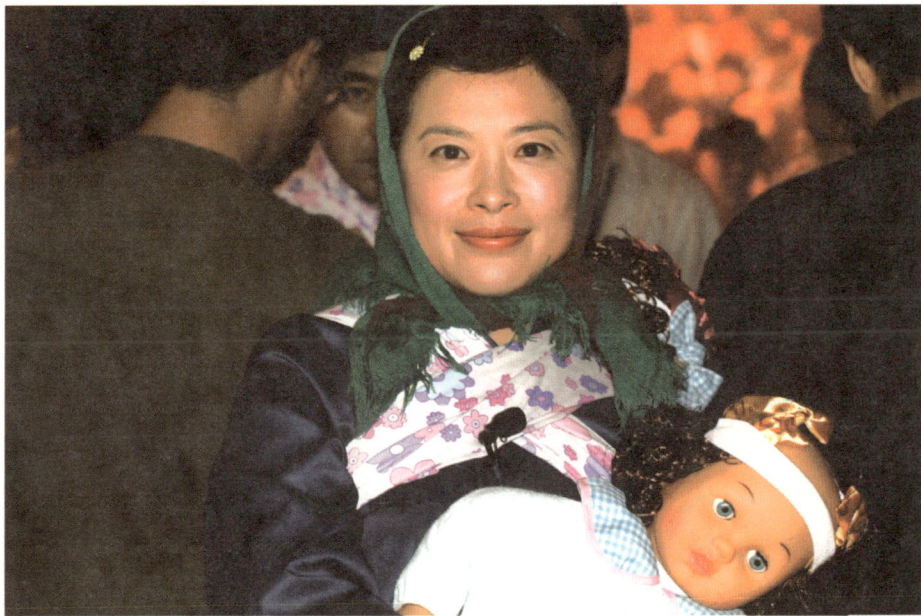

➡ 2007年北京电视台春节特别节目《笑动2007》，我改行演起了小品《超生游击队》。

➡ 在北京电视台广告招商会上。

➡ 旅游随拍。

忙里偷闲，平谷赏花。

工作小憩。

➡ 茶香袅袅，品茗清心。

代后记 · **法治人生进行时**

　　每周一都是我工作最繁忙的一天:上午编前会,中午主任会,下午中心会,晚上栏目会。中间还要和二十多个栏目的制片人简单地沟通一周播出计划与工作安排。

　　人一忙就容易晕。有一次我两点半走进了电视台食堂,提出了要吃午饭的不正当要求。好在电视台像我这样晕的人不止一个,训练有素的食堂美女服务员们飞快地端来了面包。

　　就在这时,《法治进行时》的制片小武蹦蹦跳跳地跑进了餐厅:"徐老师,又有一个小朋友给你写信寄礼物了!"我的同事们都知道,只要是孩子们给我写的信,一定要在第一时间给我。"哈!这位小朋友给我寄的是什么礼物啊?""洗发水!"真是一份有意思的礼物。放下面包,我展开了这位五岁小朋友由妈妈代写的来信:"徐滔阿姨,我在电视上看到你有白头发了。这瓶洗发水是我奶奶的,奶奶每天就是用这瓶洗发水把头发洗得又黑又亮,你也要用这瓶洗发水洗头发啊!"

　　这位小朋友很细心,她看到了那几缕被我小心翼翼藏在黑发后面的白头发,半晌,我没有说话。就像万籁俱寂的深夜有一滴水滴骤然滴落,清澈的声音,引发万千心事。

　　我是1991年从中国传媒大学电视系电视编导专业毕业的,同年分配到北京电视台工作，进入《北京您早》栏目组，这是全国第一个早间节目。白天外出采访，凌晨起来剪辑。有一天我突然发现几天没洗的袜子已经能在桌子上站着了，于是赶紧洗了晾在宿舍里。可第二天凌晨三点起床时，袜子没干，又没带换洗的，怎么办？我灵机一动，用卫生纸包着胖脚丫穿着鞋去上夜班。这"袜子"虽然原创，质地却未免轻薄，经不起冬天寒风的问候。但心理学家说一个人执著一念时，可以完全摆脱生理感受的困扰，我那时也许正处在这种状态之中。我一直感觉可以用自己的作品来见证和记录历史的行进，这是一种莫大的享受。正是渴望创作的火焰、渴望荣誉的火焰和渴望成就的火焰，驱散了周身的寒意。这一束火焰一直在我内心燃烧，让我面对自己终生热爱的职业，始终充满激情、充满愉悦、充满活力。

18年前，专门跑政法的女记者凤毛麟角，经常能得到一些格外的关照。我牙疼的时候，市公安局小食堂的大师傅给我单做香喷喷的西红柿鸡蛋龙须面；我在市局请民警朋友吃饭，可以签时任北京市公安局局长张良基的单。当时油焖大虾是一道很贵的菜，有一次我连续三天点了这个菜后，局长笑眯眯地对我说："小徐啊，清炒虾仁也很有营养啊！"人们固然因为我是女孩子而照顾我，更因为我能够把政法战线的故事讲给老百姓听，而在意我。

但是融入这个群体非常不容易。

有一次查抄一个贩卖淫秽光盘的窝点，民警们从一米多高的墙上鱼贯而过，开始了激烈的抓捕，等行动快结束的时候，民警们突然发现我不见了，四处寻找才发现我还骑在墙头上，下面是几条汪汪叫的狗。

这种喜剧情节的后果就是民警更不愿意带着我这个包袱。他们推脱的办法是很有原创性的。比如他们马上要出发抓捕嫌疑人，却对我说："徐滔，天色不早，队里又没女宿舍，你先请回吧。"而等我回到家后，BP机就响了："徐大记者，你刚走，那个人就在我们的帮助下'自首'了，他正在队里等你采访呢！"我明白这是民警们的好意，但新闻记者必须在现场采访，感动不了自己的报道就感动不了别人。我决心让民警们了解我、接受我，哪怕为此需要直面危险。

2001年5月13日凌晨，在北京西站一层大厅售货柜台，一名犯罪嫌疑人手持尖刀和爆炸物劫持了一位女售货员。警方希望和这名犯罪嫌疑人对话，他却说只想见记者。正在台里编片子的我接到当时刑侦总队副总队长闫伟的电话后打车来到了现场，这是我随警采访多年见到的最凶险的现场：犯罪嫌疑人的情绪激动，尖刀直指人质的脖颈，另外一只手拿着自制的爆炸物，火药的捻子醒目地露在外面。被劫持的女售货员大概二十七八岁的年龄，因为恐惧，眼中始终含着泪水。在我后来离犯罪嫌疑人最近的时候，这个女孩说："你一定要救我啊，我的孩子刚刚三岁，你一定要救我！"

我很快就明白了自己应该做什么。我深深吸了一口气，在原地蹦了几下，随后假装漫不经心地走进了现场。我看到嫌疑人劫持人质躲在柜台的里侧。"宝贝儿，天都这么晚了，还不休息？警察叔叔也休息不了，记者阿姨这么晚还得来看你。"这是我的开场白，听了这几句话，嫌疑人乐了，明显地轻松了。"我写了一首长诗，你能给我读读吗？"随后嫌疑人从怀里掏出长诗递给了我。

我一边念一边和他聊天，得知他和妻子离婚了，之后去过全国不少地方，前不久刚刚从海南游荡到北京，已经三个星期没有洗澡了。每天吃的就是自己炒的黄豆，说着他还想掏出一把让我尝尝，我礼貌地婉言谢绝了。聊天挺顺利，他的情绪缓解了，刀也离开了人质的脖子，但是他并不准备释放人质或离开柜台。他很明白：只要不离开柜台，民警就没有办法强攻。

民警开始调整解决方案，而决策的基础是清楚掌握现场的每一个细节。我端着一个小型摄像机又走进了现场，这次我的任务是拍摄嫌疑人手中的爆炸物。"嘿嘿，你把自己的长诗对着镜头念念吧。"嫌疑人没有犹豫，对着镜头念了起来。实际上我手里的摄像机一直拍摄的是嫌疑人手中自制的爆炸物，为警方后来制定的抓捕方案提供了重要的依据。

民警决定巧取，一瓶溶有高效安眠药的矿泉水从实验室紧急送到现场，拿着这瓶矿泉水，我重新进入现场。"喝点水吧，都说了几个小时了，再不喝水，多影响音质啊！"嫌疑人拿过了瓶子狐疑地看着我说："这水没问题？""当然！""那徐记者你先喝几口吧！"水又被推了回来，我微笑着打开了瓶盖，一股呛鼻的味道扑面而来，嫌疑人更加专注地盯着我，我轻松地喝了两口，当时我打定主意，这水不能再给嫌疑人喝了，因为味道太重，他肯定不会喝，还会起疑心的。"我还是给你拿瓶可乐吧，这水不解渴。"我拿着瓶子跑出了现场。

来到西站广场上后，我席地坐在了广场上，刚才喝的两小口水让我感觉到了头晕。来现场前，我特意回宿舍换上了红色的运动衣、黑色的运动裤、红色的运动鞋。现在，我开始祈求我的吉祥套装能带来好运气。

"徐滔，快快快，那个人又喊你呢！"

进入大厅后，嫌疑人的一句话让我立刻不头晕了。"徐滔，我把这个人质放了，你给我当人质。""怎么，你也看出来了，我比你劫持的人质好看多了！"一边开着玩笑，我一边思索着，他要干什么？忽然我意识到这是一个极好的机会，起码可以更接近他。我缓缓走进柜台，现场变得安静了，狙击手开始瞄准。

"退后，你再往前我就杀了她！"嫌疑人高叫着。

我的脚步并没有停止："是你要我当人质的啊，你怎么说话不算数呢？"

离嫌疑人越来越近了，近到一伸手就可以摸到他的尖刀了。"你说，怎么个换法啊？"

我清晰地看到了嫌疑人衬衫上的汗痕，还有他怀里藏的另外一把匕首。

见我笑眯眯地站着，身材又比电视上瘦小很多，嫌疑人松了口气。"我不想让你当人质了，因为你太狡猾了，我对付不了你。""哈，对我这么高的评价啊！"我边说边顺势坐到货物上面，继续和嫌疑人聊天。

天色大亮了，案发已经9个小时，谈判也已进行了9个小时。其实一开始民警就可以一枪击毙犯罪嫌疑人，但警方还想争取到一个更好的结果：解决人质，抓获嫌疑人；在确保人质安全的前提下，不伤及现场任何人，包括嫌犯。

嫌疑人越来越亢奋，他挥动匕首大声尖叫。好几次他的尖刀紧勒住人质的脖子。每次我都轻轻地走上前去，轻柔地拨开了尖刀，又马上返回了原处。

我看到了几个非常熟悉的身影。门口集结的是北京警方最精锐的抓捕力量，行动成功的关键是引蛇出洞。

突然，犯罪嫌疑人冒出了这样一句话："我问你，门口的警察多吗？"考虑到这名犯罪嫌疑人的偏执，我立刻说："多啊，有一百多位民警呢，你可千万别迈出柜台，出了柜台你就回不来了。""我才不信呢，你都骗了我一晚上了，你看大厅里没几个警察。"说着，嫌疑人挟持人质站起身来往外面走去，我上前拦住了他："这次我说的是实话，门口全是警察！""我就是不信！"嫌疑人走出了柜台，我再次上前拦住了他，劝他不能往外走，嫌疑人推开了我。

到了门口，嫌疑人愣住了，他看到了民警眼中的怒火。他想迅速回头。说时迟那时快，特警张谢平一声大吼，一把夺下了嫌疑人的尖刀。嫌疑人试图反抗，但瞬间就被几位民警扑倒。人质被安全救出。

西站解救人质案件经新闻媒体广泛报道后，很多记者朋友都问我同一个问题："徐滔，那家伙手中的刀和爆炸物可是真的，你真的不害怕吗？"恐惧是人的天性，面对刀锋和火药，不怕是大话。今天我想，真正有价值的问题也许是：到底是什么在推动我走到那个歇斯底里的犯罪嫌疑人面前？是一个记者驾驭现场的职业本能？是一个电视主持人沟通交流的惯性意愿？还是多年来与警界群英一道摸爬滚打出来的胆气？抑或兼而有之？后来我意识到：长期的政法记者经历，已经改变了我的气质和行为方式，这份特殊职业要求我不但是一个创作者，还是一个行动者。从我成为政法记者那天起，我就和那些出生入死的警察兄弟们一起，向我的电视观众，向北京的父老作出了一个承诺：用我们的努力，捍卫首都的平安。我想，这就是我想给记者朋友们的答案；我想，我会用生命信守这个诺言！

那个时候，每次抓捕行动结束后，我们都会找一个路边小店，一边吃着味道鲜辣的面条，一边议论着刚才行动时每个人的表现。

有一次，北京警方破获了一起特大珠宝盗窃案，抓获了一名犯罪嫌疑人。为了避免被同伙发现，民警迅速押解嫌疑人驾车离开了现场，而把刚起获的价值百万元的钻戒交给了我。我哆哆嗦嗦地拿着这些钻戒坐着出租车回到了刑警队。当天晚上，民警们纷纷向我敬酒。曾几何时，我还是他们眼中需要保护的弱女子，需要甩在警戒线之后的绣花包袱，但今天，他们已经很自然地让我运送"赃物"了。因为，在他们眼中我已不仅仅是一位记者了，我已然是他们的姐妹、他们的战友。当晚，这个念头让我无比兴奋，在酒精发挥作用之前就已经熏然陶醉了。

这么多年的甘甘苦苦，都隐藏在《法治进行时》的每一期节目里了。每次看录像带资料时，每次回看以往的节目时，我都能清晰地回忆起采访、跟踪时的一情一景。然而，录像带可以回放，生活却只能永远向前。《法治进行时》给了我一个值得用生命热爱的舞台，我是幸运的，但也是诚惶诚恐的。为了不让大家失望，我必须加倍努力。

《法治进行时》开播后6年多的时间里，我3年住在办公室，3年多租住在电视台边上的简易楼。一到冬天，简易楼里到处堆满了大白菜，在深夜回家被绊倒好几次后，我买了一个手电。一次北京天降大雪，我跌跌撞撞走进楼门，想到很快就可以看到床头那盏镂花灯罩的小台灯，不由自主地加快了脚步，在得意洋洋地躲过两堆白菜后，突然和楼道里新出现的自行车发生了亲密接触，手电筒叮叮咚咚滚到一层，一切恢复了寂静。

慢慢地我从地上坐了起来，坐在了满是灰尘的台阶上，望着眼前只剩半扇窗户的楼道、斑驳的墙皮，想着电视台的同事们都已经在干净温暖的床上入睡了，我没出息地哭了。写到这里，我真的有点儿写不下去了，这还是我能写给您看到的辛苦，而更多的心苦也许永远不能诉说，我想如果还有一个人能在这10年的时间里付出得比我还多，那么他肯定比我还要成功。

后来我还是站起了身，我知道家里的小台灯在等我。那盏小台灯是我最敬重的一位大姐送给我的，十年了，这位大姐如同亲姐姐一样支持我、呵护我、关心我。我还想到了另外几位兄长的名字，在《法治进行时》最艰难的时候，是他们强有力地支持了栏目，他们说《法治进行时》是一档观众爱看的好栏目。通过他们，我懂得了只有无私者才能做到无畏，为了这份信任，我必须站起身来，必须永远前行。

"徐主任，三点频道全体会啊！"聪明的小武提醒着我。我拿着小朋友送的洗发水站起身来，又开始习惯性地用手把几缕白发藏好。

随即，我把几缕白发又露了出来，咱有洗发水啊，白发也能变黑变亮啊！

这篇想到哪就写到哪的文字，聊以纪念我的法治人生，记录《法治进行时》的成长历程，见证阔步前进的法制中国！

徐滔
2009. 8.9